잊지 않았다

지은이 · 케네스 배
옮긴이 · 정성묵
초판 발행 · 2016. 5. 17
12쇄 발행 · 2020. 1. 23
등록번호 · 제1988-000080호
등록된 곳 · 서울특별시 용산구 서빙고로 65길 38
발행처 · 사단법인 두란노서원
영업부 · 2078-3352 FAX 080-749-3705
출판부 · 2078-3331

책 값은 뒤표지에 있습니다.
ISBN 978-89-531-2559-9 03230

편집부에서 독자의 의견을 기다립니다.
tpress@duranno.com   http://www.Duranno.com

* 일부 사람들의 이름과 세부적인 내용, 지명은 신원 보호를 위해 바꾸었다. 이 책에 있는 모든
성경 구절은 저자가 북한에 억류되어 있는 동안 성경을 묵상하던 중에 하나님께 받은 것이다.
본문의 성경은 개역개정임을 밝힌다.

두란노서원은 바울 사도가 3차 전도여행 때 에베소에서 성령 받은 제자들을 따로 세워 하나님의 말씀으로 양육
하던 장소입니다. 사도행전 19장 8-20절의 정신에 따라 첫째 목회자를 돕는 사역과 평신도를 훈련시키는 사역,
둘째 세계선교(TIM)와 문서선교(단행본·잡지) 사역, 셋째 예수문화 및 경배와 찬양 사역, 그리고 가정·상담 사
역 등을 감당하고 있습니다. 1980년 12월 22일에 창립된 두란노서원은 주님 오실 때까지 이 사역들을 계속할
것입니다.

잇지
않았다

NOT FORGOTTEN

케네스 배 지음   정성묵 옮김

두란노

내 석방을 위해 인생의 소중한 2년을 바친
여동생 테리(Terri)와
함께 소망하고 고생한 나의 가족들,
내 인생에서 가장 어두운 시간에 나를 지지하고 기억해 준
모든 이에게 이 책을 바친다.

차례

이 책은 북한 단동에서 관광업을 통해 북한을 향한 소리 없는 기도 사역을 하고 있었던 케네스 배 선교사님이 단 한 번의 실수로 북한에 2년간 억류되었을 때의 일들을 생생하게 묘사한 '북한 여행기'이다. 요셉과 같은 억울한 상황 속에서 '그를 범사에 형통하게' 하신 하나님과 동행하며 본인의 억류를 하나님의 뜻으로 받아들이고 억류 기간 동안 함께했던 북한 사람들에 대해 하나님의 마음을 품기 시작한 배 선교사님은 '주님의 약속이 우리의 목숨을 보존해 준다'는 의미를 가진 시편 119편 50절의 말씀과 "사도들은 그 이름을 위하여 능욕 받는 일에 합당한 자로 여기심을 기뻐하면서 공회 앞을 떠나니라"는 사도행전 5장 41절의 말씀으로 책을 맺는다.

이 책을 읽는 내내 손을 뗄 수가 없었다. 하나님과의 동행 속에서 하나님이 주시는 놀라운 평안과 실제로 겪어야 했던 북한에서의 처참했던 상황이 오버랩되면서 긴장을 늦출 수가 없었기 때문이다. 사방이 막혀 있는 북한 땅에서 예수님만을 붙들고 살 수밖에 없었던 케네스 배 선교사님의 '예수님과 함께한 2년간의 수련회'는 그야말로 빛이 났다. 아울러 북한을 향한 하나님의 마음을 알고, 하나님의 시선이 머무는 곳에 나도 함께 있는지 생각하게 되었다. 북한을 향한 하나님의 마음을 알고자 하는 모든 이들에게 이 책을 적극적으로 추천하는 바이다.

김병삼(만나교회 담임목사)

케네스 배 선교사님을 처음 만났을 때는 오래전 미국 한 캠퍼스 타운에서 목회를 할 때였습니다. 같은 1.5세 사역자로서 디아스포라의 영성을 지녔기에 더욱 마음이 가는 분이었습니다. 그 후 많은 시간이 흘러, 저는 선교사님이 북한에 억류된 상황을 접하게 되었습니다. 그때 저는 많이 걱정되었고, 그의 어려움에 기도로 동참하지 않을 수 없었습니다.

선교사님이 북한에서 나오고 얼마만큼 시간이 지나, 어느 기도하는 자리에서 뜻밖에도 그를 다시 만나게 되었습니다. 그때 저는 선교사님을 통해 매우 감동되며 도전이 되는 말을 듣게 되었습니다.

"북한에서 나오는 것이 하나님의 뜻이 아닐 수도 있겠다고 생각하며 나오는 것을 포기했을 때, 그때부터 자유를 누리면서 그곳에서 내가 할 일을 찾게 되었습니다."

이 말이 저에게는 진정한 복음 사역을 감당하기 위해서는 자신의 모든 것을 버릴 수 있어야 한다는 강력한 메시지로 다가왔습니다. 이 책은 바로 이 면을 강조해 주는 보배입니다. 하나님의 영광스런 복음의 직분을 맡은 우리 모두가 어떤 자세로 세상에서 살아가야 하는지에 대해 큰 도전을 줄 것이라고 믿습니다.　　　　김승욱(할렐루야교회 담임목사)

하루만 집 밖에 못 나가는 상황이 생겨도 우리는 속이 터지고 답답해한다. 그런데 735일, 그 긴 시간 동안 자유로운 땅이 아닌 북한이라는 낯선 곳에서, 공포 속에서 얼마나 두려웠을까 싶다. 생각만 해도 끔찍한데….

그 속에 주님이 함께 계셨다. 주님이 살아 낼 수 있도록 함께하셨기에 그 긴 터널을 빠져나와 호흡 있는 간증으로 우리에게 다가왔다. 우리의 가족이 살고 있는 그 땅을 위해, 우리가 갈 수 없는 그 땅을 위해, 우리가 알지 못하는 그들의 사정을 선교사님의 눈을 통해 보고 기도하게 되었다. 우리는 지금 그들을 잊고 산다. 그들이 무언가 일을 저질러야 내가 어찌 될까 잠깐 두려워할 뿐 그들의 고통은 전혀 느껴지지 않았다.

그러나 이 책을 읽으면서 내가 무엇을 위해 살아가고 있었는지 부끄러웠다! 마음을 다잡는다. 북한을 위해 내가 그곳에 있는 것처럼 기도할 수 있게 해 준 살아 있는 책을 만나게 되어 참 감사하다. 우리를 흔드는 이 책을 통해 북녘 땅을 바라보는 시각이 달라졌다. 난 이 책을 가슴에 안아 본다.

이성미(개그맨)

북한의 현 정치 상황과 실상을 한 선교사를 통해서 평화를 지향하고 복음 통일을 간절히 바라는 전 세계인들에게 낱낱이 전해 주는 가슴 아픈 메시지라고 생각한다. 중요한 것은 배 선교사님을 통하여 어떠한 각오와 입장에서 기도를 해야 하는가를 깨닫게 하는 실화라는 점이다.

북한에서 태어나 탈북 전까지 김일성주의와 주체사상으로 세뇌받은 나 자신조차도 하나님의 복음을 받아들이고서야 삼대 세습 우상 독재 정권의 정체를 알 수 있었다. 북한 정권이 하루빨리 붕괴되는 것이 지옥 속에서 헤매고 있는 불쌍한 북한 주민들의 영혼을 구원할 수 있는 최선의 방법이라고 생각한다.

죽음의 고비에서 기도의 끈을 놓지 않고 주님만 경배하고 찬양한 배 선교사님에게 하나님의 영원한 축복이 임할 줄로 믿는다. 끝으로 이 책을 통하여 복음 통일, 평화 통일이 멀지 않았음을 다시 한 번 확신하게 되었다.

정요한(바이올리니스트)

조국 분단 70년이 지났고 또 새로운 한 해가 지나고 있다. 통일 대박을 대통령께서 말씀하셨음에도 불구하고 조국 분단 현실은 더욱 비관적 전망만 깊어져 가는 듯하다. 남과 북은 70년이라는 오랜 세월 분단되어 각자의 길을 걸어왔고, 서로를 향하여 극단적 비난과 대립만 거듭해 왔다. 이제 서로를 더 많이 알아 가고 이해하기 위해 상호 교류하고 왕래하는 새로운 접근이 필요한 시점이다.

이런 시기에 케네스 배 선교사님의 책이 나오는 것이 무척이나 감사하고 행복하다. 무려 735일이나 북한에 억류되어 있다 풀려난 후 우리 교회에 찾아와서 개인적으로 만나 교제하며 많은 위로와 격려를 받았던 적이 있었다. 케네스 배 선교사님이 북한 땅에 살면서 보고 듣고 느낀 것을 기록한 이 책이 남과 북의 거리를 메워 내고 서로를 알고 이해하는 일에 잘 사용될 것이라 믿어 의심하지 않는다.

얼어붙은 북녘 땅에서도 여전히 임재하며 역사하고 계시는 하나님과 그분이 허락하시는 풍성한 은혜가 우리 모두가 사모하며 기도하고 있는 평화 통일이라는 기적을 허락해 줄 것을 믿으며, 이 책이 이를 위해 요긴하게 사용되어 그날을 앞당기게 할 것을 기대하는 마음으로 모든 분들이 읽기를 적극 추천한다. 화종부(남서울교회 담임목사)

이 책이 나오는 과정은 참으로 힘겨웠다. 억류되어 있었던 2년이란 시간을 다시 돌아보며 기억을 되살리는 과정은 어려움의 연속이었다. 두려움, 자책, 회개, 절망, 안도, 평안, 기쁨, 소망의 파도를 넘고 넘은 시간을 글로 표현하는 것은 쉽지 않았다.

그럼에도 내가 이 책을 쓸 수 있었던 것은 나의 어려움을 이야기함이 아닌, 살아 계신 하나님의 역사를 증거하고 싶었기 때문이다. 하나님은 어제도 오늘도 영원히 동일하시며, 북한에서도 한국에서도 또 내가 살고 있는 미국에서도 동일하게 역사하신다. 이 책은 나의 북한 억류 기간뿐 아니라 이미 오래전부터 함께하시고 역사하신 하나님의 기록을 세상에 널리 알리기 위해서 나오게 되었다.

이 책 속에 나오는 주님의 신실하심, 동일하심, 공급하심, 보살피심, 사랑하심을 독자들과 함께 공유하여 우리 인생에 찾아오는 작고 큰 고난과 시험 속에서도 주님을 더욱 신뢰하고, 주님을 더욱 사랑하고, 주님을 더욱 높이고, 주님이 우리에게 맡겨 주신 사명을 기쁨으로 감당하게 되기를 원한다.

하나님은 북한의 2,400만 동포들을 잊지 않고 계신다. 주님이 "내가 너를 잊지 않았듯이 그들을 잊지 않고 있다"고 하셨다. 그분은 오늘도 죽어 가는 영혼들을 위해 탄식하시며, 그들이 돌아오기를 애타게 기다리신다. 이 책을 통해서 잊힌 북한 동포들을 다시 한 번 기억하고, 함께 서서 기도할 수 있게 되기를 바란다.

수많은 분들의 기도와 관심으로 인해 내가 북한에서 돌아올 수 있게·되었듯이, 우리가 그들을 기억하고 관심과 사랑으로 기도한다면 그들도 주께로 돌아오게 될 것이다. 내가 그곳에서 배운 것이 한 가지 있다면 진심은 언제나 통한다는 것이다. 우리가 그들에게 물질을 건네어 주기 전에 우리의 마음을 나누고 진심으로 대한다면 그 어떤 마음의 문도 열리게 될 것이다. 통일된 나라에서 함께 살 그날에 우리가 그들을 외면하지 않았고, 잊지 않았으며, 기억하고 그들을 위해 관심과 사랑으로 기도했다며 이야기할 수 있다면 주님이 얼마나 기뻐하실까.

그간 나의 구명을 위해서 기도하고, 서명 운동에 참여하고, 관심을 가져 준 모든 분들에게 진심으로 감사를 드린다. 이 책이 분단된 겨레의 아픔을 자신의 아픔으로 수용하고, 닫힌 북한의 실상을 조금 더 이해하며, 지금도 북한 땅에 수감되어 하나님의 대사로 그곳에 남아 있는 선교사님들을 잊지 않고 기도하는 도구가 되기를 소망한다.

2016년 5월

케네스 배

추천사

사랑하는 사람들과 떨어져 지내는 것보다 큰 비극은 없다. 나는 이 시련 속에서 케네스 배와 그의 가족들이 보여 준 굳은 믿음과 용기를 바로 곁에서 지켜볼 수 있었다. 한국전쟁에 참전했던 의원으로서 나는 한반도의 평화와 이산가족 상봉을 위해 최선을 다해 왔다. 이 이야기는 우리 평생에 통일 한국을 볼 수 있다는 희망을 전해 준다.

찰스 B. 랭글(Charles B. Rangel)
미 하원의원(1971–2016)

버림받은 기분을 느껴 본 적이 있다면 이 책을 반드시 읽어야 한다. 이는 한 평범한 남자가 북한에 억류되었던 735일간 하나님을 특별하게 경험한 이야기다. 이 이야기는 우리가 누구이며 어떤 상황에 처해 있든 하나님이 언제나 우리와 함께 계시고, 우리를 사랑하시며, 끝까지 돌봐 주신다는 사실을 다시금 일깨워 준다. 케네스 배의 이야기는 하나님이 더없이 어두운 터널 속에서도 빛과 소망을 주실 수 있다는 확실한 증거다.

나도 북한에 갇혀 있던 140일간 절박한 심정으로 하나님의 답을 찾았다. 《잊지 않았다》는 성경에 기록된 답으로 모든 장의 포문을 연다. 주님은 전에도 나와 함께 계셨고, 지금도 함께 계신다.

유나 리(Euna Lee)
저널리스트이자 *The World is Bigger Now*(이제 세상은 더 크다) 저자

케네스 배의 회고록은 우리를 어둠의 심장부인 북한으로 데려간다. 이번에 그가 쓴 2년간의 북한 억류기는 이 비밀스러운 나라가 어떤 곳이며 그곳의 굶주린 백성이 얼마나 잔혹한 취급을 받고 있는지를 적나라하게 보여 준다.

멜라니 커크패트릭(Melanie Kirkpatrick)
Escape from North Korea(북한 탈출) 저자

케네스 배의 석방을 위해 노력했던 한 사람으로서 나는 그가 겪었던 어려움과 두려움, 고통을 그저 짐작만 할 따름이다. 《잊지 않았다》는 체포에서 석방에 이르는 그의 놀라운 경험뿐 아니라 정부 관리, 교화소 간수와 주유소 직원 등 북한 주민들의 삶까지 생생하게 묘사하고 있다. 그의 이야기는 흔들리지 않은 믿음이 어떻게 그로 하여금 겸손하게 행동하고, 북한에서 만난 모든 사람을 연민으로 대하게 만들었는지

보여 준다. 《잊지 않았다》는 소망과 인내, 승리에 관한 이야기다.

김지선(그레이스 김) 박사
작가이자 얼햄 신학교(Earlham School of Religion) 신학과 부교수

여러모로 이 책은 내게 개인적으로도 의미가 있는 책이다. 케네스의 가족과 함께 그를 맞으러 가기 전까지는 그를 개인적으로 알지 못했지만, 그가 북한에 억류되어 있는 동안 그의 가족들을 목회자로서 만나게 되어 얼마나 기쁜지 모른다. 덕분에 그의 고통과 눈물, 끈기, 믿음에 관해 누구보다도 잘 알게 되었다. 그와 그의 가족들이 계속해서 북한 주민들을 위해 기도하고 있다는 사실은 내게 큰 감동을 준다. 이 책은 한 선교사의 억류를 상세히 기록한 책을 넘어 사람들을 향한 하나님의 사랑을 전해 주는 이야기다.

유진 조(Eugene Cho)
퀘스트 교회(Quest Church) 담임목사이자
《말하는 대로 살고 사는 대로 말하라》(Overrated, 규장 역간) 저자

희망을 주고 말씀으로 가득한 책이다. 시련 속에서 체험한 하나님의 임재를 증언한 케네스 배의 책은 우리에게 축복 그 자체다. 이 책은 케네스를 한시도 잊지 않으셨던 하나님의 신실하심을 확인시켜 주는 동시에 박해의 창살을 끊어 버리는 기도의 힘을 보여 준다.

리사 존스(Lisa Jones)
Christian Freedom International 대표

하나님의 변함없는 은혜를 철저히 의지했던 케네스 배. 그의 용기를 그린 이 책을 통해 전 세계의 크리스천들이 복을 받게 될 것이다. 억류와 중노동 속에서도 북한의 형제자매들을 끝까지 사랑했던 그의 모습은 우리 구주의 마음을 그대로 보여 준다.

브라이언 채플(Bryan Chapell)
그레이스 장로교회(Grace Presbyterian Church) 담임목사이자
커버넌트 신학대학원(Covenant Theological Seminary) 전 총장

지금까지 나는 타국에 억류된 미국인들의 석방을 위해 많은 협상을 해 왔다. 이는 내가 전혀 기대하지 않았던, 매우 소중히 여기고 있는 특권이다. 내 상관들, 심지어 대통령의 요청으로 나는 쿠바와 수단, 이라크, 북한까지 지구 상에서 가장 위험한 국가들로 날아가 미국 시민들의 석방을 협상했다. 나는 다른 사절단이 실패한 협상을 많이 맡았었다.

북한과의 협상은 실패 확률이 특히 높다. 북한은 들어가기도 힘들지만 나오기는 더더욱 힘든 나라다. 게다가 미국은 북한과 수교를 맺고 있지 않기 때문에 협상에 성공하기가 매우 어렵다.

그래서 케네스 배의 소식을 들었을 때 아주 힘든 여정이 되리라 예상했다. 한편, 북한 정부가 미국 언론에 촉각을 곤두세우고 있는 것을 알았기 때문에 제시 잭슨(Jesse Jackson)과 심지어 오바마(Barack Obama) 대통령을 비롯해서 케네스 배를 걱정하는 많은 리더들과 함께 재빨리 그의 석방을 촉구했다. 협상 전략을 도출하기 위해서는 적잖은 시간이 필요했다. 그러던 차에 NBA 스타 데니스 로드맨(Dennis

Rodman)이 북한을 방문하면서 케네스 배 사건에 대한 대중의 관심이 뜨거워졌다. 이른바 '스포츠 외교'가 효과를 발휘했다.

미국 사람들은 해외에 나가 있는 가족들을 매우 걱정한다. 지난 수십 년 동안 우리 군인들의 가족들이 그랬고, 케네스의 가족들도 마찬가지였다. 케네스의 상황을 널리 알리기 위한 가족들과 친구들의 노력은 실로 감동적이었다. 우리 정부가 행동하게 된 데는 그들의 노력이 큰 역할을 했다.

케네스는 다른 종류의 병사이긴 하지만 매우 뛰어난 병사임에 틀림이 없다.

나는 외교 문제에 시민들이 참여해야 하고 또한 큰 힘을 발휘할 수 있다고 믿는다. 시민들도 다른 나라들을 알고, 다른 나라 국민들을 사귀며 그들의 리더와 관습, 언어에 관해 배워야 한다. 물론 모두가 케네스처럼 위험을 무릅써서는 안 되겠지만, 국제 관계에는 평범한 시민들의 자리가 분명히 있다. 공식적인 친선 대사들 외에도 정부와는 별개로 움직이는 인도주의적 선교 단체와 조직들의 구성원들이 이 나라의 비공식 친선 대사로 많이 나서야 한다. 케네스는 깊은 신앙심을 따라 세상의 한구석에서 가난과 압제에 시달리는 사람들을 도왔으며, 지금도 여전히 돕고 있다.

억류는 있을 수 없는 일이다. 사람들이 자신의 뜻에 반하여 외국 땅에 갇혀 억지로 중노동을 하고 있는 것은 통탄할 일이다. 이런 시련은 우리를 완전히 무너뜨릴 수 있다. 하지만 이렇게 나쁜 상황을 선하게 이용할 방법이 있다. 잔혹한 독재자들은 사람의 정신을 무너뜨리면 살 의지를 꺾을 수 있다는 사실을 잘 알고 있다. 사람은 극심한 외로움 속에서 절망에 빠질 수 있다. 아내와 자식들을 더 이상 볼 수 없다는 생각에 미쳐 버릴 수도 있다.

반면에, 케네스처럼 자신의 고통에서 눈을 돌려 이 고통스러운 시간을 어떻게 값지게 활용할 수 있는지 고민할 수도 있다. 성경에 나타난 바울의 사례에서 보듯이 오랜 수감 생활은 정반대의 결과를 낳을 수 있다. 끝없는 낙심에 빠져드는 대신 간수들과 깊은 대화를 나누고 심지어 그들과 우정을 쌓을 수도 있다. 케네스는 억류된 상황을 모범적으로 다루었다. 그는 분노하기보다는 저들을 최대한 친절하고 정중하게 대했다.

우리에게는 케네스 같은 사람이 더 필요하다. 남들을 돕기 위해 위험을 무릅쓴 그의 이야기를 읽는 이마다 큰 감동과 도전을 받으리라 확신한다.

빌 리처드슨
(Bill Richardson, 전 뉴멕시코 주지사)

여는 글

이 책을 쓰기 몇 주 전부터 외국에 나가고 싶다는 생각이 다시 슬며시 고개를 쳐들기 시작했다. 선교사로서 가서 사역하고 싶은 곳이 한두 곳이 아니다. 하지만 다 알다시피 외국에서 체류하려면 비자가 필요하다. 그런데 비자를 신청하면 반드시 날아오는 질문이 있다.

"전과가 있습니까?"

내가 억울하게 구금되었는지, 온 세상이 나의 투옥을 규탄했는지를 묻는 항목은 없다. 그저 전과가 있는지만 물을 뿐이다.

솔직하게 답해야 하기 때문에 "예"라는 답에 체크를 해야 한다.

그러면 곧바로 두 번째 질문이 이어진다.

"그렇다면 죄목이 무엇입니까?"

이 질문에는 어떻게 대답해야 할지 정말 모르겠다. 솔직히 대답하면 그 어떤 나라에서도 내게 방문 비자를 내주지 않을 것이다. 나를 가뒀던 교화소의 기록에 따르면, 나는 조선민주주의인민공화국 (Democratic People's Republic of Korea) 곧 북한 정부를 전복시키려 했다는 죄목으로 유죄 판결을 받은 테러리스트다. 담당 검사는 한국전쟁으로 한반도가 반 토막이 난 이후 60여 년 동안 체포된 미국인 범죄자 중 내가 가장 위험한 존재라고 말했다. 내가 만약 미국 시민이 아니었다면 사형을 선고받았을지도 모른다. 최소한 가석방 없는 종신형을 피할 수 없었을 것이다. 그나마 다행으로 15년의 노동교화형을 받았다.

도대체 내가 무슨 짓을 했기에 북한에 그토록 위험한 존재란 말인가. 나의 어떤 활동이 테러 행위란 말인가.

나는 선교사다.

북한 정부의 관점에서 선교는 곧 테러다. 계속해서 읽어 보면 알겠지만 북한 정부는 예수 그리스도의 복음을 극도로 위험하게 본다. 예수님의 메시지가 퍼지면 정부는 물론이고 나라 자체가 무너질 것이라는 두려움이 팽배해 있다. 나는 심지어 성경책 한 권도 나눠 준 일이 없고, 단 한 번의 봉사나 구제 활동도 한 적이 없는데 북한 정부를 전복시키려고 했다는 죄목으로 심문을 받고 기소되었다. 내가 한 일이라곤 전 세계 사람들이 북한의 실상을 두 눈으로 목격하고 나서 북한 주민들을 위해 기도할 수 있도록 자리를 마련한 것뿐이었다. 하지만 북한에서는 그것만으로도 유죄가 되기에 충분했다.

북한 공산주의 정부는 언제나 기독교를 위협으로 여겨 왔다. 하지만 아이러니하게도 제2차 세계대전 이전, 남북이 한 나라였을 때만 해도 남쪽보다 북쪽에 신자가 더 많았다. 1907년 평양에서 대부흥이 일어나 구름처럼 많은 사람들이 예수님을 영접했다. 당시의 부흥으로 평양은 '동방의 예루살렘'이란 별칭을 얻을 정도였다.

안타깝게도 지금은 그런 부흥이 일어났었다는 사실조차 기억하는 사람이 많지 않다. 그 부흥을 실제로 경험했던 사람들은 모두 세상을 떠난 지 오래다. 하지만 하나님은 한때 그곳에서 펼치셨던 역사를 잊지 않고 계신다. 내 죄는, 그 땅을 찾아가 하나님께 그 옛날의 역사를 다시 일으켜 달라고 기도한 것뿐이다. 덕분에 테러리스트요 위험천만한 범죄자로 낙인찍혔다.

나는 여전히 북한을 위해 기도하고 있다. 따라서 그들에게 나는 여전히 위험인물이다. 나는 북한 주민들을 사랑하며, 언젠가 그 땅에 다시 들어갈 날을 기다리고 있다. 내 이야기를 읽으면서 지구 상에서 가장 비밀스런 국가에서 일반 주민으로 살아가는 것이 어떤 것인지를 어렴풋이나마 엿보게 될 것이다. 그들은 이 삶을 선택한 적이 없다. 그들은 원치 않게 외부 세상과 철저히 단절된 채 칠흑 같은 어둠 속에서 살고 있다. 그들이 알고 믿는 것은 오직 북한 정부가 라디오와 텔레비전, 학교, 신문 등 모든 정보 통로를 통해 매일같이 하루 종일 선전하는 내용뿐이다. 그들은 '위대한 령도자'가 나타나기 전의 삶, 빛이 있던 시절의 삶을 완전히 잊어버렸다.

아무쪼록 내 이야기를 읽고 당신도 북한 주민들과 사랑에 빠지기를 원한다. 어떤 목소리도 낼 수 없는 불쌍한 사람들. 하지만 우리가 힘을 합치면 그들의 목소리가 되어 줄 수 있다. 하나님은 북한 주민들을 잊지 않으신다. 당신도 그들을 잊지 말아 주기를 간절히 바라는 심정으로 펜을 들었다.

집으로 돌아가 하나님이 네게

어떻게 큰 일을 행하셨는지를 말하라(누가복음 8장 39절).

1장
3동에 들어가다

너희를 넘겨줄 때에 어떻게 또는 무엇을 말할까 염려하지 말라 그때에 너
희에게 할 말을 주시리니 말하는 이는 너희가 아니라 너희 속에서 말씀하
시는 이 곧 너희 아버지의 성령이시니라(마태복음 10장 19-20절).

검은색 승용차가 주차장에 들어오는 순간, 나는 뭔가 문제가 생겼음
을 직감했다.

"당신이 배 선생이요?"

방금 차에서 내린 50대의 남자가 내 앞을 가로막고서 물었다.

흰 셔츠와 검은색 정장, 검은색 넥타이로 정부 관리라는 것을 대번
에 알 수 있었다. 내가 북한에서 만난 거의 모든 사람과 마찬가지로
그 남자도 비쩍 말라 있었다. 좀 더 젊은 동행인은 반대쪽에서 내게
접근했다. 30세쯤 되어 보였다. 둘 다 얼굴에 미소는커녕 어떤 감정
의 흔적조차 비치지 않았다. 중요한 임무를 수행 중인 게 분명했다.

"물었잖소, 배 선생이냐고."

첫 번째 남자가 다시 물었다. 하지만 묻는 투로 보아 이미 다 알고
찾아온 게 분명했다.

나는 침을 꿀꺽 삼켰다.

"예, 맞습니다만."

아무렇지도 않은 듯 억지로 미소를 지어 보였지만 내 심장은 미친 듯이 요동쳤다.

사실, 그 차가 호텔 주차장에 들어오기 전에 이미 이런 일이 벌어질 줄 예상하고 있었다. 다만 언제일지 알 수 없었을 뿐이다. 오늘이 될지, 내일이 될지. 하지만 정해진 나흘간의 방문 일정이 끝나기 전에 정부 관리가 찾아올 것은 불을 보듯 훤했다. 단지 시간문제일 뿐.

"우리와 같이 갑시다."

시키는 대로 하지 않으면 신상에 해로울 거라는 말투였다.

그럼에도 나는 머뭇거렸다. 검은색 승용차, 시꺼먼 정장의 정부 관리들. 마치 영화 속의 한 장면 같았다. 내가 본 영화에서는 이렇게 뒷좌석에 태워져 끌려간 사람의 끝은 별로 좋지 못했다.

뭐라 대꾸하기도 전에 젊은 남자가 내 팔을 와락 잡아 차 쪽으로 밀었다.

"어서 타라!"

남자가 호통을 쳤다.

북한에서는 모든 외부 방문자에게 정부의 감시인이 붙는다. 이 감시인은 방문자의 일거수일투족을 감시해서 평양에 보고하는 하급 관리다. 나와 함께 주차장을 지나가던 내 감시인은 마치 나를 모르는 것처럼 본능적으로 뒤로 한 걸음 물러섰다. 우리 여행사에 배정된 것을 후회하는 빛이 역력했다.

"동무는 누구요? 라진 려행사 직원이오?"

젊은 관리가 윽박지르듯 물었다.

"아닙니다. 저는 그냥…."

나이 든 관리가 그의 말을 끊었다.

"그렇다면 왜 둘이 함께 여기서 걷고 있나?"

그가 감시인이라는 사실을 몰라서 물은 것이 아니라 규칙을 어겼다고 질책하는 것이었다. 그는 감시인에게 대답할 틈도 주지 않고 다시 내 쪽을 바라보았다.

"동무도 우리와 함께 가야겠어."

그러고 나서 손가락으로 감시인을 가리키며 재촉했다.

"동무 말야. 차에 타라."

감시인은 새파랗게 질린 얼굴로 앞자리에 올라탔다. 표정으로 보아하니 생명의 위협을 느끼는 듯했다.

젊은 관리는 나를 뒷좌석에 밀어 넣고 내 옆에 앉았다. 이윽고 나이 든 관리가 반대편으로 올라탔다. 그 바람에 나는 두 남자의 어깨 사이에 꽉 끼였다. 문이 닫히자마자 차가 출발했다.

나는 차창 밖으로 지나가는 경치를 바라보았다. 2년도 채 되지 않는 짧은 기간 동안 나선시에 열다섯 번째 온 것이기 때문에 이 도시에 관해 꽤 많은 것을 알게 되었다. 나선시는 외국인들이 사업체를 세우고 운영할 수 있는 경제특구다. 북한에서 가장 개방된 도시로, 비록 제한적이긴 하나 외국 관광객들도 허용하는 곳이다. 내가 이곳에 세운 여행사 '네이션스 투어스'(Nations Tours)는 그동안 300명의 관광객을 데려와 북한의 아름다운 자연과 독특한 문화, 아울러 북한 주민들의 안타까운 실상을 보여 주었다.

우리를 태운 차는 한 번도 멈추지 않고 10분 만에 도심을 통과해 북쪽으로 향하는 시골길에 들어섰다. 나는 깜짝 놀랐다. 경찰서 같은 곳에 데려가 간단하게 심문할 줄 알았는데 그게 아니었다.

내내 아무도 입을 열지 않았다. 두 정부 관리는 조용히 앉아 있었다. 앞 좌석의 감시인도 미동조차 하지 않았다. 심지어 운전자 쪽을 힐끗거리거나 어디로 가는지 확인하려고 차창 밖을 기웃거리지도 않았다. 알고 싶지도 않은 눈치였다.

차는 계속해서 북쪽으로 향했다. 참다못한 내가 침묵을 깼다.

"국경으로 가는 건가요?"

나로서는 이렇게 물을 만한 이유가 있었다. 이 모든 소동이 8시간 전 국경을 넘으면서 시작되었으니까 말이다.

"조용히 하라!"

나이 든 관리가 윽박질렀다.

나는 시키는 대로 입을 다물었고, 이윽고 차는 우회전을 해서 동쪽의 해변으로 달리기 시작했다. 전에도 몇 번 지나가 본 길이었다. 해안 가까이에는 유명한 관광지인 비파섬이 있는데, 한반도를 통틀어서 바다사자 떼를 볼 수 있는 유일한 곳이다.

그때 왜 갑자기 바다사자 생각이 났는지는 나도 모르겠다. 그만큼 나는 사태가 얼마나 심각한지 깨닫지 못하고 있었다.

해변으로 가는 길은 산을 넘어 이어졌다. 차는 해안 근처 산비탈 안쪽으로 쑥 들어가 있는 비파호텔 주차장에 들어섰다. 몇 달 전 내가 인솔하는 관광객들과 함께 이 호텔에 묵은 적이 있었다. 중국과 러시아 국경에서 약 40킬로미터, 나선 도심에서 약 10킬로미터 떨어진 이 호텔은 세 개의 동으로 이루어져 있다.

1동은 사실상 사당이다. 1970년대 초 '위대한 수령' 김일성이 그곳에 두 번 머물렀다고 한다. 그가 묵었던 방은 현재 사적지로 관리되고 있다. 하룻밤에 100달러를 추가하면 위대한 지도자가 누웠던 침대에서 잠을 잘 수 있다.

물론 우리 관광객들은 추가 비용을 내면서까지 그 방에서 묵지는 않았다. 대신, 최근 한 중국 투자자가 새롭게 개장한 2동에 묵었다. 몇 개 방은 아시아에서 흔히 볼 수 있는 3성 호텔급으로, 평면 텔레비전을 갖추고 있다. 심지어 욕실에 건식 사우나까지 있다.

나를 태운 차는 위대한 수령의 동과 2동을 지나 수풀에 둘러싸여 있는 3동으로 들어갔다. 차는 멈췄지만 나는 나이 든 관리와 함께 차 안에서 기다려야 했다. 얼마 뒤 평범한 인민복을 입은 남자 두 명이 와서 나를 건물 안으로 데리고 들어갔다.

내 감시인은 차에서 내리지 않았는데 그 뒤로 그를 다시는 보지 못했다.

"신발을 벗어."

3동 입구로 들어갈 때 인민복을 입은 사람 중 한 명이 말했다. 시키는 대로 하니 그가 내 신발을 들고 어디론가 사라졌다.

"따라와라."

다른 사람이 복도를 따라가다 침실이 두 개 있는 객실로 나를 데려갔다. 고급 호텔은 아니었다. 허름한 거실과 첫 번째 방을 지나 복도 끝에 있는 두 번째 방으로 들어갔다. 호텔이라기보다는 기숙사에 더 가까웠다. 세 개의 침대와 하나의 책상, 두 개의 안락의자는 위대한 수령이 1동에 방문한 이래로 한 번도 교체한 적이 없는 것처럼 보였다. 콘크리트 바닥에는 카펫은커녕 타일조차 깔려 있지 않았다. 달랑 창문 하나만 숲 쪽으로 뚫려 있고, 대부분의 창문은 밖을 볼 수 없도록 플라스틱으로 막혀 있었다. 몇 명의 관리는 객실 안에 있고, 몇 명은 바로 문밖 복도에 있었다.

"바지를 벗으시오."

한 관리가 명령했다.

나는 머뭇거렸다.

'방 안이 냉동고나 다름없는데 바지를 벗으라니.'

이 지역의 11월 초 기온은 빙점 아래로 훌쩍 내려간다. 그런 데다 방 안은 보일러도 켜지 않은 듯했다. 바지 안에는 얇은 내복을 입고 있었는데 그것만으로는 추위를 견딜 재간이 없었다.

"바지를 벗으시오."

그가 다시 재촉했다.

나는 군말 없이 바지를 내리고 방 한가운데 서서 오들오들 떨었다. 신발과 바지를 벗긴 것은 혹시라도 탈출하지 못하게 하려는 게 분명했다. 하지만 과연 탈출이 가능이나 할까? 어떻게 해서 몰래 건물 밖으로 나간다 해도 금방 티가 날 게 뻔했다. 나는 보통의 북한 주민들보다 훨씬 통통하니까 말이다.

북한을 열일곱 번이나 오가는 동안, 나는 체격만으로 북한의 상류층을 분간할 줄 알게 되었다. 극소수의 권력층은 통통하고, 나머지는 영양 부족으로 피골이 상접해 있다. 하지만 내 몸무게에도 불구하고 나를 노동당 간부로 착각할 사람은 없을 것이다.

내 신발을 가져갔던 사람이 잠시 후 돌아와 내 바지를 갖고 다시 사라졌다.

인민복 차림의 또 다른 남자가 나를 뜯어보며 말했다.

"저 의자에 앉아서 지시를 기다리라."

책상 옆에 놓인 차가운 나무 의자에 앉자 냉기가 뼛속까지 밀려왔다. 그것이 진짜 추위 때문이었는지, 단순한 두려움 때문이었는지는 잘 모르겠다. 떨지 않으려고 애를 썼지만 냉동고 같은 방 안에서 얼음장 같은 의자에 앉아 있으려니 떨지 않고는 견딜 수가 없었다.

몇 분 뒤 나를 이곳에 데려온 나이 든 관리가 들어왔다. 그는 다른 사람들에게 몇 가지 지시를 내렸다. 나는 너무 긴장한 탓에 그의 말에 거의 집중할 수 없었지만 다른 사람들은 모두 귀를 쫑긋했다. 모두들 그의 지시대로 즉시 따르는 것으로 보아 그가 이곳에서 가장 높은 사람인 듯했다.

이윽고 그는 책상 건너편에 앉아 뭔가 엄청난 말을 할 것처럼 나를 한동안 응시했다. 마침내 그의 입이 열렸다.

"선생은 아주 불온한 자료들을 이 위대한 나라에 들여왔더구만. 우리 공화국 정부와 최고 수뇌부에 관한 거짓말로 가득한 자료들이지."

그는 잠시 말을 멈췄다가 이내 다시 입을 열었다.

"선생처럼 조선에 여러 번 초대를 받은 사람이 왜 그런 불온한 자료들을 갖고 왔는지, 그리고 그것으로 뭘 하려고 했는지 충분히 설명하기 전까지는 우리와 함께 있어야겠소."

가슴이 철렁했다.

'벌써 다 알고 있구나.'

'불온한 자료들'이란 내가 실수로 갖고 들어온 외장 하드를 지칭했다. 나는 단지 노트북을 새로 사서 외장 하드의 모든 파일을 새로 산 노트북으로 옮기기 위해 갖고 있었을 뿐이었다.

중국 단동에 있는 우리 본사에서 나선시 바로 위쪽의 국경까지는 23시간이 걸린다. 그중에서 21시간 동안은 단동에서 연길까지 기차로 이동한다. 원래 이 기차 안에서 파일을 말끔히 옮기고, 국경을 넘기 전에 노트북과 외장 하드를 중국 한 호텔의 금고에 넣어 둘 생각이었다. 하지만 그만 파일 옮기는 것을 깜박 잊고 있다가 국경 세관에서 서류 가방을 열고 나서야 비로소 생각이 났던 것이다. 하지만 때는 이미 늦었다.

세관원들은 내 외장 하드의 파일을 열어 6년간의 중국 사역과 2년간의 북한 사역에 관한 상세한 기록을 발견했다. 하지만 모든 기록이 영어로 되어 있어서 그 내용을 금방 파악할 수는 없었다. 따라서 외장 하드에 이 영어 파일밖에 없었다면 그냥 넘어갔을 수도 있다.

그러나 안타깝게도 거기에는 중국과 북한에서 활동하는 다른 선교사들의 사진을 포함하여 8천 개 이상의 사진과 동영상 클립이 들어 있었다. 지독한 굶주림에 쓰레기 더미를 뒤지는 북한 어린이들의 모습을 담은 2009년 내셔널 지오그래픽 채널(National Geographic Channel) 다큐멘터리 '인사이드 노스 코리아'(Inside North Korea)의 동영상 클립들도 있었다.

외장 하드를 갖고 들어온 이유에 대해 이 사람은 물론이고 북한의 어떤 관리도 납득시킬 자신이 없었다.

"오해입니다. 조선에 불온한 것을 들여올 생각은 추호도 없었습니다. 집을 나서기 직전에 외장 하드를 서류 가방 속에 던져 넣고는 세관을 통과할 때까지 까맣게 잊고 있었을 뿐입니다. 악의는 전혀 없었습니다. 이건 순전히 실수입니다."

이렇게 솔직히 말한다 해도 그는 믿지 않았을 것이다.

"자, 이 자료들을 이 위대한 국가 안으로 가져온 이유를 설명할 수 있겠소?"

나는 변명도 하지 않고 체념한 채 고개만 가로저었다.

"사람을 보내 당신의 여행 가방을 가져올 것이오."

어느새 죄수를 대하는 말투로 바뀌어 있었다.

"곧 저녁 식사가 나올 거야."

나이 든 관리는 툭 내뱉고는 일어나 가 버렸다.

약 15분 뒤, 보초병이 음식 한 그릇을 가져와 내 앞에 두고 갔다. 작은 밥 한 덩이 위에 말라비틀어진 약간의 채소와 작은 생선 튀김 조각을 얹은 것이었다. 저녁 식사라기보다는 미끼처럼 보였다. 겨우 예닐곱 숟갈을 떴는데 바닥이 보였다.

전혀 먹고 싶지 않았지만 억지로 입에 떠 넣었다. 다른 방에서 보초들이 식사하는 소리가 들렸다. 처음에는 그들도 나와 똑같은 양을 받은 줄 알았다. 하지만 20분 뒤까지도 먹는 소리가 그치지 않는 것을 보고, 굶주림이 내게서 정보를 캐내기 위한 수단 중 하나라는 것을 알았다.

저녁 식사를 하는 내내, 그 뒤로도 30분가량 나무 의자에 그대로 앉아 있었다. 의자가 처음만큼 차갑지는 않았지만 오랫동안 앉아 있었더니 이번에는 온몸이 욱신거렸다.

그때 갑자기 보초가 들어와 일어서라고 명령했다.

그래서 일어섰다.

아주 육중한 몸에 마치 갱단 두목처럼 생긴 중년의 남자가 들어왔다. 방 안의 다른 사람들은 그가 지나갈 수 있도록 길을 터 주면서 그를 '부장'이라고 불렀다. 이 시간에 자기가 그곳까지 온 것이 잔뜩 못마땅한 표정이었다. 아니면 그것이 평상시의 표정일지도. 어쨌든 그는 내가 북한에서 만난 사람들 중에서 가장 험악하게 생긴 사람이었다. 아울러 가장 육중한 사람이기도 했다.

부장은 안락의자에 앉으면서 내게도 앉으라는 손짓을 했다. 곧이어 나이 든 관리가 들어와 멀찍이 떨어진 위치에 섰다. 부장은 의자에 푹 기대어 앉은 후 담뱃갑을 꺼냈다. 한 대를 꺼내 물고서 내게도 담뱃갑을 내밀었다.

나는 손을 흔들어 거절했다.

"괜찮습니다."

부장은 거만한 표정으로 담배에 불을 붙여 한 모금 깊이 빨고서는 내 쪽으로 연기를 불었다.

"이제부터 당신을 조사할 거야. 당신은 파일과 사진, 동영상이 가득한 외장 하드를 가져왔어. 우리가 알고 싶은 것은 배후가 누구냐 하는 것이야. 누가 당신에게 이것을 이 위대한 국가에 갖고 들어가라고 지시했나? 당신이 왜 이런 짓을 했는지, 속셈이 뭔지 알아야겠어."

나는 무슨 말인지 이해했다는 표시로 고개만 끄덕일 뿐 아무런 말도 하지 않았다.

"여기 선생들은 전문가들이야. 필요한 정보를 캐내는 능력이 타의 추종을 불허하지. 결국 당신의 비밀을 알아낼 것이고. 그러니 지금 솔직히 털어놓는 게 좋을 거요."

부장은 말을 멈추고 내게 생각할 시간을 주었다. 그는 이 시간을 즐기는 것처럼 보였다.

그가 담배 한 모금을 다시 빨고서 입을 열었다.

"야만적인 방법은 쓰지 않겠어."

말은 그렇게 했지만 언제라도 마음이 바뀔 수 있다는 말투였다.

"그건 너무 유치하니까. 게다가."

그는 살짝 미소를 지었다.

"야만적인 방법을 쓰지 않고도 얼마든지 원하는 사실을 알아낼 수 있거든. 당신은 반드시 협조하게 될 거야. 내, 장담하지. 빨리 부는 것이 서로에게 좋은 거야."

그는 다시 말을 멈췄고, 나는 다시 고개를 끄덕였다.

부장이 문 쪽으로 손짓을 하자 나이가 더 적고 몸집이 작은 남자가 들어왔다. 한 60킬로그램쯤 되었을까, 몸집이 말 그대로 부장의 절반밖에 되지 않았다. 검은 정장이 160센티미터가 겨우 넘는 몸에 걸쳐 있어 질질 끌리는 것처럼 보였다. 안경을 써서 그런지 부장에 비해 인상도 훨씬 덜 위협적이었다. 그는 부장 근처의 의자로 걸어와 마치 아버지를 두려워하는 소년처럼 매우 경직된 자세로 앉았다.

"이 선생이 당신의 조사관이야. 성심껏 협조하라."

조사관은 지시를 알아들었다는 표시로 부장을 향해 고개를 끄덕였다.

"지금 시작합니까?"

내가 물었다.

"아니. 오늘은 너무 늦었어. 오늘은 그만 쉬고. 조사는 내일 아침 일찍부터 시작될 거야."

부장이 그렇게 말하고 일어나자 조사관이 마치 용수철이 튀어 오르듯 벌떡 일어났다. 보초가 나도 일어서라고 손짓을 하기에 시키는 대로 했다.

부장의 말이 이어졌다.

"그때까지는 이 방에서 지내라. 저기 창문 옆에 있는 침대를 쓰면 되고. 나머지 두 개는 두 선생들(보초)이 쓸 거야. 조사 성원들은 옆방에서 지낼 거고."

그 말을 끝으로 부장은 나갔고, 조사관과 나이 든 관리가 그 뒤를 바짝 따라갔다.

다 나가고 나자 보초가 내게 다가왔다.

"취침할 시간이다. 저리로 가라."

그는 세 번째 침대를 가리켰다.

가서 살펴보니 이불이라고는 얇은 담요 하나가 전부였다. 바지는 여전히 벗은 채였다. 호텔 주차장에서 붙잡혀 올 때 걸치고 있던 얇은 재킷을 그대로 입고 있었지만 이 냉동고 같은 방에서는 별로 소용이 없었다.

침대에 누워 담요를 덮고 잠을 청해 봤지만 몸이 사시나무 떨듯 떨렸다.

"춥나?"

보초 중 한 명이 물었다.

"네."

"잠깐만 기다리라."

그가 밖으로 나가 담요 한 장을 더 가져왔지만 얇기는 매한가지였다. 담요 두 장으로 온몸을 감싸고 누웠다. 그래도 그것까지 덮으니 몸이 떨리는 것은 멈추었다.

방 저편의 침대 하나에는 보초가 누워 있었다. 내게 담요를 가져다 준 보초는 앉아서 계속 나를 감시했다. 내가 위험인물이라도 되는 듯 둘 중에 한 명은 늘 깨어 있었다.

담요 하나를 더 덮었는데도 잠을 이룰 수 없었다. 내 중국인 비서 스트림(Stream)과 내가 인솔해 온 네 명의 관광객들(미국인 두 명, 호주인 남자와 그의 독일인 아내)에 대한 걱정도 잠을 방해했다.

'그들도 억류되었을까?'

내 서류 가방에서 외장 하드가 발견된 직후 그들에게 나를 모르는 체하고, 꼬치꼬치 캐묻거든 관광을 위해 처음 만났을 뿐이라고 답할 것을 일러 두긴 했지만 아무래도 걱정이 되었다.

'다들 내가 시킨 대로 입을 맞출 수 있을까? 무사할까? 아니면 내 어리석은 실수 때문에 나처럼 어딘가에 갇혀 있을까? 그들이 무사히 이 나라를 떠날 수 있을까?'

걱정에 이리저리 뒤척였다. 그들에게 어떤 일이 일어날지 혹은 이미 어떤 일이 일어났는지 알 길이 없어 답답하기 짝이 없었다.

아이들 생각도 났다. 당시 스물두 살 된 아들 조나단(Jonathan)과 열여섯 살이었던 딸 나탈리(Natalie)는 미국 애리조나 주에 살고 있었고, 스무 살의 의붓딸 소피아(Sophia)는 아내 리디아(Lydia)와 함께 단동에서 지내고 있었다. 가족들은 내게 무슨 일이 일어났는지 전혀 모르고 있었다.

'여기서 한동안 나가지 못하면 내가 자신들을 버렸다고 생각할지도 몰라. 가족들에게 하고 싶은 말이 정말 많은데 과연 말할 기회가 있을까?'

원래 아내는 이번 여행을 극구 말렸었다.

"가지 마요. 곁에 있어 줘요."

하지만 나는 끝내 뿌리치고 집을 나섰었다.

두 눈에 눈물이 가득 고였다.

'가족들을 다시 볼 수 있을까?'

내 번민은 기도로 변했다. 나는 서울에서 살다가 가족이 1985년에 미국으로 이민 오기 얼마 전에 예수님을 영접했다. 그 뒤로 처음에는 중국, 나중에는 북한으로 가라는 하나님의 소명을 느꼈다. 그 믿음이 지금 이 방까지 나를 이끌었다. 이제 이 방을 떠날 때까지 그 믿음으로 버텨야 했다.

"주님, 도와주세요. 언제나 저를 도와주셨던 주님, 지난 6년 동안 중국에서 선교하는 내내 저를 해로부터 보호해 주셨던 주님, 이 길을 걷는 내내 제 발걸음 하나하나를 인도하셨던 주님, 변함없이 저를 돌봐 주셨던 주님, 지금은 어디 계신가요? 주님의 도움이 절실해요."

그렇게 기도하다가 어느새 잠이 들었다.

2장
심문이 시작되다

내가 또 주의 목소리를 들으니 주께서 이르시되 내가 누구를 보내며 누가 우리를 위하여 갈꼬 하시니 그때에 내가 이르되 내가 여기 있나이다 나를 보내소서 하였더니(이사야 6장 8절).

"어서 일어나서 준비하라."

보초가 나를 깨웠다.

억지로 눈을 떠 보니 군복을 입은 청년이 내 앞에 서 있었다. 잠시 내가 어디에 있는지 몰라 눈을 깜빡거렸다.

"샤워할 시간을 10분 주겠다. 서두르라."

그제야 기억이 났다. 나쁜 꿈은 꿈이 아니라 현실이었다.

그래도 몸을 씻을 수 있는 것을 감사하게 여기며 욕실로 들어갔다.

"딱 10분이다."

보초가 재차 강조했다.

하지만 샤워기는 망가져 있었다. 어쩔 수 없이 욕조에 온수를 채우고 바가지로 물을 퍼서 머리에 뿌렸다. 비록 샤워다운 샤워는 못했지만 물이라도 뿌리고 나니 꽤 개운해졌다.

나는 욕조에 서서 기도하기 시작했다.

"하나님, 힘을 주십시오. 오늘 제가 어떻게 될지 저는 알 수 없지만 당신은 아십니다. 제게 힘을 주십시오. 제 입술을 주장하셔서 저들에게 어떻게 답해야 할지 알려 주십시오."

샤워를 마치고 나서 얼마 있지 않아 아침 식사가 왔다. 전날 밤과 완전히 똑같은 식사였다. 이번에도 몇 숟갈 만에 바닥이 났다. 극도로 긴장해서 여전히 입맛은 없었다.

아침 식사를 마치고 나니 보초가 내게 앉아서 기다리라고 지시했다. 어젯밤과 똑같은 의자에 앉았는데 여전히 차가웠다.

가만히 기다리는 동안 지난 실수가 떠올랐다. 부주의하게 가방을 확인하지도 않고 입국한 나 자신이 너무 한심해서 견딜 수가 없었다. 기회는 여러 번 있었다. 하지만 나는 단동에서 연길까지 오는 내내 서류 가방을 한 번도 열어 보지 않았다. 그날 밤 호텔에서도 기회가 있었다. 호텔에서 국경까지 버스를 타고 오는 동안에도 두 시간이란 긴 시간이 있었다. 그러나 나는 그 모든 기회를 다 날려 버렸던 것이다.

최소한 내가 인솔하는 관광객들의 서류가 잘 구비되었는지 확인하기 위해서라도 서류 가방을 열어 봤어야 했다. 하지만 나는 버스 앞쪽에 앉아 처음부터 끝까지 동료 친구이자 동료 선교사와 잡담만 나누었다. 여기서는 그 친구를 그냥 리사(Lisa)라고 부르겠다. 리사는 우리 회사 관광객이 아니라 북한에서 인도주의 활동을 하는 사람이다.

심지어 중국을 벗어나기 직전에도 기회가 있었다. 물품 보관소이기도 한 작은 가게에 버스가 정차했을 때 리사는 버스에서 내리면서 내게 이렇게 말했다.

"저는 휴대폰을 여기에 맡겨야겠어요. 국경을 넘기 전에 두고 갈 물건이 없나요?"

하지만 나는 가방 안을 살펴볼 생각도 하지 않고 무조건 "없어요" 라고 대답했다.

'어찌 이리도 부주의할 수가 있단 말인가!'

속으로 나 자신을 향해 소리를 질렀다. 북한에 처음 가는 길이었다면 필시 가방 하나하나를 확인하고 또 확인했을 것이다. 하지만 열여덟 번째라 나도 모르게 방심하고 말았다.

기다리면서 (무엇을 기다리고 있는지 몰랐지만) 내 실수를 계속해서 곱 씹었다. 북한 정부 관리들이 내 외장 하드 속의 모든 파일과 사진을 분석해서 용의자 목록을 작성하는 모습을 상상했다.

'혹시라도 그들이 내 파일을 번역하면 어쩌나?'

중국과 북한에서의 내 모든 활동 상황이 파일에 낱낱이 기록되어 있었다. 그들이 내가 누구이며, 북한에서 무엇을 해 왔는지를 알게 되는 것은 그야말로 시간문제였다.

'그러면 어떻게 될까? 그들이 나를 어떻게 할까?'

이런 일을 하다가 붙잡힌 사람들이 어떻게 되었는지는 잘 알고 있었다. 어릴 적 한국에서 살 때 북한에서 실종된 사람들의 이야기를 들은 적이 있었다.

하지만 단지 나 자신의 안위만 걱정된 것은 아니었다. 2년 전 처음 관광객들을 이끌고 북한에 들어온 뒤로 나와 접촉했던 모든 사람들의 안위가 걱정되었다. 특히 샘(Sam)이 걱정이었다. 샘은 내가 체포된 나선시의 호텔에서 커피숍을 운영하던 사람이다. 중국에서 태어난 그는 예수님을 영접한 뒤 단동에 있는 우리 선교 센터에서 간사로 봉사했다. 그로 인해 단동과 나선을 수시로 오갔다. 정체가 탄로 나면 그에게 어떤 일이 닥칠까, 생각만 해도 끔찍했다.

또 다른 북한 사람인 송이도 문제였다. 우리는 송이가 방문 비자로 중국에 체류 중일 때 만났다. 송이는 북한에 돌아가서 기독교 고아원을 세우려고 했다. 그런데 내 외장 하드 때문에 송이도 더 이상 안전하지 않았다. 나와는 달리, 미국 시민이기 때문에 보호를 받을 자격이 송이에게는 주어지지 않을 것이다. 내 파일이 송이를 위험에 빠뜨렸고, 북한 정부가 그녀를 찾는 것은 식은 죽 먹기였다.

의사가 들어오면서 내 기다림은 끝이 났다.

"검사를 좀 하겠소."

내가 왜 검사를 받아야 하는지 어리둥절했다. 하지만 시키는 대로 따르는 수밖에 없었다.

"혹시 병이 있습니까?"

의사가 물었다.

"당뇨가 있습니다. 고지혈증하고 담석, 전립선 비대증, 지방간도 있고요. 15년 전에 넘어져서 허리를 다친 일도 있습니다. 지금도 꽤 아파요."

"그렇습니까?"

의사는 내 말을 빠짐없이 적어 내려갔다.

"당뇨와 담석, 콜레스테롤 약을 먹고 있습니다."

"지금 약을 갖고 있습니까?"

"제 가방에 있습니다."

의사는 몇 가지를 더 적더니 이렇게 말했다.

"됐습니다. 이곳에서 지내도 일없을 것 같소."

그의 말은 전혀 위로가 되지 않았다.

의사가 나가고 나서 다른 관리가 들어와 내 가방 안의 모든 내용물을 정리한 목록을 놓고 갔다.

이어서 전날 밤에 만났던 조사관이 들어왔다. 나는 책상 옆의 그 나무 의자에 다시 앉았다. 또 다른 관리가 조사관의 이름을 부르는 것을 엿듣고서 그의 성이 '박'이라는 것을 알게 되었다. (그가 직접 내게 자신을 소개한 적은 없다. 나중에 '박'씨가 맞느냐고 물었더니 아니라고 대답했다.)

미스터 박이 책상 건너편에 앉았는데, 기분이 꽤 좋아 보였다. 그가 기록을 하기 위해 스프링 노트 한 권을 앞에 놓았는데, 한눈에 내 물건임을 알아보았다. 내 여행 가방 안에 있던 것이었다.

"간밤에 잘 잤소?"

"네."

나는 거짓말을 했다. 걱정에 밤새 뒤척였다고 말하기 싫었기 때문이다. 그렇게 말하면 정말로 죄지은 사람처럼 보일 테니까 말이다.

"우리 손님으로 있는 동안 편안하게 지냈으면 한다. 자, 이제 몇 가지를 묻겠어. 협조만 잘해 준다면 금방 끝날 거야."

나는 고개를 끄덕였다. 내가 여행사를 통해 북한의 지역 경제에 기여한 사업가라는 사실 외에는 아무것도 인정하지 않을 생각이었다. 불온하게 보이는 자료들을 실수로 외장 하드에 넣어 이 나라로 갖고 왔다는 사실은 인정하겠지만, 그 자료를 누구에게도 전할 생각이 없었다는 점을 분명히 강조하기로 했다.

"말로 하는 것보다 아무래도 당신이 직접 쓰는 것이 좋겠소. 얼마든지 시간을 줄 테니까 어떻게 쓸지 잘 생각해 보라."

미스터 박이 내 앞에 컴퓨터 종이 몇 장과 펜을 내려놓으면서 말했다. 가만히 보니 펜 역시 내 것이었다.

"먼저 당신에 관해서 좀 써 보라우."

그의 어조와 태도는 조폭 두목 같던 부장과 정반대였다.

"가족과 친척들, 어디서 살며 무슨 일을 하는지 자세히 적어 보라. 다 쓰고 나서 손을 들면 가지러 오겠어."

마지막 말에 하마터면 헛웃음이 나올 뻔했다. 마치 초등학교 시절로 돌아간 기분이었다.

나는 펜을 들어 쓸 내용을 생각하기 시작했고, 미스터 박은 일어나 문 쪽으로 걸어갔다.

"시간은 얼마든지 걸려도 된다."

그가 미소를 지으며 다시 말했다.

나는 미국 시민이지만 우리 가문의 뿌리는 평양에서 북쪽으로 약

100킬로미터 지점에 있는 영변이란 작은 도시로 거슬러 올라간다. 150년 전 남북이 분단되지 않고 조선이라는 한 나라를 이루고 있을 때, 우리 조상은 한반도의 남쪽 끝에서 영변으로 올라왔다. 그 뒤로 우리 할아버지 대에 이를 때까지 4세대 동안 그곳에서 살았다.

당시 조선은 격동의 시기를 지나고 있었다. 1885년 첫 선교사가 한국에 들어왔다. 현재는 남한에 교회와 교인들이 무수히 많다. 많은 서구인이 이 사실을 알고 있지만 복음이 처음 뿌리를 내린 곳이 북쪽이라는 사실을 아는 서구인은 그리 많지 않다. 1907년 평양에서 부흥이 일어났을 때 수많은 사람들이 예수님을 영접했다.

기독교가 산불처럼 퍼지는 와중에도 조선의 상황은 여전히 어려웠다. 1904년 조선의 왕은 일본의 강요로 사실상 독립권을 포기하는 조약에 서명했다. 1910년 일본은 조선 전체를 합병했다. 그때부터 이 나라는 일본의 통치 아래에서 극심한 고난을 겪었다. 마침내 제2차 세계대전의 종식과 함께 일본이 미국에 항복하기는 했지만 민족의 삶은 별로 나아지지 않았다. 1945년 미국과 소련은 38도선을 경계로 한반도를 양분했다. 그로 인해 영변에 있는 우리 가족의 고향은 공산주의 북한의 영토로 들어가게 되었다.

한반도의 분단은 원래 임시적이었다. 최대한 빠른 시간 내에 유엔이 온 국민의 자유선거를 거쳐 하나의 정부를 세우기로 되어 있었다. 하지만 1948년에 소련이 그 계획을 제지하고 북반부에 김일성이 다스리는 공산 정부를 세웠다. 김일성은 위대한 지도자를 자처했고, 점점 자신을 신으로 숭배하게 하는 사실상의 종교 시스템을 구축했다.

공산주의 이데올로기는 나중에 '주체사상'으로 발전했다. 기본적으로 주체사상은 자기 스스로에게 모든 것을 의지한다는 것이지만, 결국 진짜 필요한 것은 오직 위대한 령도자뿐이라는 개념이다. 1948년 소련은 북한에서 철수할 때 김일성에게 대포와 탱크, 전투기까지 필요한 모든 것을 넘겨주었다.

1950년 6월 25일, 김일성의 인민군이 남한을 침공하면서 우리 집안은 큰 전환점을 맞게 되었다. 공산군은 사흘 만에 남한의 수도 서울을 점령했다. 미국 대통령 해리 트루먼(Harry Truman)이 일본에서 즉시 군대를 파병했지만 전세를 뒤집지는 못했다. 7월 말, 김일성은 남쪽 끝자락에 있는 항구도시 부산 주변의 일부 영토를 제외한 한반도 전역을 집어삼켰다. 그때 더글러스 맥아더(Douglas MacArthur) 장군이 도착했다.

9월 15일, 미 해군은 서울의 바로 아래쪽이며 적의 전선에서 한참 뒤쪽에 있는 인천에 상륙했다. 맥아더 장군의 지휘 아래 미국과 유엔의 군대는 몇 주 만에 김일성의 군대를 38선 뒤로 몰아냈다. 11월 말, 미군은 우리 가족의 고향을 훨씬 지나 압록강의 중국 쪽 국경까지 한반도를 거의 수복했다. 하지만 안타깝게도 중국이 참전하는 바람에 전선은 다시 남하하기 시작했다.

나의 조부모는 전선이 고향 쪽으로 다가오는 것을 알고서 온 가족과 세간을 트럭에 싣고 아직 유엔이 점령하고 있던 평양으로 내려갔다. 오직 증조할머니만 영변에 머물러 집을 지켰다. 증조할아버지와 나머지 가족은 평양에서 한두 주만 머물면 전선이 다시 북상해서 고향으로 돌아갈 수 있으리라 생각했다. 하지만 유엔군은 계속해서 퇴각했고, 우리 가족은 증조할머니를 남겨 둔 채 전쟁을 피해 유엔군을 따라 남하할 수밖에 없었다. 그 뒤로 우리 가족 중에 누구도 증조할머니를 보지 못했다.

결국 우리 가족은 부산에 도착했고, 전쟁이 끝나고 나서 서울로 이사했다.

가족과 함께 북한을 탈출할 때 아버지의 나이는 겨우 여섯 살이었다. 아버지는 서울에서 자라 그곳에서 어머니를 만났다. 아버지는 유명한 야구 선수였고, 나중에는 프로야구 팀의 감독으로 이름을 날렸다. 나는 1968년에 태어나 서울에서 16년을 살았다.

미스터 박이 준 종이에는 이런 이야기를 있는 그대로 쓰지 않았다. 우리 가족이 전쟁 통에 일부러 북한에서 남한으로 도망쳤다는 사실을 알면 나를 대하는 태도가 적대적으로 바뀔지도 모르기 때문이었다. 쓸데없이 그를 자극할 필요는 없었다. 대신 전쟁으로 고향을 떠나 서울에 정착하게 되었다고만 썼다. 아울러 내가 열여섯 살이던 1985년, 나와 여동생의 교육을 위해 우리 가족이 미국으로 건너갔다는 이야기도 썼다.

처음에는 삼촌이 살던 캘리포니아 주 산호세(San José)에 자리를 잡았다. 우리 가족 중에는 영어를 제대로 할 줄 아는 사람이 아무도 없었다. 심지어 한국을 떠나기 전 몇 달 동안 학교에서 영어를 배운 나도 별로 쓸모가 없었다.

산호세에서 나는 한국인이 거의 없는 고등학교에 들어갔다. 선생님들은 내 본명인 '준호'를 제대로 발음하지 못해 애를 먹었다. 그래서 출석을 부를 때마다 나를 여자 이름인 '주노'로 불렀다. (몇 년 뒤 미국의 귀화 시민이 되면서 미국식 이름을 갖기로 결심했다. 그래서 '케네스'라는 이름을 선택했는데, 그것은 케네스를 잘못 발음하는 사람은 본 적이 없었기 때문이다. 당시 내 주위에 케네스라는 이름을 가진 사람이 없었다는 것도 한 이유다.)

산호세에서 1년 정도 살다가 재미 교포가 훨씬 많은 로스앤젤레스 토렌스(Torrance)로 이사했다. 내 영어 실력은 점점 좋아졌고, 1988년 웨스트 토렌스 고등학교(West Torrance High School)를 졸업했다.

미국으로 이민 가기 전 여름에 나는 믿은 지 얼마 안 된 새 신자였다. 당시 수련회 때 서울에서 내가 다니던 교회의 중고등부 전도사님이 우리에게 각자의 삶을 향한 하나님의 인도하심을 구하라고 말했을 때 나는 기도했고, "목자"라는 하나님의 음성을 들었다. 다른 말들은 들리지 않고 오직 "목자"라는 말만 들렸다. 목자와 목사는 동의어이므로 나는 하나님이 어떤 식으로든 나를 목회의 길로 부르고 계신다고 확신했다.

졸업 후, 세계 최대의 대학 선교 단체 가운데 하나인 CCC(국제대학생선교회)의 여름 수련회에 참석했을 때 나의 소명은 좀 더 분명해졌다. CCC 창립자 빌 브라이트(Bill Bright) 목사님은 우리에게 중국을 품으라고 촉구했다. 그때 나는 하나님이 나를 중국으로 부르시는 것을 느꼈다.

"예, 주님! 당신을 위해 중국으로 가겠습니다."

그렇게 기도했다.

그해 여름 나는 다른 가족들을 만나러 서울에 갔는데, 서점마다 들러 중국에 관한 책이란 책은 죄다 사들였다. 오리건 대학(University of Oregon)에 들어갈 때도 심리학을 공부하되, 내 소명을 준비하기 위해 부전공으로 중국어를 공부할 생각이었다.

대학의 첫 학기가 시작된 지 두 주가 지났을 때 한 여학생을 사귀기 시작했고, 1년 뒤에 결혼을 했다. 그러는 사이에 중국에 관한 생각은 까마득히 잊어버렸다.

결혼한 지 얼마 되지 않아 1990년에 장남 조나단이 태어났다. 나는 가족을 부양하기 위해 학교를 중퇴했지만, 결과적으로는 1996년에 샌프란시스코 신학교(San Francisco Bible College)를 졸업했다. 같은 해에 딸 나탈리가 태어났다. 2002년에는 세인트루이스에 있는 언약 신학대학원(Covenant Theological Seminary)에서 목회학 석사(M. Div) 학위를 받았다.

하지만 3년 뒤, 안타깝게도 가정이 무너졌다. 이 일을 겪은 후 나는 하와이의 코나(Kona)에서 많은 시간을 보냈는데, 거기서 하나님은 중국 선교의 열정에 다시 불을 지펴 주셨다. 2006년에는 중국 대련으로 이사했다가, 2010년에 다시 북한의 북서쪽 끝자락의 압록강 바로 건너편에 있는 단동으로 옮겼다.

나는 문화 교류 업체를 세우기 위해 중국으로 갔다. 나중에는 단동으로 회사를 이전했고, 호텔업과 여행업을 겸하는 '네이션스 투어스'를 세워 사업을 확장했다.

계속해서 나는 2007년 단동에서 옷 가게를 운영하는 현재의 아내를 만나게 된 과정을 썼다. 우리는 2009년에 결혼했다.

"아내에게는 전 남편과의 사이에서 낳은 딸 소피아가 있다"라고 덧붙였다.

쓰기를 마치고서 손을 들었다. 다 쓰고 나니 대여섯 페이지가 되었다. 하지만 빼먹은 이야기도 꽤 많았다. 하와이에 있는 YWAM(Youth With A Mission)의 DTS(Discipleship Training School)에서 간사로 일했다는 사실은 쓰지 않았다. 중국으로 이사한 진짜 목적은 DTS를 진행하기 위해서였다는 사실도 밝히지 않았다. 이런 내용은 북한과 아무런 상관이 없다고 생각했다.

누가 데리러 가지도 않았는데 미스터 박이 다시 들어왔다. 나의 일거수일투족을 감시하는 카메라가 어디선가 돌아가고 있는 게 분명했다.

"배 선생, 잘했소."

미스터 박이 내 한국 이름을 불렀다.

"자, 뭐라고 썼는지 한번 보지."

그는 재빨리 훑어보더니 또다시 백지 더미를 내 앞에 놓았다.

"이제는 왜 외장 하드를 이 위대한 나라에 가져왔는지 말해 보라."

그가 다소 누그러진 투로 말했다.

내가 고개를 끄덕이자 그는 내 첫 번째 진술서를 들고 나갔다. 나는 잠시 앉아서 다음 이야기를 어떻게 풀어 갈지 고민했다. 어느 순간, "있는 그대로의 진실을 말하라"는 하나님의 나직한 음성이 느껴졌다.

"불온한 자료를 갖고 국경을 넘을 생각은 전혀 없었다. 원래 나는 관광객들을 이끌고 입국하기 전에 가져갈 수 있는 물건과 가져갈 수 없는 물건을 항상 설명해 준다. 예컨대 컴퓨터는 가져가지 말라거나 이 나라에 모욕이 될 수 있는 물건은 가져가지 말라고 신신당부한다. 그런데 이 나라를 열일곱 번이나 들락거린 내가 순전히 실수로 가장 기본이 되는 원칙을 어기고 말았다.

이번 여행을 하기 직전에 노트북을 새로 샀다. 그런데 기존 노트북에 있는 파일을 새 노트북에 전부 옮길 시간이 없었다. 이것이 외장 하드를 가져온 이유다. 북한에 올 때마다 단둥에서 옌지까지 21시간 동안 기차를 타기 때문에, 기차 안에서 외장 하드에 옮긴 파일을 새 노트북으로 다시 옮길 생각이었다.

하지만 안타깝게도 파일을 옮길 여유가 없었다. 내가 인솔하는 관광객들과 가까워지느라 정신이 없었다. 그들과 대화하지 않을 때는 새 노트북의 동영상 편집 프로그램의 사용법을 익히느라 바빴다. 옌지의 호텔에서도 파일을 옮길 시간이 충분하다고 판단했다. 하지만 옌지에 도착하자마자 먼저 저녁 식사로 옌볜식 오리 바비큐를 먹으러 갔고, 호텔 방에 돌아와서는 아내와 전화 통화를 했다. 눈이 떠지지 않을 때까지 아내와 이야기를 나누다가 방에 불을 모두 켜 놓은 채로 나도 모르는 사이에 잠이 들어 버렸다.

내 비서인 스트림이 새벽 5시 30분에 방문을 두드리며 늦지 않게 아래층으로 내려와야 국경행 버스를 놓치지 않는다고 말하기 전까지 죽은 듯이 잠을 잤다. 침대에서 튀어나와 세수를 하고 문밖으로 달려 나오는 바람에 외장 하드 생각을 까마득히 잊어버렸다. 떠나기 전에 비서에게 노트북을 건네면서 내가 사흘 뒤에 돌아올 때까지 호텔에 맡겨 달라고 부탁했다. 원한다면 확인해 봐도 좋다. 노트북을 열어 보면 안에 파일이 거의 없을 것이다.

준비를 마치자마자 관광객들을 버스 정류장으로 인솔해 갔다. 그때부터 북한에 들어오기까지 서류 가방을 한 번도 열어 보지 않았다. 세관에서 내 서류 가방 안을 보기 전까지는 내가 외장 하드를 갖고 있다는 사실을 까맣게 잊고 있었다."

이것은 있는 그대로의 진실이었다.

손을 들어 진술서 작성을 마쳤다는 신호를 보내자 미스터 박이 들어와 종이를 가져갔다.

"잘했어. 뭐라고 썼는지 보겠어."

그렇게 말하고는 다른 방으로 갔다.

나는 이것으로 상황이 끝나기를 바랐다. 분명 그들은 지금까지 쭉 나와 함께 일했던 북한인 가이드도 이미 심문했을 것이다. 내가 말한 모든 사실을 그가 뒷받침해 줄 것이라고 생각했다. 나는 이 도시에서 평판이 좋은 사업가였다. 이번 일은 순전히 실수였다. 북한 정부에서 특별히 신경 쓸 만한 다른 사항은 일체 없었다.

보초가 점심 식사를 가져다주었지만 도통 입맛이 없었다.

그런데 점심 식사 직후 미스터 박이 새빨개진 얼굴로 씩씩거리며 달려 들어왔다. 아침에 유쾌한 표정으로 내 앞에 앉아 있을 때와는 딴판이었다.

"누가 이따위로 쓰라고 했나! 날조 대신 진실을 말하라고 했는데!

당장 일어나. 저리로 가라."

그는 고함을 치며 방의 한쪽 구석을 가리켰다.

"진실을 말할 준비가 될 때까지 저기 서 있으라!"

나는 즉시 일어서서 시키는 대로 했다.

"두 팔을 옆구리에 바짝 붙이고 움직이지 마라! 벌 받는 거야. 진실을 말할 준비가 되기 전까지는 그 구석에서 나오지 마라."

경찰이 원하는 정보를 얻어 내기 위해 선한 경찰과 악한 경찰 전략을 바꿔 가며 사용하던 영화가 생각났다. 미스터 박도 선한 경찰과 악한 경찰 사이를 오락가락했다.

구석에 서 있는데, 또 다른 영화 시나리오가 내 머릿속에서 펼쳐졌다. 내가 붙잡힌 순간 내 여권 속의 컴퓨터 칩이 작동한다. 이 칩에서 보내는 신호를 38선 이남에 있는 해병대가 포착한다. 해병대가 이 신호를 다시 백악관으로 전송하고, 오바마 대통령이 직통전화를 들어 장군에게 명령한다.

"즉시 조치를 취하시오."

얼마 뒤 해군 특수부대가 내가 갇힌 3동 방의 창문을 부수고 들어와 총을 겨눈다. 그중 한 명이 내게 달려와 묻는다.

"배 선생님, 괜찮습니까?"

"이젠 괜찮아요."

"미국 대통령의 명령으로 선생님을 집으로 모셔 가기 위해 왔습니다."

특수부대가 나를 해변으로 데려가고, 거기서 기다리고 있던 배를 타고 근처의 잠수함까지 노를 저어 간다. 이 영화가 현실로 이루어졌으면 좋겠다고 생각했다.

한쪽 구석에서 벽을 바라보고 이런 시나리오를 상상하며 나도 모르게 미소 지었다. 그러자 미스터 박이 다가와 소리를 질렀다.

"웃어? 그만 웃어! 당신은 지금 벌을 받고 있는 거야!"

그 말에 퍼뜩 정신이 현실로 돌아왔다. 하지만 속으로 간절히 기도했다. 이 꿈이 현실로 이루어지기를. 그것도 빠른 시간 내에.

3장
하나님의 발치에 서다

너는 그들 때문에 두려워하지 말라 내가 너와 함께하여 너를 구원하리라
나 여호와의 말이니라 하시고(예레미야 1장 8절).

나는 하나님이 나를 북한으로 부르셨다고 믿어 의심치 않았다. 7년 전에 하와이 코나에 살 때 선교 사역에 본격적으로 뛰어들기 위해 YWAM의 한 팀과 함께 중국 대련에 갔던 기억이 났다. 그때, 고등학교를 졸업하던 해 여름에 처음 느꼈다가 삶에 치여 까마득히 잊고 있던 소명이 내 안에서 다시 불타올랐다.

2005년 11월, 한 지인을 통해 소개받은 선교사님을 만나기 위해 대련에서 단동으로 갔다. 그곳에서 한 달 전 방문 비자로 단동에 온 한 북한 여인을 만났다. 그녀는 단동에 온 첫 주에 이 선교사님을 만나 복음을 듣고 즉시 예수님을 영접했다. 내가 만났을 때 그녀는 예수님을 믿은 지 3주가 되었었다.

그 여인의 이야기를 듣고 깊은 감동을 받은 나는 기도를 해 주고 싶다고 말했다. 하지만 그녀는 손사래를 쳤다.

"아닙네다. 저를 위해서는 기도하지 마시라요. 저는 이미 예수님을

만났잖습니까. 대신 조선 사람들을 위해 기도해 주시라요. 그들도 진짜 하나님을 알아야 하잖습니까.”

정말 아름다운 마음이었다. 원래 이 여인은 가난에 허덕이는 가족을 위해 중국에 돈을 벌려고 왔다. 하지만 돈 대신 예수님을 얻었다. 그녀는 알고 보니 예수님이야말로 자신에게 진정으로 필요한 전부셨다고 말했다.

선교사님은 역시 방문 비자로 중국에 온 북한 사람을 또 한 명 소개시켜 주었다. 50대 중반의 이 남자는 압록강 저편에 두 아이와 아내를 두고 일거리를 찾아서 중국에 왔지만 건강 문제로 일자리를 찾을 수 없었다. 그 역시 이 선교사님에게 복음을 듣고 지체 없이 예수님을 영접했다.

그에게 예수님을 믿고 나니 좀 어떠냐고 묻자 놀라운 대답이 돌아왔다.

“전에는 소망이 없었는데 이제는 살 소망이 생겼습네다. 이제는 하루하루를 기대감으로 살고 있습니다.”

나도 모르게 입이 떡 벌어졌다. 아내와 자식들이 굶주림에 허덕이고, 자신도 온갖 질병에 시달리고 있는데 저런 고백을 할 수 있다니. 예수님을 만나니 전에 없던 소망이 생긴 것이다. 이들의 놀라운 이야기에 흠뻑 취해 있는데, 문득 이 선교사님이 북한을 가까이서 보고 싶으냐고 물었다. 나는 당연히 그렇다고 대답했다.

“국경의 코앞까지 갈 수 있어요. 배를 타고 압록강을 건너가 북한 땅의 흙을 만져 볼 수도 있답니다. 배에서 내리지만 않으면 여전히 중국 땅에 있는 것이니까 안전해요."

더 들을 필요도 없었다. 무조건 가고 싶었다. 내 가족들이 살았던 나라를 이 두 눈으로 꼭 보고 싶었다.

이튿날 해가 떨어진 후, 몇몇 사람들과 함께 배를 타고 압록강으로 합류되는 13-14미터 폭의 작은 시내를 건넜다. 중국인 수로 안내인은 약 10분간 강가를 따라 배를 몰다가 뱃머리를 북한 땅 쪽으로 대고 나서 중국어로 누군가를 불렀다.

"어서 나오시오."

그러자 어둠 속에서 아주 앳된 북한 병사 한 명이 나왔다. 깡마른 몸에다 북한 사람치고 키가 꽤 컸다. 그가 우리에게 기관총을 겨누고 있는 모습을 볼 수 있었다.

"안녕하십니까."

나는 떨리는 가슴을 애써 진정시키며 한국어로 말했다. 바로 눈앞에서 총구를 바라보고 있다고 생각해 보라. 기절하지 않은 것이 그나마 다행이었다.

"돈 좀 있습니까?"

병사가 물었다.

기관총을 겨눈 사람이 돈을 달라고 하면 돈을 주는 것이 정상이다. 하지만 나는 대신 이렇게 말했다.

"미안합니다. 돈은 없습니다."

"그렇다면 담배라도 있습니까?"

"아니요. 담배도 없습니다. 대신 이걸 좀 가지고 왔습니다."

그러면서 자루 하나를 건넸다.

"빵이랑 미국에서 가져온 사과, 육포 같은 음식이 좀 들어 있습니다. 음료수도 있고요."

이렇게 약간의 뇌물을 주면 북한 강가에 배를 댈 수 있다.

병사는 자루를 낚아챘다.

"고맙습네다."

자루 안을 재빨리 훑어보더니 이내 다시 어둠 속으로 사라졌다. 병사가 가는 뒷모습을 보는데, 문득 하나님의 음성이 느껴졌다.

"저 어린 병사에게 필요한 것은 돈이 아니다. 담배도 아니다. 바로 유일한 길이요 진리요 생명인 예수가 필요하다. 그를 통하지 않고서는 누구도 내 나라에 들어올 수 없다."

나는 그 자리에서 하나님께 서원 기도를 드렸다.

"주님, 북한을 외부 세상과 연결시키는 다리로 저를 사용하길 원하신다면 저를 사용해 주십시오. 주님, 제가 여기 있습니다."

당시는 몰랐지만 그 병사는 우리 일행을 당장 체포해 감옥에 처넣을 수도 있었다. 대련에 있는 친구들은 이 이야기를 듣고서 내게 불같이 화를 냈다.

"왜 그랬나? 왜 그런 쓸데없는 일에 목숨을 걸었어?"

하지만 나는 그날 그 배 위에서 하나님이 내게 말씀하셨다고 확신했다. 그래서 이렇게 기도를 올렸다.

"제가 여기 있습니다. 북한과 세상을 잇는 다리로 저를 사용해 주십시오."

북한에 다시 들어가기까지는 5년이란 세월이 걸렸다. 이번에는 합법적인 입국이었다. 나는 네이션스 투어스라는 여행사를 세웠고, 우리 여행사는 2011년 3월부터 스물세 번에 걸쳐 300명의 관광객을 북한으로 데리고 들어갔다. 내가 북한을 처음 방문했을 때와 똑같은 경험을 그들 모두가 할 수 있기를 바랐다.

하나님은 북한을 잊으신 적이 없었다. 내가 2005년 단둥에서 만난 새 신자들은 북한 주민들이 얼마나 진리에 굶주렸는지를 똑똑히 보여 주었다. 내가 북한에 데리고 들어가는 모든 사람이 이것을 볼 수 있기를 바랐다.

당시 나는 예상했던 것보다 훨씬 더 깊숙이 북한 속으로 들어와 정부 관리들과 간부들에게 둘러싸여 있었다. 북한에서 꽤 높은 실력자들이 이 방에 찾아왔다. 내가 할 수 있는 일이라곤 그저 말썽꾸러기 소년처럼 구석에 서 있는 것뿐이었다.

억류 둘째 날, 나는 구석에 몇 시간을 서 있었다. 창문 밖이 어둑해질 때까지 텅 빈 벽을 응시하고 있었다. 오후 6시쯤에 해가 떨어졌다. 밖이 깜깜해지자 보초가 저녁 식사를 가져왔다. 밥과 시든 채소, 작은 돼지고기 몇 점으로 이루어진 식사였다. 나는 책상에 앉아 예닐곱 숟갈을 뜨고서 구석으로 돌아갔다.

다른 방에서 텔레비전 소리가 들렸다. 나선에서는 북한의 유일한 중앙 텔레비전 방송이 주중에는 저녁에만 방송을 내보낸다. 몇 시간 뒤 텔레비전에서 북한 국가가 연주되었다. 이는 하루의 방송이 다 끝났다는 신호였다. 북한에 여러 번 오간 경험으로, 방송이 10시 30분에 끝난다는 것을 알고 있었다. 그때까지도 나는 여전히 서 있었다.

마침내 침대로 돌아가도 좋다는 허락이 떨어졌다. 몇 시인지는 알 수 없었지만 꽤 늦은 시각이 확실했다. 구석에서 최소한 여섯 시간은 서 있었을 것이다. 한 보초는 다른 침대에서 잠을 잤고, 다른 보초는 계속해서 나를 감시했다. 보초가 어둠 속에서 나를 감시할 수는 없으니 방 안의 불은 밤낮으로 환하게 켜 있었다.

나는 좀처럼 잠을 이룰 수 없었다. 그러다 겨우 잠이 들려는데 보초가 흔들어 깨웠다.

"일어나. 곧 선생님이 들어오신다. 준비하라."

한없이 무거운 몸을 억지로 일으켜 또다시 바가지 샤워를 했다.

본격적인 억류와 조사 이틀째가 시작되었다. 전날 미스터 박은 내 답변에 그리 만족하는 눈치가 아니었다. 그래서 오늘 그가 어떤 반응을 보일지 심히 걱정스러웠다. 하지만 점점 불안감은 물러가고 평강이 찾아왔다. 나는 마태복음 10장 19-20절을 떠올렸다. "너희를 넘겨줄 때에 어떻게 또는 무엇을 말할까 염려하지 말라 그때에 너희에게 할 말을 주시리니 말하는 이는 너희가 아니라 너희 속에서 말씀하시는 이 곧 너희 아버지의 성령이시니라."

보초가 적은 양의 아침 식사를 가져왔다. 겨우 몇 숟갈을 뜨니 끝이었다. 밥을 먹기 전이나 먹은 후나 배고프기는 매한가지였다. 그때 문득 예수님이 광야에서 시험을 받을 때 하셨던 말씀이 생각났다. "사람이 떡으로만 살 것이 아니요 하나님의 입으로부터 나오는 모든 말씀으로 살 것이라"(마태복음 4장 4절). 이 말씀이 전에 없이 깊이 새겨졌다. 그때부터 나선에 억류되어 있던 한 달 내내 배고픔도 피곤함도 모르게 되었다. 내게는 나를 억류한 자들이 전혀 모르는 양식이 있었다. 바로 예수 그리스도라는 양식!

해가 뜬 시점으로 보아 오전 8시 20분쯤 되었을 때, 미스터 박이 들어왔다.

"좋아. 당신이 순순히 진실을 말하리라 기대하지도 않았어. 자, 오늘 또다시 기회를 주겠다."

미스터 박이 새 펜과 함께 종이를 내밀었다.

"당신 가족에 관한 이야기를 좀 더 해 보라. 남조선에 있는 삼촌과 이모, 사촌들의 이름을 쓰라. 지금 어디에 살며, 무슨 일을 하고 있나? 조선전쟁 당시 조국을 떠났다는 조부모의 이름도 알아야겠어."

"최대한 자세히 쓰겠습니다."

미스터 박은 떠났고, 나는 진술서를 쓰기 시작했다. 하나님이 필요한 말을 주시리라고 믿었지만 내 삶에 대해서는 기억나지 않는 것들이 많았다. 남한에 사는 삼촌들과 이모들의 이름이 기억나지 않았다. 잠을 못 자서인지 배고픔이나 스트레스 때문인지는 알 수가 없었다. 어쩌면 하나님이 일부러 내 기억을 차단시키신 것인지도 모르겠다. 이유야 어쨌든 미스터 박이 이 마지막 진술서를 읽고 어떤 반응을 보일지 뻔했다.

손을 들자 미스터 박이 돌아왔다.

"의자에 그대로 앉아 있어. 아직 쓸 게 더 남아 있어."

그는 종이를 더 주었다.

"남조선에서 자랐다고 했는데, 남조선의 학교에서 이 위대한 나라에 대해 뭐라고 가르쳤소? 사람들에게 물어보니까 다들 당신을 매우 괜찮은 사업가라고 하더군. 그것이 우리가 당신을 잘 대해 주는 이유야. 당신은 분명 뭔가에 현혹되어 이 끔찍한 짓을 저지른 게 분명하거든."

또다시 그는 나를 남겨 두고 방을 나갔다.

"나는 1950년 북조선이 남조선을 공격했으며, 지금도 남조선에 적대적인 태도를 유지하고 있다고 배웠다. 서울에 살 때, 북한이 민간 항공기를 폭파하고 배를 침몰시키는 식으로 남조선에 대한 테러를 끊임없이 자행한다고 배웠다. 남조선에서는 다들 북이 여전히 한반도 전체를 정복하려고 호시탐탐 기회를 노리고 있다고 생각한다."

나는 이렇게 시작해서 내 마음을 너무나도 아프게 했던 사건에 관해 썼다. 그것은 바로 1997년에서 2002년까지 북한을 강타했던 극심한 기근이다. 미국과 한국에서 읽은 보고서들에 따르면, 그 기근으로 300만 명 이상이 굶어 죽었다.

진술서에 자세히 쓰지는 않았지만, 그 기근에 관한 소식을 들었을 때 나는 극도의 분노를 느꼈다. 세상에 어떤 정부가 자국민들에게 이렇게 할 수 있는지 도무지 이해할 수가 없었다. 북한에 관해 들었던 나쁜 이야기들이 다 사실임을 새삼 깨달을 수 있었다. 북한 정부는 국민들이 굶어 죽도록 방치했을 뿐 아니라 탈출을 시도하는 사람들을 무조건 처형했다. 나는 남녀노소를 막론한 시체들이 압록강에 떠다니는 사진들을 봤다. 하나같이 중국으로 넘어가려다가 총에 맞아 죽은 사람들이었다.

미스터 박은 내 마지막 진술서를 읽고 불같이 화를 냈다.

"다 날조야! 우리는 누구도 공격하지 않았어. 우리는 평화를 사랑하는 나라야. 우리가 원하는 것은 그저 간섭을 받지 않고 조용히 사는 것이었어. 그런데 미국과 남조선이 우리를 공격했어. 다행히 수령님께서 우리를 미국 놈들의 손에서 구해 주셨지. 기근이라고? 다 거짓말이야. 맞아. 사람들이 죽기는 했지. 하지만 우리 탓이 아니야. 다 미국 놈들 탓이지."

그는 이글이글 타오르는 눈으로 나를 잡아먹을 듯 노려봤다.

"일어나. 저기 서 있어."

그는 방 한가운데를 가리키며 소리를 질렀다.

"오늘의 거짓말은 어제보다 더 나빠! 진실을 토해 낼 준비가 될 때까지 거기 서 있어! 당신은 거짓말쟁이야! 그런 거짓말로 우리 나라를 모욕하다니 간이 부었군."

나는 내가 지어낸 이야기가 아니라 학교와 서구 미디어를 통해 배운 내용일 뿐이라고 해명했지만 그는 들을 생각도 하지 않았다.

"시끄러워! 닥치고 어서 가서 서 있어!"

나는 그가 가리킨 곳에 가서 섰다. 하지만 내게 가만히 서 있는 것쯤은 벌이 되지 못했다. 그들은 근육을 움직이지 않고 한곳에 가만히 서 있으면 내가 육체적으로 무너질 줄 알았겠지만 그것은 오판이었다. 아무리 오래 서 있어도 다리가 아프지 않았고 허리가 쑤시지 않았다. 필요하다면 그곳에 영원히 서 있을 수도 있을 것만 같았다.

그때 두 가지 생각이 들었다. 첫째, 이 시련이 끝나면 살이 많이 빠질 것이라는 생각이었다. 가족들은 항상 내게 살을 빼라고 잔소리를 했는데 그 말을 듣지 않기를 정말 잘했다는 생각이 들었다.

'하나님, 살을 찌워 주셔서 정말 감사합니다. 살 덕분에 이 겨울은 날 수 있게 되었습니다.'

둘째, 내가 놀라운 이야깃거리를 들고 북한을 떠나게 될 것이라는 확신이 들었다. "집으로 돌아가 하나님이 네게 어떻게 큰 일을 행하셨는지를 말하라"는 누가복음 8장 39절 말씀을 떠올리면서 "나도 고향에 가서 그렇게 하리라"고 다짐했던 기억이 난다.

억류되기 전까지 6년 동안, 내 눈앞에서 하나님의 놀라운 역사가 꼬리에 꼬리를 물었었다. 나는 신실하신 하나님에 관한 그 이야기들을 글로 써서 온 세상에 전하고 싶었다. 그런데 오랫동안 이렇게 서 있어도 전혀 피로나 고통이 느껴지지 않는 것을 보고, 하나님이 지금까지보다 훨씬 더 큰 이야깃거리를 주시리란 확신이 들었다.

나는 여호수아가 이스라엘을 이끌고 여리고로 진격하기 전에 하나님께 받았던 말씀을 떠올렸다. "일어나라 어찌하여 이렇게 엎드렸느냐"(여호수아 7장 10절). 내가 바로 그렇게 하고 있는 것이 아닌가. 그 자리에 나는 바로 주님을 위해 서 있는 것이었다. 아니, 나는 단지 그분을 위해서 서 있는 것이 아니라 그분의 발치에 서 있었다.

벽 어딘가에 감시 카메라가 숨겨져 있는 것을 알고 있었기에, 몇 시간 동안 방 안을 눈으로 이 잡듯이 뒤졌지만 도저히 카메라를 찾을 수 없었다.

방 안은 불편할 정도로 추웠다. 이틀 전 처음 도착했을 때보다는 조금 온기가 돌았지만 여전히 영상 10도를 넘지 않았다. 첫날 밤처럼 추위에 벌벌 떠는데, 갑자기 왼손이 따뜻해지기 시작했다. 여전히 서 있는 채로 천천히 손을 폈다. 뭔가 금가루 같은 것이 반짝거렸다. 그러더니 온기가 손에서 왼팔 전체로 퍼져 나갔다. 도대체 무슨 일이 일어나고 있는 것인지 알 수 없었다.

어느 순간, 주님의 음성이 똑똑히 들렸다.

"성령이 너의 손을 붙잡고 계신다. 너는 혼자가 아니다. 성령이 네 옆에 서서 네 손을 붙잡고 계신다. 그러니 아무것도 걱정하지 마라. 아무도 너를 해칠 수 없다. 무슨 말을 해야 할지도 걱정하지 마라. 내가 너와 함께 있으니 너를 통해 말할 것이다. 결코 너를 떠나지 않으리라. 아무도 해를 입지 않을 것이다. 아무에 대해서도 걱정하지 마라. 그저 진실만 말해라."

하나님의 영이 나의 영을 향해 그렇게 말씀하셨다.

손에서 온기가 서서히 빠져나가기 시작했지만 하나님의 임재는 여전히 느껴졌다.

나는 속으로 이렇게 생각했다.

'주님이 함께 계시는데 무엇을 두려워하랴? 나의 하나님이 나를 버리지도 잊어버리시지도 않았다.'

거대한 기쁨이 나를 뒤덮었다. 그때부터 나는 마음속으로 하나님을 찬양하기 시작했다. 눈으로는 하나님을 볼 수 없었지만 그분의 팔이 나를 감싸고 있는 것이 생생하게 느껴졌다. 하나님이 더없이 가깝게 느껴졌다.

그곳에 서서 나는 하나님의 팔을 느끼며 기분 좋은 미소를 지었다. 나는 그분의 발치에 서서 한없이 기뻐하고 있었다.

'하나님이 내 곁에 서 계신다. 내 힘으로 어찌할 수 없는 일이 벌어질 때마다 내가 해야 할 일은 그저 그분의 발치에 서는 것뿐이다.'

이 모든 상황이 여전히 하나님의 손안에 있다는 사실을 떠올리자 나도 모르게 입꼬리가 더 올라갔다.

그때 다른 방에서 말소리가 들려왔다.

"소용없어! 웃고 있잖아!"

곧 미스터 박이 돌아왔다.

"이젠 됐다. 가서 자라."

그 뒤로는 더 이상 방 한가운데나 구석에 가만히 서 있을 필요가 없었다.

나는 침대에 누워 조용히 하나님께 감사의 기도를 올렸다.

"주님, 주님은 제 이름을 아십니다. 제 모든 생각을 아십니다. 당신은 선하고 은혜로우십니다. 두려워하지 않겠습니다. 주님, 오직 당신만을 신뢰합니다. 당신의 발치에 서 있겠습니다."

4장
자백하다

너희 염려를 다 주께 맡기라 이는 그가 너희를 돌보심이라(베드로전서 5장 7절).

이튿날 아침 눈을 떴을 때도 하나님의 임재가 여전히 강하게 느껴졌다. 나는 로마서 12장 14절을 계속해서 되새겼다. "너희를 박해하는 자를 축복하라 축복하고 저주하지 말라." 오래전부터 알고 있었던 구절이지만 이곳에서 이런 상황을 맞닥뜨리고 나니 더욱 실제적으로 다가왔다.

"네, 주님, 노력하겠습니다. 하지만 제 힘으로는 할 수 없습니다. 제 육신은 저주하기를 원하니 제게 축복할 힘을 주십시오."

나는 그렇게 기도했다.

그러고 나서 고린도후서 12장 9절을 떠올렸다. "내 은혜가 네게 족하도다 이는 내 능력이 약한 데서 온전하여짐이라."

미스터 박이 문을 박차고 들어올 때 특히 더 하나님의 은혜가 필요했다.

"여전히 거짓말만 늘어놓고 있군."

그는 내가 전날 쓴 종이 뭉치를 신경질적으로 흔들어 댔다.

곧 구석으로 가서 서 있으라는 명령이 떨어질 줄 알았다. 하지만 그는 한 보초에게 손짓을 해 내 옆에 서게 하고는 밖으로 나갔다. 문득 정부 요원들이 원하는 정보를 얻어 내기 위해 자백 유도제를 사용하던 드라마의 한 장면이 떠올랐다. 하지만 이내 "내가 텔레비전을 너무 많이 봤군"이라고 중얼거리고 나서 심호흡을 하며 긴장을 풀려고 애썼다.

"무릎을 꿇으라."

보초가 말했다.

나는 차갑고 딱딱한 콘크리트 바닥에 무릎을 꿇고 발뒤꿈치에 엉덩이를 붙였다.

"아니, 그렇게 말고. 엉덩이를 들라."

다시 나는 엉덩이를 떼고 허리를 최대한 꼿꼿이 세웠다. 그리고 그 상태로 최대한 편안한 자세를 취하려고 몸을 이리저리 움직였다. 불과 몇 분 만에 등의 근육이 딱딱하게 뭉치기 시작했다. 방 안의 온도가 기껏해야 영상 10도밖에 되지 않았을 텐데 땀이 흐르고 온몸이 휘청거리기 시작했다. 금방이라도 쓰러질 것만 같았다.

참다못한 나는 결국 고개를 들어 보초에게 말했다.

"도저히 못하겠습니다. 원래 허리가 좋지 않습니다. 시키는 대로 최선을 다하고 있지만 도저히 못하겠습니다."

"좋아. 일어나."

보초가 떨떠름한 표정을 지었다. 나는 일어서서 허리의 통증을 풀기 위해 스트레칭을 했다. 무릎도 욱신거렸다.

한 10분쯤 서 있었을까, 보초가 다시 호통을 쳤다.

"다시 꿇으라."

나는 몇 시간 동안 그렇게 꿇었다 섰다를 반복했다.

미스터 박이 돌아오자 진술서 작성이 재개되었다. 그날의 질문은 조사가 시작된 후로 그가 계속해서 던졌던 질문과 사실상 똑같았다. 나는 손에 쥐가 날 때까지 썼다. 똑같은 글을 도대체 몇 번이나 써야 할지 답답하기 짝이 없었다.

이번에도 역시 미스터 박은 내 글을 읽고서 불같이 노해 얼굴이 새 빨개졌다.

"또 거짓말! 불온한 자료들을 실수로 가져왔다고? 말도 안 되는 소리! 내가 그렇게 멍청한 줄 알아? 나를 머저리로 보는 거야?"

"그렇게 믿지 못하시겠다면 제 비서에게 연길의 호텔에 전화를 걸어 제 노트북을 이리로 보내라고 하면 되지 않습니까?"

이렇게 제안한 데는 두 가지 이유가 있었다. 먼저, 스트림이 무사한지 알고 싶었다. 억류된 뒤로 그녀의 소식을 전혀 듣지 못했다. 그녀와 함께 여행 온 사람들에게 어떤 일이 일어났는지 몰라 걱정이 태산이었다. 또한 미스터 박이 내 새 노트북의 하드 드라이브가 거의 비어 있는 것을 보면 나를 믿으리라 판단했다. 그렇게 해서 영어로 된 외장 하드의 파일들이 한국어로 번역되기 전에 풀려난다면 더할 나위가 없었다.

뜻밖에도 미스터 박은 내 제안을 받아들였다.

"좋아. 내가 연락해 보지. 어디 있는지 이미 아니까."

그러고 나서 방을 나갔다.

잠시 후 그가 돌아왔다.

"당신과 이야기를 하기 전에는 컴퓨터를 넘길 수 없다는군."

"전화 통화를 해도 될까요?"

"그건 안 돼. 대신 우리에게 협조하라고 편지를 쓰라."

나는 시키는 대로 했다. 하지만 스트림은 노트북을 건네주는 대신 내게 편지를 썼고, 그 편지는 몇 시간 뒤 도착했다.

"배 선생님, 호텔에 전화를 해서 선생님의 노트북을 넘겨주라는데 이것이 선생님의 뜻인지 알 수가 없어서 확인차 편지를 씁니다. 만약 선생님이 맞다면 제가 전에 사귀던 남자 친구의 이름을 말해 보세요."

"어서 답을 해."

미스터 박이 종용했다.

"예, 물론이죠."

펜을 들어 답을 쓰려던 나는 갑자기 동작을 멈추었다. 그 친구의 이름이 내 머릿속에서 말끔히 지워져 있었다. 그는 스트림이 잠시 사귀었던 친구인데, 스트림과 그에 관한 이야기를 나누었던 기억은 나지만 유독 이름만 떠오르질 않았다.

10분이 지나갔다. 분명 나는 그의 이름을 알고 있었다. 스트림이 그의 이름을 말하는 것을 똑똑히 들었다. 하지만 어떤 이유에서인지 기억이 나질 않았다. 결국 어쩔 수 없이 이렇게 편지를 썼다.

"스트림, 이상하게 그 친구의 이름이 생각나지 않는군요. 대신 우리 둘만 아는 사실을 말해 볼게요. 우리 사무실은 24층에 있어요. 그런데 당신은 살을 뺀다고 엘리베이터를 타지 않고 주로 계단으로 다니지요."

이 대답으로 충분했다. 하지만 스트림은 내가 걱정이 되어 나와 꼭 통화를 해야겠다고 고집을 부렸다. 또다시 뜻밖의 허락이 떨어졌다. 그날 저녁에 스트림과 통화를 할 수 있었다.

스트림은 울먹이며 전화를 받았다.

"선생님, 그렇게 쉬운 걸 왜 기억 못해요? 괜찮으신 거예요?"

귀에 익은 스트림의 목소리에서 북받쳐 오르는 감정이 느껴졌다. 안 본 지 겨우 며칠밖에 되지 않았는데 마치 몇 년을 보지 못한 것처럼 느껴졌다.

"나는 괜찮아요. 어디에요? 무사하죠?"

"네, 저는 괜찮아요. 우리 여행 팀에서 아무도 체포되지 않았어요."

어깨에서 무거운 짐 하나가 떨어져 나가는 것을 느꼈다.

"정말 다행이에요. 이분들에게 협조하세요. 호텔에 전화를 걸어 북한 정부의 관리들에게 내 노트북을 내어 주라고 하세요."

우리 관광객들은 다음 날 떠나기로 되어 있었다. 그래서 스트림에게 그들과 함께 북한을 떠나라고 말했지만 그녀는 거부했다.

"선생님과 함께 이곳에 있겠어요. 선생님을 두고 저 혼자서 갈 수는 없어요."

"아니에요. 관광객들과 함께 떠나야 해요. 내가 사장이니까 사장

말을 들어요. 심양에 있는 미국 영사관에 가서 이 사실을 알려요."

마침내 그녀를 설득할 수 있었다. 그녀가 나를 위해서 해 줄 수 있는 최선의 일은 북한을 빠져나가 북한 요원들에게 납치되지 않도록 최대한 멀리 떠나는 것이라 생각했다.

연길의 북한 요원이 호텔에서 내 노트북을 안전하게 가져와 나를 조사하는 관리들에게 넘겼다. 스트림도 나도 그 노트북을 다시는 볼 수 없었다. 새로 산 노트북이 일주일도 채 안 돼서 내 손을 떠나갔다.

같은 날 밤 미스터 박이 돌아왔다.

"당신의 컴퓨터를 확인했어. 파일을 외장 하드에서 새 컴퓨터로 옮기려고 했다는 당신의 말은 맞는 것 같아."

나는 안도의 한숨을 쉬었지만 그것은 섣부른 안도였다.

"하지만 아직 조사가 끝나려면 멀었소. 외장 하드 안의 자료들에 심각한 문제가 있단 말야. 우리가 답을 얻을 때까지 당신은 여기 남아 있어야 해. 다만 당신과 함께 온 여행객들은 떠나도 좋소."

내가 풀려날 희망은 물거품이 되었지만 그나마 다행이었다. 나와 함께 온 모든 사람이 무사히 집으로 돌아갈 수 있게 되었으니 말이다.

나흘째 심문을 하러 온 미스터 박은 그날 아침 내가 이끌던 여행 팀이 국경을 넘어 중국으로 돌아갔다는 사실을 전했다.

즉시 나는 하나님께 감사의 기도를 드렸다.

'주님, 감사합니다. 이제 다른 사람들 걱정 없이 진실을 말할 수 있게 되었습니다.'

그러고 나서 큰 소리로 말했다.

"이제 모든 것을 털어놓겠습니다."

미스터 박이 씩 웃었다.

"따라오라."

그를 따라 거실로 가니 다른 세 관리가 의자에 앉아 있었다. 다들 나를 기다린 눈치였다. 나는 한가운데 마련된 의자에 앉아 네 명의 관리를 모두 마주 보았다.

"다 털어놓을 준비가 되었습니다."

그 말에 거실에 있는 모든 사람의 인상이 누그러졌다. 나는 심호흡을 한 번 하고서 말을 시작했다.

"저는 선교사이자 목사입니다. 제가 관광객들을 이 나라에 데려온 것은 하나님을 예배하고, 조선 인민들을 위해 기도하며, 그들에게 예수 그리스도의 사랑을 보여 주기를 바랐기 때문입니다. 저희 여행사는 제 선교 사역의 전초기지입니다. 이것이 제 정체이고, 제가 해 온 일의 실체입니다."

"왜 이런 일을 하나?"

한 관리가 물었다.

"한때는 이 조선 전체가 주님을 향한 예배의 열정으로 불타올랐습니다. 신자들을 데려와 이 땅에서 다시 한 번 기도하고 예배하고 싶었습니다. 다만 공화국 인민들이 보지 않는 곳에서 조용히 할 생각이었습니다."

나는 모든 일을 비밀리에 추진해 왔다. 공개적으로 복음을 전했다가는 우리만이 아니라 북한 주민들의 목숨까지도 위험해질 게 뻔했기 때문이다. 하지만 북한 속으로 들어가 우리의 행위로써 복음을 보여 주면 훗날 공개적으로 복음을 전할 수 있는 초석이 마련되리라 확신했다.

이런 식으로 활동하는 선교사는 내가 처음도 아니요 유일하지도 않다. 현재 많은 선교사들이 북한에서 활동하고 있는데 거의 모두가 빵집이나 국수 공장, 봉제 공장 같은 합법적인 사업체를 운영한다. 이런 회사들은 북한 주민들에게 매우 부족한 일용품과 일자리를 제공하면서 행위로써 복음을 보여 준다.

북한 정부의 입장에서 선교사들은 곧 테러리스트들이요 다른 나라들에 침투해 사회를 분열시키는 CIA(미 중앙정보국)의 공작원들이다. 선교사들이 임무를 마치면 CIA가 합법 정부를 전복시키고 미국이 통제하는 꼭두각시로 세운다는 것이 북한 정부의 논리다. 실제로 북한은 남한을 미국의 꼭두각시 국가로 본다.

나는 북한 관리들이 우리의 선교를 이해하지 못할 줄 잘 알고 있었다. 이것이 내가 진짜로 무슨 일을 하는지 끝까지 밝히지 않은 이유다. 선교사, 나아가 기독교 자체에 대한 북한의 부정적인 시각 때문에 나는 사람들을 데리고 북한으로 들어가 전도가 아니라 기도하고 예배를 드렸다. 물론 예수님에 관해 말하지 않는 선교사라고 하면 이상하게 생각될 줄 안다. 하지만 영혼 깊은 곳에서 나는 아직은 때가 아니라고 느꼈다.

방 안의 모든 사람이 놀란 표정을 지었다. 하지만 미스터 박만은 걸려들었다는 듯이 음흉한 미소를 지었다.

"당신이 선교사인 줄 이미 알고 있어. 많은 사람을 조사했고, 특히 당신의 외장 하드에서 선교 활동에 관한 편지들이 나왔지. 이제라도 자백한 것은 잘했지만 우리는 이미 당신의 정체를 파악하고 있어."

그는 거만한 말투로 말했다.

내 영어 파일의 상당 부분을 이미 번역한 게 분명했다. 하지만 나는 일단 모른 척했다.

"제가 순전히 실수로 외장 하드를 가져온 것도 알고 있지 않습니까? 몰래 가져올 생각이었다면 작은 USB 메모리 장치를 가져오지, 뭣하러 외장 하드를 통째로 가져왔겠습니까?"

"맞아. 당신이 실수했다는 건 우리도 알아. 값비싼 실수지. 당신은 실수로 전투 계획을 가져왔고, 그걸 우리가 입수한 거지. 이제 그 동영상들을 어디서 구했는지 말해. 누가 그걸 만들었고, 누가 그걸 이곳에 갖고 가라고 시켰는지 한 치의 거짓도 없이 써."

그 즉시 나는 미스터 박의 질문이 바뀌었다는 것을 눈치챘다. 전에는 내가 이 자료들을 왜 가져왔고, 그것들로 무엇을 하려는지 물었다. 그런데 내가 내 진짜 정체를 인정하고 나니 이제는 내 사악한 계획의 배후들을 알고자 했다.

"전혀 모릅니다. 그 동영상들을 거의 보지도 못했습니다."

미스터 박의 표정이 선한 경찰에서 또다시 악한 경찰로 바뀌었다.

내 대답이 마음에 들지 않는 것이 분명했다.

"그것들은 당신의 것이야. 새 노트북에 넣으려고 했다면서 전혀 모른다는 게 말이 되나?"

그는 낮으면서도 단호한 어조로 말했다.

"제가 본 동영상은 리사 링(Lisa Ling)의 다큐멘터리뿐입니다."

북한을 위해 기도하기 위해 단동에 온 아웃리치 팀들의 오리엔테이션 때 '인사이드 노스 코리아' 동영상을 두어 번 사용했었다. 이 다큐멘터리는 네팔 출신 안과 의사인 산두크 루이트(Sanduk Ruit)의 행적을 따라간다. 루이트는 평양시가 선정한 천 명의 맹인을 수술했다. 눈에 감았던 붕대를 풀자, 사람들은 마치 순복음교회의 치유 예배에 온 사람들처럼 뛰어다니면서 난리였다. 한때 멀었던 눈으로 세상을 보면서 기쁨의 눈물을 흘렸다. 그런데 그들은 시력을 되돌려 준 의사에게 감사하지 않고 김정일 사진 앞에 가서 절을 하며 울부짖었다.

"위대한 장군님, 눈을 뜨게 해 주셔서 감사합니다. 오, 위대한 장군님, 사랑합니다."

미스터 박의 언성이 높아졌다.

"보지는 않고 갖고만 있었다고? 그렇다면 그 동영상들을 누가 줬나?"

"몇 년 전에 얻었습니다. 이 나라에 출입하기 훨씬 전에 누군가가 보내 주었습니다. 하지만 보지는 않았습니다. 심지어 제 컴퓨터에 있는지도 까마득히 잊고 있었습니다. 기존의 노트북에서 외장 하드로 파일을 옮길 때 한꺼번에 옮겼을 뿐 하나하나 살펴보지는 않았습니다."

"그러니까 누가 줬는지는 기억한다는 말이군."

음흉한 미소가 돌아왔다.

"이제야 좀 얘기가 통하는군. 누가 그것을 당신에게 줬어? 이름을 대라. 그 사람은 지금 어디 있나?"

외장 하드에 있는 동영상에 관해서 까마득히 잊고 있었던 건 사실이지만, 그것을 누가 주었는지는 정확히 기억하고 있었다. 단동에 있는 우리 팀의 선교사들 중 한 명인 왕 선교사가 몇 년 전에 준 것이다. 왕 선교사 내외는 2008년 우리가 대련에서 처음 진행했던 DTS 중 하나를 수료했다. 그리고 내가 단동 센터를 열었을 때 간사로 합류했다.

왕 선교사의 목숨이 위태로워질 수 있었기 때문에 그의 이름은 절대 발설하고 싶지 않았다. 단동에 있는 한국인들은 북한 공작원들의 표적 아래 놓여 있다. 실제로 많은 한국인들이 단동에서 납치되었고, 현재로서는 이를 멈출 방법이 없다. 더 많은 사람들이 위험에 처하는 일은 절대 없어야 했다.

그래서 미스터 박에게 이름을 둘러댔다.

"제게 그 동영상을 준 사람은 조 선교사라는 사람입니다."

조 선교사는 실제 인물이다. 그는 우리가 진행하는 DTS를 가장 먼저 수료한 사람들 중 하나이며, 그 뒤에 우리 선교 본부에서 간사로 일했지만 그해 여름에 세상을 떠났다. 이미 세상을 떠난 사람이기에 거리낌 없이 이름을 사용할 수 있었다.

미스터 박은 미소를 지으며 고개를 끄덕였다. 그 모습은 마치 "이제야 진실을 토해 내는군"이라고 말하는 듯했다.

"하지만 조 선생님은 지난여름에 위암으로 세상을 떠났습니다."

"확실히 죽었나?"

믿지 않는 눈치였다.

"예."

"알겠어."

그는 여전히 미심쩍은 표정으로 말했다.

나는 태연한 척하려고 애를 썼지만 긴장한 표정을 감출 수 없었다. 하나님이 나와 함께 계신다는 확신은 있었다. 하나님은 분명 내 옆에서 있겠다고 약속해 주셨다. 그래서 내 한 몸에 대한 걱정은 없었다. 문제는 심문이 길어질수록 내가 발설하든 안 하든 더 많은 이름이 나올 거라는 점이었다.

'그렇게 되면 어떻게 하나? 북한 공작원들이 내 친구와 동료들의 명단을 입수하면 그들에게 무슨 짓을 할까? 그리고 나를 어떻게 할 셈인가?'

5장
기도의 힘

너희가 기도할 때에 무엇이든지 믿고 구하는 것은 다 받으리라 하시니라
(마태복음 21장 22절).

미스터 박이 노발대발하며 방으로 들이닥쳤다. 그가 오기 전까지만
해도 나의 아침은 꽤 즐거웠다. 뜨거운 물을 가득 채운 욕조에 몸을
담갔기 때문이다. 비록 보초들이 겨우 5분 만에 나오라고 닦달을 했
지만 그 5분 동안은 그렇게 평온할 수가 없었다.

평소처럼 적은 양의 아침 식사를 마치고 나자 보초들이 의자에 앉
으라고 명령했다. 가만히 앉아 있는 것은 일종의 벌이었지만 나는 그
시간을 하나님을 묵상하고 예배하는 데 사용했다. 바깥세상과 달리,
전화나 이메일 같은 방해물이 하나도 없으니 오직 하나님께만 집중
할 수 있었다. 일주일간 구금되어 있었는데 하나님과 단 둘이 보내는
이 시간 덕분에 억류가 영적 수련회로 변했다.

미스터 박이 전에 없이 빨개진 얼굴로 내 방에 들이닥친 순간, 나
의 평온함은 저 멀리 달아나 버렸다.

"당신이 무슨 짓을 해 왔는지 다 알아!"

그는 나를 잡아먹을 듯 쏘아보며 말했다.

"말했지 않습니까, 저는 선교사라고요."

그가 그토록 길길이 날뛰는 이유를 이해할 수 없었다. 나는 열일곱 번이나 북한을 드나들면서 한 번도 성경책을 나눠 주거나 북한 주민을 전도한 적이 없었다. 지하 교회를 세운 적도, 국가 전복 활동에 참여한 적도 없었다. 내가 한 일이라고는 북미와 남미, 유럽, 아프리카, 호주, 아시아 등지에 사는 사람들을 데려와 비공개적으로 예배하고 기도하게 한 것이 전부였다.

"저는 북한 사람들을 사랑해서 이곳에 왔습니다. 그들을 위해 기도하고 싶었을 뿐입니다. 그것이 분노할 이유입니까? 당신은 하나님을 믿지 않습니다. 그런데 당신이 존재 자체를 믿지도 않는 신에게 기도한 것이 당신과 무슨 상관입니까?"

"우리에게는 하느님이 있어. 그 하느님의 존함은 바로 김일성 수령님이오. 그런데 당신은 다른 하느님을 예배하러 이곳에 왔어. 바로 그것이 범죄야. 그리고 당신은 우리를 위해 기도하러 왔다고 하는데 나는 당신 같은 자들을 잘 알아. 당신은 다른 신을 믿기 때문에 우리와 우리 위대한 수령님을 '저주하는' 기도를 하러 온 것이야."

"하나님이 존재하지도 않는다면서 뭐가 그리 두렵단 말입니까?"

웃지 않으려고 애를 썼지만 아무리 생각해도 이런 대화는 우습기 짝이 없었다.

"그건 당신의 공작이 이제 겨우 시작이기 때문이오. 당신의 최종 목적은 위대한 수령님을 향한 우리의 믿음을 약화시키고 이 나라를 파괴하는 것이지."

"제가 어떻게 말입니까?"

미스터 박은 고개를 가로저었다.

"어떻게 할지는 당신이 알지."

그러고는 목소리를 낮게 깔며 말했다.

"당신은 당신네 하느님을 믿는 서구인들을 이곳으로 데려왔어. 당신은 아니라고 해도 그들은 분명 우리 인민들에게 그 신에 관한 이야기를 할 거야. 그러다 보면 그 거짓말을 믿는 사람들이 하나둘 생겨날 테고, 바이러스처럼 한 사람씩 전염시킬 거야. 그렇게 2명이 10명이 되고, 10명이 20명, 30명, 100명을 넘어 급기야 수천 명으로 불어날 거야. 수많은 사람이 우리 위대한 지도자님에 대한 믿음을 버리면 이 위대한 나라가 무너지겠지. 바로 이것이 당신이 이곳에 온 이유가 아닌가?"

그는 말을 멈추고 한동안 나를 노려봤다.

나는 속으로 이렇게 생각했다.

'놀랍군! 기도와 복음의 힘을 누구보다도 믿고 있잖아. 바로 봤어. 맞는 말이야. 하긴, 두려워할 만하지. 나는 위험하지 않지만 예수님은 위험하시니까.'

세인트루이스에서 신학대학원 교수님들에게 진정한 믿음의 위력에 관해 배웠던 기억이 났다. 그런데 실제로 이 능력을 믿는 크리스천들은 그리 많지 않다. 하지만 세상에서 가장 고립된 이 나라의 통치자들이 그 능력을 이토록 확실히 믿고 있다니…. 그들은 그 능력을 진정으로 믿기 때문에 두려워서 벌벌 떠는 것이었다.

"어디 해명을 해 보라, 배준호."

"할 말이 없습니다."

그의 말은 모두 사실이었다. 딱 하나, 북한 정부를 뒤엎는 것이 나의 궁극적인 목표라는 사실만 빼고. 하나님은 북한 사람들을 잊지 않으셨다. 여전히 그들을 사랑하고 계신다. 나는 이 사실을 보여 주라고 하나님이 보내신 사자였다. 그 이상도 이하도 아니었다.

"할 말이 없다고? 결국 말을 하게 될 거야. 당신이 지난 6년간 뭘 했는지 정확히 알아야겠어. 대련과 단동에서 한 일을 하나도 빠짐없이 전부 써야 할 거야. 누가 당신을 거기로 보냈고, 누구와 협력했는지. 어떤 활동을 벌였나? 다 말해. 당신은 국경 바로 건너편의 단동으로 이사했어. 왜 대련에 머물지 않고 단동으로 갔나? 당신이 훈련 센터를 운영하던 단동에는 우리 사람들이 많나? 당신 센터에서 훈련시킨 조선 사람들의 이름을 대라."

그는 거기까지 말하고 나서 갑자기 선한 경찰의 미소를 지어 보였다.

"어려울 것 없어. 그저 진실만 말하라는 거야. 거짓말은 그만하고. 내게 필요한 정보를 내놓는 것이 신상에 좋을 거야."

그는 이번에도 종이 뭉치와 새 펜을 책상 위에 놓고 사라졌다. 이제 내 글쓰기는 전보다 훨씬 더 힘들어졌다. 그는 이름을 대라고 했지만 대련이나 단동에서 내 일에 관여한 사람들의 이름을 다 댈 수는 없었다. 하지만 진실을 말하라는 하나님의 음성이 분명히 느껴졌다. 어떻게 진실을 말하고도 내 친구들과 가족들을 보호할 수 있단 말인가.

나의 선교 사역 이야기는 나에 관한 이야기가 아니라 신실하신 하나님에 관한 이야기다. 나는 샌프란시스코 신학교를 졸업하고 1년 뒤 가족과 함께 세인트루이스로 이사했다. 거기서 커버넌트 신학대학원에 다녔다. 가족과 함께 세인트루이스에 도착했을 때 수중에 돈이라곤 호주머니에 있는 50달러가 전부였다. 앞으로 어떻게 살아가야 할지 막막하기만 했다.

하지만 은혜의 하나님은 일자리를 두 개나 마련해 주셨다. 하나는 중고등부 전도사(youth pastor)였고, 다른 하나는 어느 기독교 학교의 청소 관리인이었다. 일자리뿐만이 아니었다. 첫 학기가 시작된 지 얼마 안 되었을 때, 내 학교 우편함에서 편지 한 통을 발견했다. 그 안에는 50달러와 이런 글이 적힌 종이가 들어 있었다.

"케네스, 당신을 위해 기도하던 중에 당신이 졸업할 때까지 매달 50달러씩 당신에게 주라는 주님의 음성을 들었습니다. 그래서 앞으로 매달 50달러를 보내겠습니다."

누가 보낸 건지 아직도 알아내지 못했다. 지금도 여전히 미스터리다.

신학대학원을 졸업한 뒤에 몇 교회에서 다양한 직분을 맡았다. 한국에서도 1년 동안 사역했다. 2003년에는 미국으로 돌아와 조지아

주의 한 교회에서 교육부 강도사로 섬겼다. 하지만 1년 반 뒤에 가정이 무너지면서 사임했다. 내게 그 일은 마치 하늘에서 큰 바위 덩이가 떨어져 나를 짓누르는 것 같았다. 더 이상 가정을 회복할 수 없다는 것을 깨닫고 나서는 시애틀에 있는 어머니의 집으로 들어갔다. 그렇게 내 인생은 나락으로 떨어졌다.

하루는 지독한 무기력감이 밀려왔다. 하염없이 흐느끼는데 주님의 음성이 들려왔다.

'너는 아내의 마음은 구하면서 왜 내 마음은 구하지 않고 있느냐? 먼저 나의 나라와 의를 구하라. 그리하면 나머지 모든 것을 더해 주겠다.'

그러고 나서 하나님은 내가 오래전에 했던 서약을 새롭게 기억나게 하셨다.

'나는 너를 중국으로 불렀고 너는 기꺼이 가겠노라 대답했다. 하지만 여태 가지 않았구나. 계속해서 내게 순종하지 않고 있구나.'

이 순간이 내 인생의 중대한 전환점이었다. 나는 하나님의 신실하심은 항상 변함이 없다는 확신으로 침대에서 일어섰다. 여전히 힘들었지만 치유를 향해 한 걸음 내디딜 준비를 했다. 그리고 치유를 향한 몸부림 속에서 하와이 YWAM 코나 캠퍼스의 제자훈련 과정인 DTS에 참여하게 되었다. 나는 신학대학원 졸업생이긴 했지만, 하나님의 성품에 대해 전에 몰랐던 많은 것을 DTS를 통해 알게 되었다. 특히 하나님이 나를 얼마나 깊이 사랑하시는지 새삼 깨닫게 되었다.

DTS는 두 부분으로 이루어져 있다. 먼저 12주간 집중적인 교육을 받고, 밖으로 나가 배운 것을 실천한다. 이것이 내가 대련에 간 후 단동으로 이동해서 압록강을 건너 북한으로 간 이유다. 1년 뒤 나는 대련으로 돌아와 그곳에 머물렀다.

그리고 바로 이것이 미스터 박이 알고 싶어 했던 것이다. 그는 하나님이 내게 중국이나 북한으로 가라고 명령하셨다는 이야기에는 전혀 관심이 없었다. 그저 누가 나를 보냈고, 내가 도착해서 무슨 일을 했는지에만 관심이 있었다.

나는 '누구'라는 질문에 관해 잠시 고민하다가 결국 이렇게 썼다.

"누가 나를 중국으로 보내 단동으로 가라고 명령했는지를 물었는데, 내 답은 하나님과 그분의 아들 예수 그리스도께서 성령을 통해 내게 명령하셨다는 겁니다."

내가 대련에 도착해서 처음 한 일은 함께한 팀원들과 'J 하우스'(J-House)라는 사역 센터를 여는 것이었다. 'J'는 '예수님'(Jesus)을 의미한다. J 하우스는 다양한 아웃리치 팀이 정부의 그 어떤 제약도 받지 않고 마음껏 머물면서 예배하고 기도할 수 있는 안전한 장소였다. 또한 우리는 아웃리치 팀들이 머무는 동안 식사와 교제의 기회를 제공했다.

J 하우스는 훈련 센터이기도 했다. 우리는 팀원들에게 무조건 거리로 나가 복음을 전하는 것보다 관계를 쌓는 것이 중요하다는 점을 설명했다. 한 커피숍에서 영어 교실(English Corner)을 열었는데, 전세계에서 찾아온 자원자들이 그 교실을 통해 중국 학생들과 관계를 맺을 수 있었다. 우리는 사람들에게 하나님의 사랑을 보여 주는 데

집중했다. 사람들이 우리에게 중국에 온 이유를 물으면 있는 그대로 말해 주었고, 하나님에 관해 물으면 그분에 관해서도 자세히 이야기해 주었다.

시간이 지나면서 영어 교실은 영어 성경 공부, 가정 세미나, 스포츠 사역으로 확장되었다. 동시에 나는 문화 교류 업체를 설립했다. 덕분에 사업 비자로 중국에 머물 수 있게 되었다. 또한 문화 교류 프로그램은 J 하우스의 모든 활동에 대해 명분을 제공해 주었다. 중국에서는 선교 사역이 공식적으로 허용되지 않기 때문에 이 명분이 매우 중요했다.

이 모든 일은 내가 한 것이 아니라 바로 하나님의 역사였다. J 하우스로 사용할 공간을 알아볼 당시 내게 있던 돈은 300달러가 전부였다. 그런데 여러 선교 팀들이 거하려면 큰 공간이 필요했다. 주로 방 서너 개짜리 아파트를 서른여섯 곳이나 알아봤지만 하나님은 계속해서 "더 큰 집을 구하라"고 말씀하셨다. 마침내 방 8개에 화장실 4개짜리 집을 찾았다. 그 정도면 최소한 30명이 거할 수 있었다. 예배실로 사용할 수 있는 큰 방과 기도실로 꾸밀 수 있는 다락방도 있었다.

문제는 임대료였다. 1년에 18만 위안, 즉 2만 4천 달러였다. 게다가 1년 치를 한꺼번에 미리 내야 했다. 하지만 하나님이 이 집을 주시리라는 확신이 있었기에 담대히 기도했다.

'하나님, 이 집이 당신의 집이요 당신의 뜻이라면 당신이 돈을 지불해 주십시오.'

그러고 나서 하나님께 얼마나 지불해 주실 건지 물었더니 15만 위안, 즉 1만 8천 달러라는 응답이 느껴졌다. 그래서 주인에게 임대료를 15만 위안으로 낮춰 달라고 부탁하면서 이렇게 덧붙였다.

"아울러 1년 치 임대료를 미리 낼 여력은 없습니다. 지금은 두 달 치만 내고 석 달마다 한 번씩 내면 어떻겠습니까?"

주인은 단번에 거절했다.

"혹시 마음이 바뀌시면 꼭 전화를 부탁드립니다."

나는 그렇게 말하고 돌아왔다. 그때부터 우리 팀은 일주일간 매일 그 집을 돌며 하나님께 기도했다. 그 옛날 이스라엘 백성이 여리고 성을 돌았던 것처럼 말이다.

일곱째 날 집주인에게서 전화가 걸려 왔다. 임대료를 15만 위안으로 낮추고 3개월마다 임대료를 내도록 해 주겠다는 것이었다. 두 달 치만 미리 내는 조건도 받아들이겠다고 했다.

이 소식을 팀원들에게 전했더니 모두가 뛸 듯이 기뻐했다. 하지만 나는 덧붙여 이야기했다.

"여전히 우리가 가진 돈은 300달러뿐입니다. 하지만 두 달 치 임대료는 3천 달러입니다. 계속해서 기도해야 합니다."

첫 임대료를 낼 날이 되기 직전에 두 군데서 기부금을 보내왔다. 하나님은 3천 달러가 아니라 무려 6천 달러를 보내 주셨다. 그 돈이면 모든 간사들이 거주할 다른 두 아파트의 임대료까지 다 내기에 충분했다.

첫 J 하우스는 중국에서의 모든 사역을 위한 발판이 되었다. 나는 대련에 있을 때, 찾아오는 모든 선교 팀들에게 북한을 보고 싶은지 물었다. 거의 대부분이 그렇다고 대답했고, 나는 그들을 네 시간 거리에 있는 단동으로 데려갔다. 거기서 함께 배를 타고 압록강 반대편에서 북한을 바라보았다. 다만 북한 땅에 내리지는 않았다. 2005년 내가 그렇게 북한의 코앞까지 다녀온 뒤에 나를 꾸짖었던 친구들의 말은 옳았다. 단지 북한 땅을 만져 봤다는 말을 하려고 체포를 무릅쓰는 것은 너무 위험한 일이었다. 그래서 우리는 강가 근처에 머물며 북한과 그 안에 갇힌 사람들을 위해 기도했다.

그 강을 처음 건넜을 때 나는 북한과 외부 세상을 연결시키는 다리로 나를 사용해 달라고 기도했다. 이것이 그 일을 위한 나의 방법이었다. 나는 J 하우스를 찾아오는 선교사들이 북한을 직접 보고 그 나라와 국민들을 위해서 기도하게 되기를 원했다.

대련에서의 사역은 나날이 성장해 갔다. 내가 그곳에 있는 동안 중국 학생들을 비롯해서 많은 사람이 예수님을 영접했다. 사람이 많아지자, 2007년 1월에는 내가 하와이 코나에서 참여했던 과정과 비슷한 미니 DTS를 개설했다. 지역 교회들에 선전도 하고 강사들도 섭외했지만 막상 공간이 없었다. J 하우스는 이미 만원이었다.

그런데 미니 DTS를 시작하기로 한 이틀 전, 우리 팀원 중 한 명이 스타벅스가 아니라 '스타백 카페'(Starback Café)라는 동네 커피숍을 방문했다. 그 커피숍 위에는 회의실이 있었다. 그날 우리 팀원은 커피숍 주인에게 예수님을 전했고, 그는 신자가 되었다. 그리고 12시간 뒤 그는 우리에게 미니 DTS를 진행할 공간을 내주었다.

26명의 학생들이 찾아왔는데 개중에는 버스나 기차로 24시간 이상을 달려온 학생들도 있었다. 결국 우리는 2009년 단동으로 옮기기 전까지, 그 커피숍에서 영어 교실, 예배 그리고 온갖 사역들을 다 진행했다.

1년 뒤인 2008년, 하나님은 우리의 첫 정식 DTS를 위해 18명의 학생들을 J 하우스로 보내 주셨다. 7명은 중국인이되 한국말을 사용하는 조선족이었고, 6명은 중국 보통어를 사용하는 한족 학생들이었다. 거기에다 한국인 4명과 송이라는 북한 여자 한 명이 있었다. 중국 학생들을 가르치는 것만으로도 보통 큰 모험이 아니었다. 중국 정부에 들키면 추방당할 수도 있었다. 설상가상으로, DTS가 시작된 지 얼마 안 돼 송이의 비자가 만료된 것을 알게 되었다. 만약 송이가 DTS를 받다가 붙잡히면 추방되어 옥살이를 아주 오래 하게 될 가능성이 높았다. 심지어 목숨까지 잃을 수도 있었다.

실제로 6주 차에 공안들이 들이닥치는 바람에 절체절명의 위기를 맞았었다. 공안들이 들어오는 사이, 우리의 성경 수업은 순식간에 영어 수업으로 바뀌었고 송이는 그들이 떠날 때까지 침대 밑에 숨어 있었다.

DTS가 끝나고 송이는 여섯 달간 우리와 함께 지냈다. 1년 후에는 우리 운영 본부를 대련에서 단동으로 옮기게 되었다. 대련에 오는 모든 팀들이 나와 함께 단동으로 가 압록강 반대편에서 북한을 위해 기도했기 때문에, 본부를 옮기는 것이 하나님의 뜻이라고 판단했다. 대련에서 기적적으로 장소를 마련해 주신 하나님은 단동에서 훨씬 더 큰 기적을 보여 주셨다. 이번에는 집이 아니라 아예 호텔 전체를

DTS 장소로 주셨다.

1년간 함께 지낸 후 송이는 고향으로 돌아갈 결심을 했다. 떠나기 전 그녀는 우리의 섬김에 감사해하며 고향에 가면 고아원을 열겠다는 뜻을 내비쳤다.

"제가 사는 동네에는 도움이 필요한 꽃제비들이 차고 넘칩니다. 그 아이들에게 보금자리를 마련해 주고 제가 여기서 배운 것들을 가르쳐 주고 싶습니다."

그 말에 걱정부터 앞섰다. 단순히 고아원을 세운다면 북한 정부가 모른 척할 수도 있지만 기독교 고아원이라면 얘기가 달라진다. 심지어 은밀히 운영한다고 해도 목숨이 위태로울 수밖에 없었다.

나는 "중국에서 무엇을 했나?"라는 질문에 답할 때 송이란 이름은 언급하지 않았다. 하지만 미스터 박은 나의 노력과 상관없이 그녀에 관해 알아냈다. 진술서를 다 쓰고 나자 그는 돌아와 그것을 들고 나갔다. 10분쯤 지났을까, 그가 내 외장 하드에서 인쇄한 사진 한 장을 들고 다시 나타났다.

그는 사진 속의 여성을 가리키며 말했다.

"이 여자는 누군가? 이게 우리 사람이지?"

그는 내 외장 하드에 있는 편지들을 통해 한 명 이상의 북한 주민이 우리 센터에서 훈련 받았다는 사실을 알아낸 상태였다.

"당신이 중국에서 이 여자를 훈련시켰다는 사실을 알고 있어. 이 여자는 누구고 어디에 사나?"

가슴이 철렁했다. 내가 진실을 말하면 송이의 목숨이 위태로울까 두려웠다. 그때 이 일을 통해 누구도 해를 입지 않을 거라는 하나님의 약속이 다시금 떠올랐다.

'예, 하나님, 당신을 믿겠습니다. 저 사람이 원하는 대로 알려 주겠습니다.'

하지만 사실을 정확히 말하지는 않았다.

"이 여인의 이름은 송이입니다. 하지만 평성에서 살고 있습니다."

그렇게 마지막 부분은 지어냈다.

미스터 박은 만족한 표정으로 방을 나갔지만 곧바로 다시 돌아왔다. 두 눈이 이글거리고 목의 힘줄이 툭툭 튀어나온 것이, 극도로 흥분한 모습이었다.

"야, 허튼소리 하지 말라! 우리가 진실을 알아내지 못할 줄 알았나? 진짜 이름이 뭐야? 어디서 사는지 사실대로 말하라! 또다시 허튼 말을 했다간 단단히 각오하라."

그는 고래고래 소리를 질렀다.

나는 다 털어놓으면서 송이의 안전을 위해 마음속으로 기도했다.

미스터 박은 조용히 듣다가, 송이의 사진을 들고 들이닥칠 때 내가 한창 쓰고 있던 종이를 들고 가 버렸다. 이제는 아무도 다치지 않을 거라는 하나님의 약속만을 붙드는 수밖에 없었다.

보초가 점심을 가져다줬다. 다 먹고 나자 그가 말했다.

"이제 침대로 가도 좋아. 잠시 쉬게 해 주라는 지시가 내려왔어."

내 귀를 믿을 수가 없었다. 며칠간 쉴 새 없이 심문을 했는데 갑자기 중도에 쉼이라니! 침대에 눕자마자 곧바로 잠에 빠져들었다.

내가 깨자 보초는 다시 큰 방으로 데려갔다. 거기서 앉아 미스터 박을 기다리라고 했다. 그때 처음부터 보기는 했지만 나와 거의 접촉하지 않았던 또 다른 관리가 내게 다가왔다.

"선교사라고?"

나는 고개를 끄덕였다.

"한 가지 묻겠어. 하느님이라는 말은 들은 적이 있는데 이 예수란 사람은 처음 듣소. 말해 보라. 예수는 어느 마을에 사나? 우리 조선에 사는가? 아니면 중국에 사나?"

농담을 하는 건가 싶어 얼굴을 자세히 뜯어보니, 아니었다. 정말로 궁금해서 묻는 눈치였다. 그는 예수님이 어디에 살고, 내가 무엇 때문에 이 닫힌 국가까지 와서 위험을 무릅쓰고 그에 관해 전하는 건지 진심으로 알고 싶어 했다.

내가 막 답을 하려는 찰나, 미스터 박이 돌아왔다. 진술서가 계속 마음에 들지 않는지 애꿎은 그 관리에게 소리를 질렀다.

"이봐, 어서 나가!"

그 관리는 시키는 대로 했다.

미스터 박은 내 쪽으로 몸을 돌려 또 종이를 던지듯이 놓았다.

"진실을 쓰란 말야, 진실을. 어서 쓰라."

나는 시키는 대로 펜을 들었지만 또다시 미스터 박이 싫어하는 답을 쓸 수밖에 없었다.

다음 날에도 똑같은 과정이 반복되었다. 그다음 날에도, 그다음 날에도. 며칠 내내 나는 하나님에 관해 썼고, 그때마다 미스터 박은 누가 나를 중국, 나아가 북한으로 보냈는지 말하라고 소리를 질렀다. 나는 매번 진실을 말했지만 그는 계속해서 믿지 않았다.

그곳에서의 하루는 늘 똑같이 시작되었다. 나는 하나님의 임재 가운데서 아침 시간을 보내고 나서 똑같은 글을 쓰고 또 썼다. 그리고 상대가 원치 않는 글을 쓴 데 대한 대가를 치렀다. 미스터 박은 계속해서 선한 경찰과 악한 경찰을 오락가락했다.

이 모든 상황 속에서 나는 변함없이 하나님의 약속을 의지했다. 내 손이 따뜻해지면서 하나님의 임재를 더없이 실제적으로 느꼈던 날 받은 그 약속. 그것은 바로 하나님이 나와 함께 계신다는 약속이었다. 나로 하여금 이 모든 시련을 이기게 해 주시고, 누구도 해를 입지 않을 것이라는 약속이었다. 내가 가진 것은 이 약속이 전부였지만 그것만으로 충분했다.

6장
여리고 작전

이에 백성은 외치고 제사장들은 나팔을 불매 백성이 나팔 소리를 들을 때
에 크게 소리 질러 외치니 성벽이 무너져 내린지라 백성이 각기 앞으로 나
아가 그 성에 들어가서 그 성을 점령하고(여호수아 6장 20절).

3동에 갇혀 있는 동안 밤을 견디기가 힘들었다. 눈만 감으면 아내와
아이들의 얼굴이 어른거렸다. 가족들이 뼈에 사무치게 그리웠다.

'지금쯤 내게 무슨 일이 일어났는지 다들 알고 있겠지.'

아이들에게 전화해서 내 상황을 설명하고 싶었다. 얼마나 걱정이
될까. 내 목소리라도 들으면 조금이나마 안심할지 몰랐다.

아내의 안전도 걱정이었다. 이미 단동을 떠나 북한에서 최대한 멀
리 떠난 상태라면 좋겠다고 생각했다.

그날 밤 허공에 속삭였다.

"루디아, 당신 무사한 거요? 무사해요?"

그러자 견디기 힘들 만큼 걱정이 밀려왔다. 하지만 애써 하나님의
약속을 기억해 냈다.

"누구도 해를 당하지 않을 것이다."

하나님은 '내'가 해를 당하지 않는 것이 아니라 '아무도' 해를 당하

지 않을 것이라고 약속하셨다.

"하나님이 아내를 돌봐 주실 거야."

그렇게 나 자신을 위로했다. 걱정을 해 봐야 상황이 조금도 나아질 수 없었다.

내가 할 수 있는 일에만 집중하기로 결심했다. 물론 이 상황에서 내가 할 수 있는 일은 거의 없었다. 기껏해야 나를 붙잡은 자들에게 어떻게 반응하고, 진술서를 어떻게 쓸지 나 스스로 결정할 뿐이었다. 나머지는 모두 하나님의 손에 맡겨야 했다.

가족이 걱정되는 것은 너무도 당연한 일이었다. 하지만 만약 내가 외장 하드의 영어 파일들이 이미 상당히 많이 번역되었고, 송이를 비롯한 사람들에 대한 심문을 통해 상당히 많은 정보가 밝혀졌다는 사실을 알았다면 가족을 걱정할 겨를도 없었을 것이다.

"여리고가 뭐야?"

어느 날 아침 미스터 박이 내 방으로 들이닥쳐 물었다.

나는 침을 꿀꺽 삼켰다.

'알아버렸군.'

외장 하드가 내 서류 가방에 있는 것을 발견했을 때부터 이런 순간이 올까 두려워했는데 결국은 오고야 말았다.

"여리고는 성경에 나오는 도시입니다."

그의 얼굴에 희미하고도 음흉한 미소가 돌아왔다.

"하마터면 당신을 믿을 뻔했지. 그저 기도하려고 사람들을 데려왔다는 말을 믿을 뻔했어. 하지만 알고 보니 그게 다가 아니었어. 당신은 아직도 모든 것을 털어놓지 않았소."

그는 잠시 말을 멈추더니 이내 입을 열었다.

"다시 묻겠다. 여리고가 뭐야?"

"성경에서 여리고는 아주 오래된 도시입니다. 많은 성경의 사건들이 그곳에서 일어났지요."

그가 무엇을 묻는 것인지 잘 알고 있었지만 자진해서 필요 이상의 정보를 제공하고 싶지는 않았다.

미스터 박은 의자에서 앉은 채 상체를 뒤로 젖혔다.

"무시무시한 작전을 갖고 있더군. 엄청난 작전이야."

그가 말을 멈추고 내 반응을 살폈다.

"자, 말해 보라. 여리고 작전이 뭐야?"

지독한 메스꺼움이 밀려왔다. 이제부터 단어 하나하나를 신중히 선택해야만 했다.

"여리고 작전은 기도할 사람들을 이 나라로 데려오는 것을 말합니다. 제가 선교사라는 이야기를 할 때 다 말하지 않았습니까. 그 이름은 성경의 여호수아서라는 책에서 차용한 겁니다. 여호수아서에 이스라엘 백성이 여리고 성을 돌며 기도했다는 기록이 나오지요."

"자, 너의 성경책이야."

체포된 후 그때, 내 성경책을 처음 봤다.

"이 성경책을 보면서 그 이야기를 정확히 써. 여리고 성에 관한 이야기를 내가 직접 읽어 봐야겠어."

나는 성경책에서 여호수아 6장을 펼쳐 처음 스무 절을 써 내려갔다. 거기에는 이스라엘의 제사장들과 군대가 7일 동안 매일 언약궤를 들고 여리고 성을 돌았다고 기록되어 있다. 일곱째 날에는 성을 일곱 번 돌고 나서 나팔을 불며 큰 소리로 외치자 성벽이 와르르 무너졌다. 나는 20절에서 쓰기를 멈췄다. 아무래도 21절, "그 성안에 있는 모든 것을 온전히 바치되 남녀노소와 소와 양과 나귀를 칼날로 멸하니라"는 말씀은 빼는 게 좋을 것 같았다.

쓰기를 마치자 미스터 박이 종이를 들고 읽기 시작했다. 아마도 난생처음 성경을 읽는 것이 아닐까 싶었다.

그의 분노 수치가 점점 올라가는 것이 분명해 보였다. 마지막에는 아예 몸 전체가 부들부들 떨리기 시작했다. 그는 종이를 내려놓고 책상 위에 놓여 있던 커다란 유리 재떨이를 집어 들었다. 그리고는 금방이라도 내 면상에 집어 던질 듯 팔을 번쩍 들었다.

나는 반사적으로 팔을 들어 얼굴을 보호했지만 실제로 재떨이가 날아오지는 않았다.

"바로 이것이 당신의 계획이지?"

그는 고함을 질렀다.

"이 도시를 완전히 집어삼키려는 게 아닌가! 네 계획은 이 라선시를 정복하는 거지! 그다음은 뭐야? 당연히 이 나라 전체를 차지하려는 거겠지!"

"아니요. 아닙니다. 정말 아니에요."

나는 다급하게 손을 가로저었다.

"오해예요. 여호수아서가 고대의 전쟁을 묘사한 것은 맞지만 저는 단지 이스라엘 백성들처럼 기도할 거라는 뜻에서 이름만 빌려 왔을 뿐입니다. 아무것도 집어삼킬 마음이 없어요. 여리고 작전은 문자 그대로 성을 차지하기 위한 작전이 아닙니다."

"야, 허튼소리 하지도 말라!"

미스터 박은 위협조로 말했다.

"당신이 라선 시내에 마련하려는 기도 센터에 관해 다 알고 있어."

그 말에 나도 모르게 입이 떡 벌어졌다.

"역시 놀라는군. 네 동무인 샘이 다 말했어. 그가 우리에게 다 불었단 말이야."

미스터 박은 나의 반응을 잘못 읽었다. 내가 충격을 받은 것은 나선에 기도할 장소를 마련하려는 우리의 계획을 그가 알았기 때문이 아니었다. 그것은 샘의 안위가 걱정되었기 때문이었다. 샘은 내가 체포된 호텔에서 커피숍을 운영하고 있었다. 송이처럼 그도 YWAM에서 제자훈련을 받고 나서 단동의 우리 센터에서 사역을 막 시작한 상태였다.

북한 관리들이 그를 심문할 게 분명했기 때문에 그가 붙잡히기 전에 이 나라를 빠져나가기를 간절히 바랐건만.

"하지만 실제로 시작한 일은 아무것도 없습니다. 게다가 기도 센터는 조선 인민들을 위한 것이 아닙니다. 그곳은 제가 이 나라에 데려올 사람들이 기도할 곳입니다. 하지만 정작 시작도 못했습니다. 단지 구상일 뿐이에요. 그게 다입니다."

"그래서 그곳에서 당신이 말한 '영적 전쟁'이라는 것을 하려는 거였군."

"예."

할 수만 있다면 내 자료에서 '전쟁'이란 단어를 빼 버리고 싶었다.

미스터 박은 바로 이 부분을 걸고넘어졌다.

"무슨 영들인가 하는 것이 이 위대한 나라를 다스리고 있다는 내용을 읽었어."

사람들을 데리고 북한에 오기 전에는 반드시 오리엔테이션을 했는데, 내 외장 하드에 있는 문서 중 하나가 그때 사용하던 자료였다. 그것은 영적 전쟁과 북한을 다스리고 있는 일곱 영을 설명한 자료였다.

"우상 숭배의 영이라고 했던가?"

그는 하나씩 또박또박 나열하기 시작했다.

"두려움의 영. 거짓의 영. 미움의 영. 분열의 영. 교만의 영. 통제의 영."

그가 나를 똑바로 쳐다봤다. 그의 눈에서 진정한 미움이 보이기는 그때가 처음이었다.

"당신은 영이라는 표현을 썼지만 사실상 우리 공화국 정부를 두고 한 말이야. 나를 속일 수는 없지. 거짓과 두려움, 통제. 다 우리를 두고 하는 말이야. 그러니까 당신은 우리를 무너뜨리려고 하는 거야."

"아니에요. 정말 아니에요. 오해입니다."

"오해라고?"

갑자기 선한 경찰로 돌아왔다.

"좋아. 내가 납득할 수 있게 설명해 보라. 여리고 작전이 뭐고, 어떻게 그것이 이 위대한 국가에 위협이 아닌지 자세히 설명해 보란 말야."

그는 책상 위의 종이를 가리켰다.

"자, 여기다 써. 여리고 작전이라는 것에 관해 낱낱이 쓰란 말야."

그는 일어나 문을 나서려다 말고 몸을 돌렸다.

"이번에는 허튼 말을 하지 마라. 진실을 말하란 말이야."

그가 방을 나가기도 전에 나는 지혜를 달라고 기도하기 시작했다. 여리고 작전에 관해 어느 정도까지 밝혀야 할지, 하나님의 인도하심이 절실했다.

3년이 지나 이 글을 쓰는 지금도, 당시의 절박감이 그대로 느껴진다. 앞서도 말했듯이 나선에서 비밀리에 활동하는 선교사는 나만이 아니었다. 내 말 한 마디 한 마디가 세상에서 가장 비밀스런 국가에서 그리스도의 사랑을 전하려는 분들의 목숨을 위협할 수가 있었다.

여리고 작전에 관한 구상은 2010년 북한에 두 번째로 갔을 때 떠올랐다. 북한에 관광객들을 데려갈 수 있을지 타진하기 위해서 다시 간 것이었다. 하루는 내가 머물던 나선의 호텔 경내를 산책하고 있었다. 정부 관리들이 검은색 세단을 타고 나를 체포하기 위해 나타났을 때와 비슷한 상황이었다.

그때 문득 주님의 음성이 느껴졌다.

'내 백성들이 눈이 멀어 보지 못하는구나. 내 백성들이 귀가 멀어 듣지 못하는구나. 내 백성들이 벙어리가 되어 말하지 못하는구나. 내가 그들의 눈을 열어 내 영광을 보게 할 것이다. 내가 그들의 귀를 열어 내 음성을 듣게 할 것이다. 내가 그들의 입을 열어 내 이름을 찬양하고, 내게 영광을 돌리게 할 것이다. 내 백성들을 치유할 것이다. 그들을 구속할 것이다. 그들을 회복시킬 것이다.'

뭐라고 대답할지 몰라 우물쭈물했던 기억이 난다.

'주님, 제가 뭘 할 수 있을지 모르겠습니다.'

북한 주민들에게 하나님에 관해 말하는 것은 불법이다. 내가 어떻게 그들의 눈을 여는 역사에 동참할 수 있단 말인가.

관광객들의 눈을 열어 북한 주민들의 안타까운 현실을 보게 하는 일은 이미 추진되고 있었다. 하지만 단순히 그들에게 북한의 상황을 보여 주는 것만으로는 부족하다는 사실이 깨달아졌다. 그때 여호수아와 여리고 성 이야기가 떠올랐다. 여리고 성은 이스라엘 백성들이 약속의 땅에 들어갈 때 처음 마주한 성이었다. 마찬가지로, 나선은 외국인들에게 처음 개방된 북한의 도시다. 그리고 북한은 거대한 영적 성벽으로 둘러싸여 있다.

두 생각이 머릿속을 맴돌다가 하나의 생각으로 합쳐졌다.

'그래! 기도로 이 영적 성벽을 허물 수 있어!'

중국에 있는 우리 선교 팀은 이미 여러 건물을 기도하며 돌고 나서 놀라운 기도 응답을 경험한 바 있었다. 하나님은 그 옛날 여리고 성을 돌던 제사장들의 기도에 응답하셨던 것처럼 우리의 기도에도 기적적으로 응답해 주셨다.

'그래. 우리도 한 도시 전체, 한 나라 전체를 위해 똑같은 일을 할 수 있어. 왜냐하면 이것은 하나님의 뜻이니까. 하나님은 이 백성들이 해방되기를 원하셔.'

단동에 돌아와서 고민에 고민을 거듭했고, 그 고민 끝에 탄생한 결과물이 바로 여리고 작전이었다. 주체사상이니 정치제도니 위대한 지도자니 하는 것에는 관심조차 없었다. 나는 오직 북한 주민들에 대한 안타까움을 느꼈다. 그들을 위해서 뭐라도 하고 싶었다. 어둠 속에서 나타나 내게 돈과 담배를 요구했던 그 앳된 병사의 얼굴이 떠올랐다. 내가 그에게 진정으로 주고 싶었던 것은 바로 예수 그리스도의 사랑이었다.

이것이 여리고 작전의 기본 정신이다. 나는 예수 그리스도의 사랑으로 북한 주민들을 사랑해 줄 사람들을 북한으로 데려가고 싶었다. 북한 주민들은 칠흑 같은 어둠 속에서 죽지 못해 살고 있으며, 예수님에 관해 아무것도 모르고 있다. 우리가 먼저 그분을 보여 주어야 비로소 그분에 관해 말할 수가 있다. 이것이 기도가 여리고 작전의 중심인 이유다. 우리가 기도하면 북한을 에워싸고 있는 영적 성벽이 서서히 무너지기 시작할 것이다. 한 번에 벽돌 하나씩.

또한 나는 내가 데려간 사람들이 북한과 그곳 사람들의 아름다움을 경험하고, 나처럼 그곳에서 하나님의 음성을 직접 듣기를 원했다.

여리고 작전의 본질은 북한 사람들을 위해 중보기도 할 기도의 용사들을 동원하는 것이다. 나는 미스터 박에게 내는 진술서에 이렇게 썼다.

"나는 조선 인민들을 사랑한다. 그래서 그들과 외부 세상을 이어주는 다리가 되고 싶다."

안타깝게도 나는 몇 년 전 내 컴퓨터에 이 작전의 세부 사항을 쓸 때 비신자들, 특히 북한 당국이 쉽게 오해할 만한 비유들을 사용했다. 예컨대 '성벽을 허물기 위한 주의 군대를 동원할 것이다'라는 식의 표현이 그랬다. 하지만 실제 군대를 의미한 것은 아니었다. 단지 온 세상 사람들이 무릎을 꿇고 북한 주민들을 위해 기도하는 모습을 상상했을 뿐이다.

물론 미스터 박은 내 글을 그런 식으로 보지 않았다.

그는 내가 쓴 글을 읽고 폭발했다. 그는 내 외장 하드에 있는 문서들을 읽었기 때문에 내 진술문보다 훨씬 더 많이 알고 있었다. 나 혼자서만 읽으려고 했던 문서를 그가 읽게 될 줄은 꿈에도 생각지 못했다.

"이게 다가 아니야! 당신 계획의 전부가 아니라고. 당신의 계획은 이 위대한 나라를 침략해 차지하고 정복하는 거야. 부인하지 마! 당신이 직접 쓴 그 글을 다 읽었어."

그는 자리에서 일어나 문 쪽으로 걸어갔다.

"배준호, 당신은 위험한 범죄자야. 당신은 이 위대한 나라를 무너뜨릴 목적으로 이곳에 왔어. 하지만 우리한테 저지당한 거지. 이제 당신이 저지른 짓에 대해 톡톡히 대가를 치러야 할 거야."

나는 아무 말도 하지 않았다. 가만히 있는 것이 상책이라고 생각했다.

"당신은 우리 헌법 60조를 어겼소. 이건 아주 중대한 범죄야. 아마도 이 나라에서 가장 중죄일 거야. 헌법 60조를 어긴 벌이 뭔지 아나?"

나는 고개를 가로저었다.

"사형이오."

그가 엷은 미소를 띤 채 말했다.

7장
자백

오직 그만이 나의 반석이시요 나의 구원이시요 나의 요새이시니 내가 혼들리지 아니하리로다 나의 구원과 영광이 하나님께 있음이여 내 힘의 반석과 피난처도 하나님께 있도다(시편 62편 6-7절).

여리고 작전은 미스터 박의 분노에 기름을 끼얹었었다. 이제 그는 나에 관한 모든 심증을 확실히 굳혔다. 나는 스스로 선교사라고 밝혔지만, 여리고 작전으로 인해 이제 그는 내가 훨씬 더 거대한 규모의 음모에 연루되어 있다고 확신했다.

"누가 당신을 여기로 보냈나?"

그가 다시 나를 심문하러 와서는 그렇게 물었다.

"말했지 않습니까. 하나님이 저를 이곳으로 보내셨습니다."

"누가 당신을 여기로 보냈나?"

그는 내 말을 전혀 듣지 못한 것처럼 다시 물었다.

"하나님이오."

"누가 당신을 여기로 보냈나?"

참을성이 바닥에 다다른 어조였다.

"아무리 설명해도 듣지 않는군요. 하나님이 조선을 위한 다리로 저를 부르셨습니다."

"거짓말하지 마! 내가 머저리인 줄 아나? 이 모든 음모의 배후에 누가 있는지 못 알아낼 줄 아나? 지금까지 당신을 참아 줬지만 이제 내 인내도 한계에 이르렀어!"

그는 소리를 질렀다.

"답답한 줄 알지만 저는 단순한 선교사일 뿐입니다."

"단순한 선교사라는 말은 그만하라."

그의 목소리가 한결 누그러졌다. 다시 선한 경찰로 변한 것이다.

"YWAM을 위해 일하고 있는 줄 알아. 거기에 당신의 윗사람이 있을 거야. 맞나?"

"예. 존(John)이라는 사람입니다. 단동 사역을 총괄하는 분이지요."

"존 위에는 누가 있나?"

"그건 아마도 YWAM을 창립한 로렌 커닝햄(Loren Cunningham)이겠죠."

"이제 좀 말이 되어 가는군. 로렌 커닝햄 위에는 오바마가 있지. 바로 오바마가 이 나라를 위협하고 전복시키라고 당신을 보낸 자야. 그렇다면 당신은 사실상 CIA를 위해 일하고 있는 거겠지. 오바마와 CIA가 이 일의 배후야."

너무도 이상한 논리에 뭐라 할 말이 없었다.

"당신이 저지른 짓은 죽어 마땅한 짓이야. 첫째, 당신은 반입한 자료로 우리 위대한 수령님의 이름을 모욕했어. 그것만으로도 죽어 마땅해. 둘째, 당신은 여리고 작전으로 조선 인민들의 마음을 왜곡시킨 뒤에 우리를 공격할 선교사로 우리 공화국에 돌려보냈어. 당신은 기도와 예배, 그리고 끌어들인 외부인들을 통해 우리 정부를 전복시키려고 시도했단 말이야. 그 벌은 사형이야. 최소한 무기징역일 거야."

"맘대로 하세요."

그 말이 미스터 박을 도발했다.

"뭐라고? 죽어도 상관없단 말인가? 우리는 재판도 거치지 않고 네깐 놈 하나 죽이는 것은 일도 아냐. 우리가 마음만 먹으면 지금 이 자리에서 네 놈의 목을 잘라서 아무도 모르는 곳에 파 묻을 수도 있어. 이곳에서 인간의 목숨은 파리 목숨만도 못해."

"좋을 대로 하세요."

용감한 척하려는 게 아니었다. 나도 이제 지쳤다. 이 코미디 같은 짓을 더 이상 참을 수가 없었다. 아침 8시부터 밤 11시까지 미스터 박의 심문에 4주나 시달렸다. 결국 한계에 다다랐다. 이젠 죽이려면 죽이라는 마음까지 들었다.

"배준호, 나와 해 보자는 건가. 너의 목숨이 내 손에 달렸다는 걸 모르나?"

"제 생명은 하나님의 손안에 있습니다. 저를 죽일 수도 있다고 하셨죠? 그러면 제가 순교자가 된다는 것을 아시나요? 순교는 모든 선교사가 원하는 최고의 영예랍니다."

그러면서 속으로 이렇게 생각했다.

'자신이 누구를 상대하고 있는지 전혀 모르고 있군. 나는 지극히 높으신 하나님의 사자다. 어떤 경우에도 하나님이 여전히 만사를 다

스리고 계신다.'

미스터 박은 할 말을 잃고 눈만 껌벅였다. 하긴, 내가 한 번도 이런 식으로 말한 적이 없었으니 어리둥절하기도 했을 것이다. 아니, 아마도 그의 앞에서 이런 식으로 말한 사람은 지금까지 한 명도 없었을 것이다.

곧 분노의 공격이 날아오리라 예상했다. 하지만 의외로 미스터 박은 침묵으로 반응했다. 잠시 어색한 침묵이 흐르다가 그가 자리에서 일어나 나가 버렸다.

저녁에 그가 돌아왔다.

"좋은 소식이 있다. 평양에 가게 되었어. 거기서 조사를 받고 귀가하게 될 거야."

심히 혼란스러웠다. 몇 시간 전만 해도 내 머리를 베어 시체를 아무 들판에나 묻어 버릴 거라고 협박했던 그였다. 그런데 이제 와서 내가 곧 귀가할 거라니. 나는 반신반의하는 어조로 말했다.

"어떻게?"

표정을 보아하니 이 순간을 기다려 온 것이 분명했다.

"당신은 비록 중죄를 저질렀지만 예의 바르게 행동했고 우리의 심문에 협조했소. 잘만 하면 우리 정부가 당신을 풀어 줄 수도 있어."

"제게서 뭘 원하십니까? 제가 어떻게 해야 집에 보내 주시겠습니까?"

나는 뭐든 할 준비가 되어 있었다.

"당신이 한 일을 빠짐없이 자백하고 진심으로 사과하면 우리 정부가 자비를 보여 줄 거야."

"알겠습니다. 그런데 제가 무슨 말을 해야 합니까?"

"직접 써야 해."

"예, 제가 쓸게요. 하지만 뭐라고 쓸지는 알려 주세요. 어떻게 써야 집에 갈 수 있을까요? 그대로 쓸게요."

미스터 박은 이후 한두 시간 동안 내가 써야 할 것들을 말해 주었고, 나는 그대로 받아썼다.

"당신이 어떻게 기도로 우리 정부를 전복시키려고 했는지 자백하라고."

여리고 작전, 북한 사람들을 그리스도의 제자로 훈련시킨 일, 그들 중 한 명이 기독교 고아원을 세우기 위해 북한으로 돌아간 일에 관해서 자세히 쓰라는 주문도 받았다. 물론 북한의 지도자를 경멸한 죄에 대해서도 낱낱이 고백해야 했다.

나는 미스터 박과 그 배후에 있는 자들이 원하는 답을 썼다. 그들이 지적한 죄를 다 인정하면 집에 보내 줄 거라고 믿었다.

자백서를 다 쓰고 나자 미스터 박이 들고 나갔다. 그리고 꽤 오랜 시간이 흘렀다.

마침내 그가 종이 한 장을 들고 돌아왔다.

"우리가 대신 자백서를 썼다."

"예. 서명을 할까요?"

"아니지. 그대로 서명을 하면 되나?"

그가 황당하다는 투로 말했다.

"자백서는 당신이 직접 써야 해. 자, 이 종이를 보고 그대로 베껴 써. 단 한 글자도 빼먹으면 안 되오."

나는 한숨을 내쉬었다. 어떻게 한 글자도 빼먹지 않고 내 자백서로 쓸 수 있단 말인가. 그러나 나는 이내 펜을 들어 베껴 쓰기 시작했다. 기억을 최대한 되살려 보면, 자백서의 내용은 다음과 같았다.

나 케네스 준호 배는 기도와 예배로 공화국 정부를 전복시키려고 시도함으로써 조선민주주의인민공화국의 법을 어겼다. 선교 사역이라는 미명 아래 대조선 적대시 선전에 동조하고 미국과 남조선의 고립 압살 정책의 일환으로 이 나라를 정복하기 위한 미국의 교활한 제국주의적 시도의 한 도구로 활동했다. 나는 17개국 이상에서 300명이 넘는 기독교 중보자들을 관광객으로 위장해 공화국으로 데리고 들어왔고, 그들이 이곳에서 기도하고 예배하며 공화국 주민들을 예수 그리스도의 사랑으로 사랑하게 만들었다. 이곳에 와서 기도하고 예배하고 사랑하며 하나님을 위해 이 땅을 차지하려는 목적으로 여리고 프로젝트를 계획했고, 전 세계의 크리스천들을 동원했다. 그렇게 하면 여리고 성벽이 무너진 것처럼 나선시를 둘러싼 벽이 무너질 거라고 생각했다.

나는 크리스천 관광객들이 와서 미소와 선행으로 예수 그리스도의 사랑을 보여 주면, 공화국 국민들이 정부 지도부보다 하나님을 더 믿게 될 것이라고 생각했다. 기독교로 공화국 국민들의 하나 됨을 깨뜨리기 위해 이런 행동을 했음을 인정하고 자백한다. 내 행동이 공화국의 법을 심각하게 어긴 것임을 인정한다.

공화국에 보낼 선교사들을 동원하고 훈련시키고 함께 기도하고 파송하기 위해 중국에 기도 센터와 훈련 센터를 세운 것을 자백한다. 6년 동안 나는 여러 국가에서 온 800명 이상과 함께 공화국을 위해 기도하는 기도회와 세미나, 오리엔테이션을 열었다.

공화국 수뇌부를 심각하게 경멸한 죄도 인정하고 자백한다. 공화국 수뇌부에 관한 거짓 소문을 퍼뜨린 죄를 사과한다. 서구 언론 매체들을 통해 잘못된 것을 배우고 남조선에서 반공 교육을 받은 탓에 중국에 있는 공화국 공민들에게 수뇌부를 헐뜯는 말을 했다. "풍요로운 21세기의 동아시아에서 300만 명 이상의 인민이 굶어 죽게 놔두는 지도자가 어디 있는가?"와 "물은 위에서 아래로 흘러간다. 윗물이 맑아야 아랫물이 맑다"와 같은 말을 했다. 공화국 국민들에게 이런 말을 한 것은, 그들의 고통에 대해 공화국 수뇌부를 비방함으로써 지도부에 대한 신뢰와 충성을 깨뜨리려는 시도였음을 인정한다.

공화국 공민들에게 기독교 제자훈련을 시키고, 공화국 공민 한 명을 공화국으로 돌려보내면서 사설 기독교 고아원을 세우라고 했음도 인정한다. 공화국의 어린이들이 최고 지도자보다 하나님을 더 사랑하게 만들고자 했다. 이 어린이들이 하나님의 사랑을 알고 자라남으로써 결국 어버이 수령님의 사랑에서 벗어나게 만들려고 했다. 10명의 아이들이 기독교를 믿으면 결국 나중에는 그 숫자가 크게 불어나 최고 지도자를 중심으로 뭉친 공화국의 일심단결의 힘이 깨지리라 판단했다. 기독교를 믿는 공화국 공민이 운영하는 사설 고아원을 세우면 공화국 공민들의 안전과 하나 됨을 크게 뒤흔들 수 있다고 생각했다.

내 행동이 공화국의 법을 심각하게 어기고 공화국 수뇌부와 정부를 경멸한 행동임을 인정한다. 내 잘못에 대해 사죄하고 용서를 구하고 싶다.

케네스 준호 배

미스터 박은 자백서를 읽고 흡족한 미소를 지었다.

"좋소. 바로 이거야. 자, 이제 사죄문도 쓰도록 해."

공식 사죄문을 쓰라는 말을 들은 것은 이번이 처음이 아니었다. 이미 미스터 박을 위해 진술서를 쓰는 과정에서 다양한 방식으로 사죄문을 썼다. 하지만 새로운 사죄문으로 집에 돌아갈 수만 있다면 100번이라도 더 쓰지 못할 이유가 없었다.

"구체적으로 사죄해야 할 것들이 있습니까?"

"하하. 물론이오."

그는 마치 나와 오랜 친구인 것처럼 친근한 투로 말했다. 그가 줄줄이 나열하는 것들을 집중해서 들었다가 다음과 아주 비슷한 사죄문을 썼다.

1. 조선민주주의인민공화국의 수뇌부를 비방한 것에 대해 사죄합니다.
2. 크리스천들을 공화국에 데려와 기도하고 예배하고 예수 그리스도의 사랑으로 공화국 주민들을 사랑하게 하려고 한 것에 대해 사죄합니다.
3. 비록 실수였다고는 하나 공화국에 반하는 동영상들이 포함된 외장 하드를 가져온 것에 대해 사죄합니다.
4. 실제로는 선교사요 목사이면서 여행 가이드로 위장한 것에 대해 사죄합

니다.

5. 비록 외국 여행객들만을 위한 시설이라고는 하나, 라선시에 기도 센터를 세우려고 했던 것에 대해 사죄합니다.

6. 공화국 공민들에게 기독교의 영적 훈련을 시킨 것에 대해 사죄합니다.

7. 공화국에 사설 기독교 고아원을 세워 공화국 최고 지도자의 사랑이 아닌 하나님의 사랑으로 아이들에게 나쁜 영향을 미치려고 했던 것에 대해 사죄합니다.

8. 중국에서 공화국에 대한 세미나와 오리엔테이션을 하고 훈련 사역을 할 목적으로 센터들을 중국에 세운 것을 사죄합니다.

9. 공화국에 보낼 선교사들을 동원하고 훈련시키고 파송한 것에 대해 사죄합니다.

10. 처음부터 진실을 말하지 않은 것에 대해 사죄합니다.

미스터 박은 내가 준 최종 사죄문을 읽으며 매우 흡족한 표정을 지었다.

"바로 이거야. 이거면 잘 풀릴 거야."

그 말에 안심이 되었다면 좋겠지만 전혀 그렇지 않았다. 실제로 풀려나서 가족의 품에 안기기 전까지는 경계심을 풀 수 없었다.

미스터 박이 나가고, 보초가 들어와 잠시 누워서 쉬어도 좋다고 말했다. 나는 침대 위에 그대로 쓰러져 순식간에 잠이 들었다.

얼마 뒤 보초가 나를 깨워 다시 의자에 앉아 기다리라고 지시했다. 제발 좋은 소식이 오기만을 간절히 기도했다.

저녁에 두 번째 보초가 들어왔다.

"일어서!"

일어서니 억류 첫날에 보았던 부장이 들어왔다. 한 달 동안 깡마르고 작은 사람들에 둘러싸여 지냈더니 그가 전보다 훨씬 더 거대해 보였다. 그의 손에 종이 몇 장이 들려 있었다.

부장은 책상 건너편에 앉은 뒤 내게도 앉으라는 손짓을 했다. 그가 책상 위에 종이를 놓기에 봤더니 내가 서명한 자백서였다.

"당신은 엄청난 중죄를 지었어. 알겠나? 우리 헌법 60조를 어겼단 말이야. 그거만으로 당신을 '죽탕' 치고도 남아."

'죽탕'은 북한에서만 사용하는 말인데, 죽도록 때리고 짓밟아서 몰골을 볼품없이 만들어 버리겠다는 뜻이다.

"하지만 당신은 매우 협조적이었고, 지금까지 심문에 잘 응해 주었어. 그 점을 참작할 것이야."

그가 미소를 지었지만 전혀 안심이 되지 않았다. 고양이가 쥐를 잡아먹기 직전에 짓는 미소처럼 보였을 뿐이다.

"평양에 있는 사람들이 당신을 좀 보자고 해. 아직 당신에게 알아내야 할 것이 많지만 평양에서 당신을 원해. 그래서 당신을 평양으로 보낼 거야."

"언제 말입니까?"

이 상황이 벌어졌을 때 나는 국경 근처에 있었기 때문에, 그들이 단순히 나를 국경 밖으로 추방할 줄로만 알았다. 그런데 뜬금없이 평양이라니.

하지만 이내 좋게 생각하기로 마음을 바꿔 먹었다.

'괜찮아. 평양에 잠깐 들렀다가 곧바로 집으로 가는 거야. 가족을 곧 보게 될 거야. 잘하면 성탄절은 집에서 보낼 수 있겠지.'

집에 간다는 생각을 하니 기분이 한결 좋아졌다. 한 달 전 호텔 주차장에서 거닌 이후로 건물 밖은커녕 방에서조차 한 발자국도 나가지 못했다. 어서 이곳을 나가 집으로 가고 싶은 마음이 간절했다.

"내일 평양에 도착하거든 조사에 잘 응하라우. 그러면 일이 잘 풀릴 거야. 잘 듣고 시키는 대로 하기만 하면 돼."

그 말을 끝으로 부장은 자리에서 일어나 나갔다.

잠시 후 미스터 박이 돌아왔다. 처음으로 그가 반가웠다.

"자백하기만 하면 집에 보내 주겠다고 하지 않았습니까?"

"그랬지."

"하지만 내일 저를 평양으로 보낸답니다."

"그래."

그것이 무슨 문제냐는 투였다.

"평양에 가면 거기서 얼마나 있게 됩니까?"

"거기서 당중앙 관계자들을 만날 거야. 당신이 여기서 한 답을 확인하려는 것뿐이야. 오래 걸리지 않을 거야."

"얼마나 걸릴까요?"

"얼마 안 걸릴 거야. 대략 한 달쯤?"

"그 뒤에는 집에 갈 수 있는 거지요?"

"계속해서 진실을 말하기만 하면 말이지."

미스터 박이 떠나고 나서 저녁나절 내내 떠날 준비를 했다. 한 달 동안 갇혀 있던 방에서 마침내 떠나게 되었다. 체포된 뒤로 소지품의 대부분을 보지 못했지만 심문받을 동안 입을 옷가지 몇 개는 돌려받았다.

짐을 꾸리는데 미스터 박이 들어와 종이 한 장을 건넸다.

"이게 뭡니까?"

"어, 당연히 계산서지."

"계산서요? 무슨 계산서란 말입니까?"

"방 값과 식대야."

재빨리 계산서를 읽어 내려갔다. 맨 아래에 '합계 : 20,000위안'이라고 적혀 있었다. 2만 위안이라면 약 3천 달러다. 나는 원래 여행 일정이었던 사흘 동안 우리 팀의 택시비와 기타 잡비로 쓰려고 약 1,300위안밖에 가져오지 않았다. 하지만 이건 말이 되질 않았다.

"그만한 돈은 없습니다."

"당신 안해에게 연락해서 가져오라고 하면 되지 않나."

아내와 통화하고 싶은 마음은 간절했다. 하지만 설령 집에 그만한 돈이 있다 해도 아내에게 돈을 가져오게 할 생각은 추호도 없었다. 아내가 북한에서 최대한 멀리 벗어나 있기를 바랄 뿐이었다.

"아내에게 전화를 걸어 여기로 돈을 부치게 할 수 있습니다."

최소한 아내에게 전화를 걸어 걱정을 덜어 주고 싶었다.

"아니지. 전화는 안 돼."

미스터 박이 문을 나서면서 말했다.

이윽고 다른 관리가 들어와 계산서에 관해 계속해서 나와 이야기를 나누었다. 한참 옥신각신한 끝에 좀 더 높은 관리처럼 보이는 사람이 들어와 계산서에 관해서는 걱정하지 말라고 했다.

"평양에서 발생할 비용에 추가하도록 하겠소."

"좋습니다. 그렇게 하시죠."

이 나라에서 나갈 수만 있다면 어떻게든 돈을 마련해 볼 참이었다. 돈이 문제가 아니었다. 어서 빨리 집에 돌아가고 싶은 마음뿐이었다.

마침내 이 시련이 끝난다는 생각에 쉽게 잠이 오질 않았다.

'드디어 집에 가게 된다!'

조사가 진행되는 동안 나와 연락이 닿지 않았으니 가족들의 걱정이 이만저만이 아니었을 것이다. 그것만 생각하면 가슴이 답답했는데 이제 잠시 평양에 들렀다가 집에 갈 수 있게 되었다!

최악의 상황이 다가오고 있는 줄은 꿈에도 몰랐다.

8장
평양으로

주는 나를 돕는 이시니 내가 무서워하지 아니하겠노라 사람이 내게 어찌
하리요(히브리서 13장 6절).

나선시를 떠날 때는 곧 집으로 가게 될 줄 알았다. 일단 평양에 가기
는 하지만 그것이 단순히 형식적인 절차라고만 생각했다. 억류 첫 달
에는 밖에 나갈 수 없었기 때문에 날짜를 계산할 수 없었다. 매일이
똑같았기 때문에 더더욱 그랬다. 하지만 관리들과 보초들끼리 하는
말을 듣고서 내가 억류된 지 정확히 한 달이 되었다는 사실을 알 수
있었다. 그렇다면 내가 11월 3일에 체포되었으니까 이제 12월 첫 주
가 된 것이다.

　평양으로 가는 여행은 일찍 시작되었다. 새벽 6시가 조금 못 되어
미스터 박이 내 방으로 들어왔다.

　"가자."

　그를 따라 밖으로 나가니 도요타 랜드 크루저가 대기하고 있었다.
같은 정부 기관에서 일하는 것으로 보이는 또 다른 남자가 차 옆에
서서 나를 기다리고 있었다.

"타라."

미스터 박이 뒷문을 열어 주며 말했다. 내가 타자 다른 남자와 미스터 박이 내 양쪽으로 탔다. 비파호텔에 올 때와 마찬가지로 나는 두 사람 사이에 끼게 되었다. 다행히 랜드 크루저는 처음 타고 왔던 중국제 소형차보다 훨씬 널찍했다.

그리고 다른 두 남자가 또 차로 다가왔다. 그들이 차에 타기 전에 미스터 박이 내게 경고했다.

"저 사람들 앞에서 이 일에 관해 아무런 말도 하지 마. 우리와 함께 일하는 사람들이 아니야. 평양에 사업차 가는 라선시 간부들이오. 단지 우리와 차만 같이 타고 가는 것일 뿐이야."

나는 말없이 고개만 끄덕였다.

두 사람 중 한 명이 운전대를 잡았고, 다른 사람은 조수석에 앉았다. 미스터 박이 조수석의 남자에게 가볍게 고개를 숙여 인사했다.

"안녕하십니까? 함께 가게 되어 고맙습니다."

미스터 박이 공손하게 말하는 것으로 보아 꽤 고위급 간부인 게 분명했다. 나중에 알고 보니 그는 나선시 대외무역총국의 부국장을 지낸 인물이었다.

두 사람은 차에 타면서 마치 동물원의 원숭이를 보듯 나를 쳐다봤다. 그들에게서 나를 향한 두려움이나 미움, 분노는 전혀 느껴지지 않았다. 단지 호기심만 가득한 모습이었다.

"자, 이제 출발합시다."

모두가 차에 타자 내 왼쪽의 관리가 말했다. 시동이 걸리고 차가

굴러가기 시작했다. 호텔 주차장을 빠져나올 때까지도 아직 해는 떠오르지 않고 있었다.

차는 남쪽으로 향했다. 도시를 벗어나자마자 도로는 자갈밭으로 변했다. 나선은 대도시로, 북한 동북부의 경제 중심지이다. 하지만 북한에서 세 번째로 큰 도시인 청진을 지나, 두 번째로 큰 도시이자 공업 및 제조의 중심지인 함흥까지 이어지는 고속도로는 미국의 벽촌에서나 볼 법한 비포장도로였다. 하지만 여기서는 이런 도로가 주요 고속도로였다.

이 도로를 얼마 달리지 않아 동쪽에서 아침 해가 반짝이기 시작했다. 태평양의 수평선 위로 찬란한 태양이 떠올랐다. 조수석의 저명한 인사가 웃으며 해를 가리켰다.

"와! 저 해돋이를 보시오."

과연 미스터 박과 뒷좌석의 다른 관리는 어떻게 반응할지 궁금했다. 북한 관리들과 난생처음 동승했을 때는 분위기가 더없이 심각했다. 하지만 이번에는 아니었다. 미스터 박과 뒷좌석의 다른 관리는 둘 다 해돋이를 보며 연신 탄성을 질렀다.

"정말 아름답군."

미스터 박이 말했다.

나도 몸을 기울여 차창 밖을 바라보았다. 내 평생에 가장 아름다운 경관 중 하나였다.

'이 나라를 떠나기 전에 추억할 거리가 하나 생겼군.'

조금 더 가다가 운전자가 뒤를 돌아보며 물었다.

"라디오를 틀어도 괜찮겠지요?"

"틀어 보시오."

미스터 박이 말했다. 라디오에서 북한 대중가요가 흘러나오자 미스터 박이 따라 부르기 시작했다. 그에게 이런 면이 있을 줄 상상도 못했다.

더 놀라운 상황들이 잇따랐다. 한번은 미스터 박이 휴대폰을 꺼내 북한 무술 액션 영화를 보기 시작했다. 게다가 휴대폰을 내 쪽으로 내밀면서 말했다.

"함께 보지 않겠소?"

과연 이 사람이 내 머리를 베겠다고 협박하던 사람이 맞나 싶었다.

청진시를 통과한 뒤에는 자갈길이 해안 근처의 산 위로 이어졌다. 도로에 난 커다란 구멍들 때문에 이따금씩 차가 튀어 올랐고, 도로 곳곳이 겨우 차 하나 지나갈 만큼 좁아졌다. 산비탈 아래로 도로에서 이탈해 부서진 트럭과 승용차들의 잔해가 눈에 들어왔다. 나는 우리의 안전을 위해 하나님께 기도했다. 그래서인지 운전자는 웬만해선 시속 50킬로미터를 넘지 않았다.

결과적으로, 차가 자갈길로 간 것은 내게 크나큰 축복이었다. 예전부터 북한의 시골과 보통 사람들의 집을 보고 싶었는데 드디어 기회가 온 것이었다.

대부분의 집들은 정부에서 지어 준 것이었다. 이는 정부가 국민들로 하여금 최고 지도자만을 의존하게 만들기 위해 사용하는 방법 가운데 하나다. 집들의 모양은 성냥갑처럼 모두 똑같았다. 대부분이 전통적인 건축 재료가 아닌 콘크리트로 지어졌고, 흰색이나 하늘색으로 칠해져 있었다.

차를 타고 가는 내내 앞좌석의 남자들이 고개를 돌려 나를 쳐다보는 것을 눈치챘다. 결국 호기심을 참지 못한 조수석의 남자가 미국의 생활비에 관해 물었다. 그는 중국을 자주 왕래해서 북한 밖의 삶을 잘 알고 있는 것 같았다.

점심 식사를 위해 차가 한 해산물 식당에 멈추자 조수석의 남자가 내게 말했다.

"배 선생, 뭘 드시고 싶소? 뭐든 원하는 대로 주문하시오."

그러면서 메뉴판의 게 요리를 가리켰다.

"털게 요리는 어떻소? 새우도 좋고."

진심으로 하는 말인지 의심스러웠다. 내가 한국전쟁 이래로 가장 위험한 범죄자라고 했는데, 그런 사람에게 점심을 사 주겠다니.

"저는 그냥 돼지 국밥 한 그릇이면 됐습니다."

미스터 박은 불만스러운 듯이 고개를 가로저었지만 아무런 말도 하지 않았다. 그도 나와 똑같은 것을 주문했다. 그러자 조수석의 남자는 여러 음식을 시켜 우리에게 나눠 주었다. 해산물은 시키지 않았지만 덕분에 미스터 박과 나는 배불리 먹었다. 조수석의 남자는 계산할 때 북한 돈이 아닌 중국 위안을 냈다.

나선시에서도 유로와 중국 위안, 심지어 미국 달러까지 통용되는데, 하루가 다르게 가치가 하락하는 북한 돈은 아무도 받으려고 하지 않는다.

차로 걸어가는데 조수석의 남자가 껄껄 웃었다.

"100위안도 안 되는 돈으로 모두가 잘 먹었구려. 라선시에서 이만큼 먹으려면 최소한 두 배는 들 거요."

100위안은 15달러 정도다.

점심 식사를 마치고 몇 시간을 더 달렸다. 해가 떨어진 뒤에도 차는 멈추지 않았다. 마침내 밤 9-10시 사이에 함흥에 도착했다. 함흥은 공업과 제조의 중심지이지만 마전해수욕장으로도 유명하다.

함흥이 가까워 오자 조수석의 남자가 몸을 돌려 내게 물었다.

"배 선생, 어디서 묵고 싶소? 해변 근처? 아니면 시내가 좋소?"

"해변이 좋습니다."

"좋소. 그렇게 안배하겠소."

그는 어딘가로 전화를 걸고 나서 우리에게 말했다.

"방을 잡았소."

해변의 호텔로 향하기 전 운전자는 내일의 여행을 위해 주유소를 찾았다. 큰 도로에서 주유소 몇 곳을 들렀지만 문을 닫았거나 휘발유 배급 카드는 받지 않고 현금만 받는다고 해서 차를 돌려 나왔다. 마침내 운전자의 휘발유 배급 카드를 받아 주는 주유소를 찾았다. 하지만 이번에는 전기가 나가 있었다. 여성 주유원은 발전기를 켜야 펌프가 돌아가는데 지배인이 집에 가서 발전기가 있는 창고의 열쇠가 없다고 했다.

"지배인한테 전화해서 오시라고 하겠습니다."

"얼마나 걸리겠나?"

운전자가 물었다.

"금방 오실 겝니다. 요 근처에 사십니다."

주유원이 전화를 했지만 지배인은 나타나지 않았다. 차 안에서 기다린 지 30분쯤 지났을까, 주유원이 다가왔다.

"아무래도 못 오시나 봅니다. 제가 어떻게든 해 보겠습니다."

주유원은 잠시 사라졌다가 어디선가 도끼를 들고 나타났다. 그리고 믿을 수 없는 일이 일어났다. 주유원이 도끼를 들어 창고 자물쇠를 찍기 시작했다.

나는 차 안의 사람들에게 이렇게 말했다.

"바로 이게 '함남'의 정신이군요."

'함남'은 함흥이 주도로 있는 함경남도를 줄여서 부르는 말이다. 이 지역에서는 '무조건 해 낸다'는 태도를 말할 때 쓰는 표어다.

모두가 웃고 나자 미스터 박이 물었다.

"함남 정신이란 말은 어디서 들었소?"

나는 빙긋 웃으며 대답했다.

"제가 일반 관광객들보다는 많이 알죠."

주유하기 위해 한 시간을 보낸 끝에 마침내 호텔로 출발했다. 해변의 호텔은 우리의 궤도에서 다시 30분이나 벗어난 곳에 있었다. 그런데 아무도 개의치 않는다는 사실이 뜻밖이었다. 나를 비파호텔로 끌고 온 사람들이라면 이렇게 빙빙 돌아가지 않았을 것이다.

호텔에 도착해서 커다란 철문 앞에 차를 세웠다. 경비가 우리에게 누구이며, 어디서 왔는지를 물었다.

"어디 차입니까?"

누구 차냐고 묻는 것이 아니라 어느 정부 부서의 차냐고 묻는 것이었다. 북한에서는 정부만 자동차를 소유할 수 있다.

"보위부(National Security Bureau) 입니다."

운전자가 대답했다.

그때 미스터 박과 부장을 비롯해서 지난 한 달간 나를 취조한 모든 관리가 국가안전보위부 소속이라는 사실을 확실히 알게 되었다. 국가안전보위부는 FBI(미 연방수사국)나 NSA(미 국가안보국)를 합친 것 같은 국가 조직이다.

호텔은 몇 개의 동으로 이루어져 있었고, 각 동에는 많은 방들이 있었다. 미스터 박과 나는 1층에 묵었고, 나머지 사람들은 위층에 묵었다. 방에 들어가기가 무섭게 미스터 박이 물었다.

"아까 점심때 그분이 사 준다고 했는데 왜 좋은 음식을 시키지 않았나?"

"범죄자가 무슨 게나 새우 요리 같은 것을 요구할 수 있습니까."

그렇게 농담 반 진담 반으로 대답했다.

"시켜 준다 할 때 먹지. 그래야 나도 먹을 게 아니야."

그에게도 외식은 흔치 않은 호사였던 것이다.

남은 시간 내내 미스터 박은 나를 심문할 때와 전혀 다른 사람처럼 굴었다. 마치 친구처럼 내게 말을 걸었다.

침대에 누웠을 때 그가 이렇게 말했다.

"나는 이런 출장이 정말 싫어. 고운 딸이 너무 보고 싶어서 말이지."

"몇 살이나 됐나요?"

"일곱 살. 당신에게도 자식이 있겠지? 그렇지 않나?"

"예. 세 명입니다."

"여기 있나? 아니면 미국에 있어?"

"둘은 미국에 있고, 한 아이는 중국에 있는 집에서 엄마와 함께 지내고 있어요."

미스터 박은 고개를 흔들었다.

"어떻게 아이들과 그렇게 멀리 떨어져 있을 수 있는지, 원."

잠시 이런저런 이야기를 나누다가 마침내 내가 이렇게 물었다.

"지금은 왜 저를 이렇게 편안하게 대하시나요?"

"무슨 뜻이야?"

"더 이상 정보를 대라고 다그치지도 않고 제 범죄 사실에 관해 묻지도 않으시고요. 저를 꼭 동무처럼 대해 주셔서요."

"더 괴롭힐 필요가 뭐가 있겠나? 당신은 이미 모든 것을 자백했는데. 더 알아낼 정보는 없어. 게다가 가만히 보니 당신은 나쁜 사람이 아닌 것 같아. 단지 우리에 대한 남조선과 미국의 왜곡된 정보들을 받아들여 이렇게 된 것일 뿐이지. 어리석은 종교도 당신의 정신을 흐리는 데 한몫을 했지. 당신은 좋은 일인 줄 알고 했겠지. 당신은 나쁜 사람이 아니오. 단지 온갖 왜곡된 사실에 세뇌당했을 뿐이야."

나는 뭐라 할 말이 없어 그저 미소만 지어 보였다. 그 이후 2년 동안

나는 그가 내게 해 준 말이 얼마나 아이러니한지를 뼈저리게 경험해야
만 했다.

이튿날 아침 나는 작은 부탁을 했다.

"출발하기 전에 해변에 좀 내려갔다 와도 될까요?"

이 호텔은 마전해수욕장 옆에 있었지만 해변과 딱 붙어 있지는 않
았다. 이 해변이 아름답다는 소문은 익히 들어서 알고 있었다. 시간
이 나면 가 보고 싶은 곳 중에 하나였다. 그런데 이왕 이곳에 왔으니
구경하고 싶었다. 게다가 어쩌면 이번이 마지막 기회일지도 몰랐다.

뜻밖에도 미스터 박이 흔쾌히 허락을 했다.

"그렇게 하지."

미스터 박과 나는 모래사장으로 내려가 바다 위로 아침 해가 떠오
르는 장관을 구경했다. 12월이었는데도 공기가 그리 차지 않았다. 내
평생 가장 아름다운 해돋이 가운데 하나였다. 전날 본 해돋이보다도
더 아름다웠다.

해가 뜨자 우리는 해변을 벗어나 평양을 향해 곧장 서쪽으로 달렸
다. 길은 전날 달렸던 길과 마찬가지로 형편없었다. 어느덧 눈이 내
리기 시작하면서 차의 속도가 줄어들었다. 눈 덕분에 나는 한 번도
보지 못했던 북한의 숨은 모습을 보게 되었다.

추운 나라에서는 겨울에 제설기로 눈을 치운다. 하지만 북한에서

는 아니었다. 일반 주민들이 고속도로에 쭉 늘어서서 눈삽을 들고 마치 자기 집 앞을 치우듯 눈을 퍼내고 있었다. 심지어 젊은 엄마들까지 아기를 등에 업은 채 눈을 치우고 있었다.

"뭘 하는 건가요?"

내 물음에 미스터 박이 어리둥절한 표정을 지었다.

"몰라서 묻는 거야?"

"저기 도로에서 눈을 치우는 사람들은 다 어디서 온 건가요?"

"다들 이곳에 사는 사람들이야."

마치 내가 황당한 질문을 던진 것처럼 대답했다.

"하지만 왜 저 사람들이 도로에서 삽질을 하고 있는 건가요?"

"눈을 치우는 거잖아. 눈이 오면 모두가 협력해서 도로를 치워야 하지. 이것이 우리 체제가 그토록 위대한 이유 중 하나지. 우리는 언제나 모두 함께 일하면서 서로를 의지하거든. 단 한 명도 열외가 없어. 그래서 저기 아기 엄마와 의사들, 심지어 간부들까지 다 나온 거야. 모두가 각자의 역할을 다해야 해."

그의 목소리에는 자긍심이 가득했다.

"다들 직장이 있지 않나요?"

"물론이지. 하지만 언제나 국가의 유익이 우선이야. 먼저 눈을 치우고 나면 출근할 거야."

그는 차창 밖으로 눈삽을 들고 길게 늘어선 사람들을 바라보며 흐뭇한 미소를 지었다.

"미국에서는 어떻게 하나? 눈이 쌓이도록 놔두나?"

"아니요. 미국에서는 제설기가 모두를 위해 눈을 치워 주죠."

그는 마치 구두 뒤축으로 못을 박으려는 사람을 쳐다보는 목수 같은 표정을 지었다.

눈을 치우는 사람들의 행렬은 평양까지 300킬로미터가 넘도록 몇 시간 내내 이어졌다.

평양이 가까워 오자 길이 한결 좋아졌다. 마침내 북한에서 몇 안 되는 포장도로에 진입했다. 하지만 여전히 미국이나 남한의 고속도로에는 한참 못 미쳤다. 게다가 끊임없이 내리는 눈으로 도로 사정은 더 나빴다.

차가 미국에서보다 두세 배는 느리게 갔다. 미국의 고속도로에서처럼 쏜살같이 달려 이 시련을 최대한 빨리 끝내고 싶었다. 평양에 빨리 도착할수록 마지막 질문들에 빨리 답할 수 있고, 그래야 집에 빨리 돌아갈 수 있다고 생각했다. 구류된 지 사흘째 되던 날, 이 모든 시련을 이기게 해 주겠다는 하나님의 약속과 성령의 임재를 느꼈었다. 이제 그 끝이 눈앞에 보였다. 한시라도 더 빨리 이 악몽을 끝내고 싶었다.

차 안의 분위기는 여전히 가벼웠다. 스피커에서는 음악이 흘렀다. 평양까지 두 시간 남았을 때 미스터 박은 휴대폰에서 평양의 한 코미디 클럽을 찍은 동영상을 틀었다. 조지 W. 부시(George W. Bush) 대통령의 아이큐와 생김새를 놀리는 내용이었다. 부시를 맡은 배우가 온갖 어리석은 명령을 내려 국가를 위험에 빠뜨리자 차 안의 모든 사람이 배꼽을 잡고 웃었다. 동영상은 실제로 꽤 재미있었다. 하지만 미국을 증오하는 사람들과 함께 앉아 미 전 대통령을 보며 웃자니 순간 자괴감이 밀려왔다. 하지만 이내 마음을 가볍게 먹었다. 북한 사람들도 어떻게든 웃을 때가 있어야 하지 않겠는가.

동영상이 끝나자 조수석의 남자가 내게 미국에 관한 질문을 쏟아냈다. 심지어 미스터 박도 관심을 보였다.

"서방에서 사람들이 조선 사람들에 관해 그렇게 말하는 줄 전혀 몰랐어. 당신이 우리에 대해 지금과 같은 생각에 빠진 것도 무리는 아니구만."

평양을 몇 킬로미터 앞두고 고속도로 한복판에서 자동차의 속도가 줄어들었다. 북한에는 자동차가 그리 많지 않기 때문에 교통 체증일 리는 없었다. 고개를 들어 앞을 보니 검은색 북한산 사륜구동 SUV 한 대가 도로 한가운데 멈춰 서 있었다. 그리고 차 옆에는 검은색 정장을 입은 남자 두 명이 서 있었다. 우리 차의 운전자는 차를 완전히 세우고서 창문을 내렸다. 상대편 차에서 한 남자가 우리 차로 다가와 창문을 통해 나를 들여다보며 말했다.

"자, 우리를 따라오시라."

그러고는 자신의 차로 돌아가 우리를 평양시 안으로 안내했다.

"여기서 얼마나 있게 될까요?"

나는 곧 집에 돌아갈 거라는 말을 기대하며 미스터 박에게 물었다.

"길어야 한 달. 걱정하지 마. 여기서도 우리에게 말한 그대로 말하고 협조하면 잘될 거야."

그는 웃으며 나를 안심시켰다.

그의 말이 맞기를 간절히 바랐다.

이윽고 차는 고속도로를 빠져나와 평양 중심부로 들어갔다. 앞차는 몇 개의 거리를 지나가다가 한 식당 앞에서 속도를 줄였다. 우리 차는 그 뒤를 바짝 따라갔다. 두 차는 식당 뒤편의 좁은 샛길로 들어가 거대한 철문 앞에 멈춰 섰다. 곧 철문이 열리면서 거리에서는 볼 수 없었던 지극히 평범한 2층짜리 건물이 모습을 드러냈다. 우리는 철문을 통과해 건물 앞에 차를 댔다.

앞차에서 두 사람이 우리 차로 와 나를 쳐다봤고, 그중 한 사람이 말했다.

"따라오시오."

미스터 박이 문을 열고 내렸고, 나도 따라 내렸다. 그것이 그와의 마지막이었다. 그 뒤로 다시는 미스터 박을 볼 수 없었다.

나는 현관을 통해 건물 안으로 안내되었다. 건물 안은 마치 클럽하우스처럼 생겼다. 경찰서나 감옥 같은 분위기는 절대 아니었다. 두 사람을 따라 복도를 통해 몇 개의 문을 지나 1층에 있는 방으로 갔다. 방 앞에서 한 사람이 말했다.

"여기오."

들어가 보니 호텔 같은 방에 책상 하나와 의자 둘, 텔레비전, 트윈 침대 하나가 보였다.

두 사람 중 한 명이 말했다.

"집처럼 편안하게 지내면 돼. 누워도 좋고 텔레비전을 봐도 좋아. 뭐든 필요하면 말하라우."

그리고는 몸을 돌려 가 버렸다.

일단, 주위를 둘러봤다. 보초는 보이지 않았다. 최소한 내 방과 문 바로 밖에는 없었다. 하지만 곧 내가 감시당하고 있다는 것을 알았다. 벽에 방 안 전체를 볼 수 있는 감시 카메라가 달려 있었다.

먼 길을 여행했더니 몹시 피곤했다. 자리에 눕자마자 곤히 잠이 들었다. 푹 자고 일어나서 텔레비전을 켰다. 하지만 채널을 다 돌려 보는 데는 얼마 걸리지 않았다. 그 시간대에 나오는 방송은 채널이 하나뿐이었기 때문이다. 뉴스가 나오고 있었는데, 하나같이 경애하는 최고 사령관 김정은에 관한 내용뿐이었다.

뉴스가 끝나자 광고는 나오지 않고 뮤직비디오로 화면이 바뀌었다. 몸에 딱 맞는 군복을 입은 여성이 관객이 꽉 찬 공연장에서 노래를 불렀다. 두 눈에 눈물이 가득한 것이, 절절한 사랑 노래처럼 보였다. 그런데 가만히 귀를 기울여 들어 보니 뭔가 이상했다. 이런 사랑 노래는 들어 본 적이 없었다. 이 여가수는 애인에 대한 사랑이 아니라 최고 지도자를 향한 사랑을 노래하고 있었다. 채널을 바꾸고 싶었지만 방송이 나오는 채널은 이것 하나뿐이라 어쩔 수가 없었다.

뮤직비디오가 끝난 뒤에는 영화가 시작되었다.

'잘됐군. 오랜만에 영화를 보는군.'

하지만 기대감은 곧 실망감으로 바뀌었다. 영화의 내용은 제2차 세계대전 당시, 초대 위대한 수령인 김일성이 군대를 이끌고 일본군과 일전을 벌이는 것이었다.

참다못해 텔레비전을 끄고 침대에 누웠다.

북한 관리들은 처음 사나흘 동안 나를 거의 혼자 놔두었지만 문 뒤에 보초들이 서 있는 것을 알 수 있었다. 나는 밀린 잠을 자면서 한 달간의 고된 심문으로 쌓인 피로를 풀었다. 깨어 있는 동안에는 방 안을 구석구석 살폈다. 그러던 중 책상 서랍 하나를 열었는데 그 안에 영어로 휘갈겨 쓴 'Love Nest'(사랑의 보금자리)란 글자가 보였다. 그 것을 보고 내가 여기 처음 구금된 미국인이 아니라는 것을 알았다. 나중에 알고 보니 억류된 미국인들은 거의 다, 한동안 이 건물에 머물렀다고 한다.

방 안을 탐구하지 않을 때는 실컷 잠을 자고, 방송이 나올 때는(하루에 겨우 몇 시간 정도) 텔레비전을 보고, 성경도 읽었다. 성경책은 평양에 도착한 직후에 돌려받았다. 나선에서는 한 달 내내 내 성경책을 볼 수 없어 얼마나 그리웠는지 모른다. 어떤 날은 여덟 시간이 넘게 성경을 읽었다.

한두 시간씩 전기가 나가지 않는 날이 거의 없었다. 때로는 더 오래 정전이 되었다. 북한에서는 어딜 가나 그렇다. 북한을 자주 오가면서 이 사실을 알게 된 나는 고층 건물에서도 계단으로 다니게 되었다. 내 호텔 방이 6-7층이라도 꼭 계단을 이용했다. 몇 시간씩 정전이 지속되는 동안 엘리베이터 안에 갇혀 있는 것보다 곤혹스러운 일은 없기 때문이다.

평양에서의 처음 며칠은 대체로 쉬면서 기력을 회복하는 시간이었다. 북한 관리들이 내가 나선에서 쓴 내용들을 미스터 박과 함께 확인하는 작업을 하고 있으리라 짐작했다. 그 작업이 끝나면 집으로 돌아가리라 기대했다.

내 바람은 가족의 품으로 돌아가는 것, 그것 하나뿐이었다! 하나님은 나선에 억류되어 있던 한 달 동안 나를 단단히 붙들어 주셨다. 수시로 날아오는 죽음의 위협 속에서도 하나님이 나를 보호해 주실 줄 알았고, 실제로 그렇게 되었다. 곧 집에 갈 수 있다는 희망 덕분에 지금까지의 한 달은 그나마 참을 만했다. 게다가 좋은 이야깃거리까지 생겼다. 심지어 나는 북한에서, 아니 최소한 중국에서는 내 사역을 계속할 수도 있겠다는 희망도 품었다.

평양에서의 넷째 날, 점심 식사를 마치고 낮잠을 자고 있는데 누군가가 문을 박차고 들어왔다. 그 순간, 나는 벌떡 일어났다.

"앉으시오."

남자는 나와 비슷한 40대 중반으로 보였다. 몸은 말랐지만 키는 보통 북한 사람들보다 컸다.

"내 이름은 리철이오. 최고검찰소(supreme prosecutor's office)에서 나왔소. 확인해야 할 문서가 많아 당신을 만나러 오기까지 좀 시간이 걸렸소. 박 선생이 아주 꼼꼼하게 처리했더군."

"그와 이야기를 나눴습니까?"

"물론. 지난 나흘 동안 여러 번 이야기를 나눴어."

나는 안도의 한숨을 내쉬었다. 미스터 박과 이야기했다면 내 석방에 관해 논의한 게 분명했다.

"배준호, 당신은 오늘부로 조선민주주의인민공화국에 대한 범죄 사실로 인해 공식적으로 기소되었음을 알린다. 미국 정부에도 이 사실을 통보했다. 오늘부터 당신에 대한 예심 과정이 시작된다."

나는 도저히 믿을 수 없어 고개를 가로저었다.

"재판이요?"

너무 놀라서 내 상황이 이제야 미국 정부에 고지된 이유를 묻지 못했다. 내가 처음 억류된 직후 곧바로 미국 정부와의 접촉이 이루어진 줄로만 알고 있었다.

"그래. 재판이야. 예심 기간에는 당신이 라선에서 박 선생에게 써 준 모든 사실을 확인할 것이야. 왜냐하면 당신이 쓴 내용이 사실이라는 것을 입증해야 하니까. 증인들을 심문하고 당신의 사건을 철저히 조사할 거요. 예심 과정이 끝나면 재판에 회부될 것이야."

두 귀가 의심스러웠다.

"그러니까 공식적으로 기소되어 법정에서 재판을 받게 된다고요?"

"물론이지. 아니면 어떻게 될 줄 알았나?"

"그건…."

뭐라 할 말이 없었다.

"박 선생은 당신이 지금까지 잘 협조했다고 했어. 계속해서 그렇게

만 한다면 모든 일이 잘 풀릴 거야. 좋은 결과가 있을 거라고 믿어.”

좋은 결과가 무엇인지는 묻지 않았다. 아무쪼록 집에 가게 된다는 뜻이기를 바랐지만 말하는 분위기로 보아 아무래도 금방 집에 가게 될 것 같지는 않았다.

“얼마나 걸리겠습니까?”

“두고 보면 알겠지.”

9장
저 멀리 타향에서

나의 힘이신 여호와여 내가 주를 사랑하나이다 여호와는 나의 반석이시요 나의 요새시요 나를 건지시는 이시요 나의 하나님이시요 내가 그 안에 피할 나의 바위시요 나의 방패시요 나의 구원의 뿔이시요 나의 산성이시로다(시편 18편 1-2절).

사실, 평양의 억류된 방에서 처음 텔레비전을 시청하게 되었을 때만 해도 기분이 좋았다. 몇 주간 음악이나 영화, 책, 잡지 따위를 일체 접하지 못하다 보니 침묵으로부터의 해방이 반갑기 그지없었다. 한국이나 미국에서는 텔레비전이 곧 오락거리이니 말이다. 하지만 북한에서는 달랐다.

저들이 텔레비전을 보도록 '허락한' 것이 아니라는 사실을 깨닫는데는 긴 시간이 걸리지 않았다. 저들은 재교육 프로그램의 일환으로 텔레비전 시청을 '강요한' 것이었다.

나는 매일 오후 5시쯤 중앙 TV에서 방송을 내보낼 때부터 밤 10시 30분에 방송이 끝날 때까지 텔레비전을 '봐야만' 했다. 그 뒤에는 두 번째 채널(북한에서는 '통로'라고 함) 룡남산 과학기술 통로에서 방송(평일 오후 7시-10시)을 내보내기 시작했고, 이후에는 주말에만 세 번째 채널 만수대 통로에서 방송을 내보냈다. 하지만 내용은 별로 차이가 없었다. 북한 정부는 텔레비전을 세뇌 도구로 사용한다. 나를 가둔 자들도 내가 세뇌되기를 바랐을 것이다.

매일 오후 5시에 나를 담당하는 네 명의 보초 가운데 한 명이 방에 들어와 텔레비전을 켜라고 지시했다. (네 명의 보초가 매일, 24시간 내내 세 시간마다 교대하며 나를 감시했다.) 나는 순순히 따르는 수밖에 없었다. 텔레비전을 일찍 끄기라도 하면 보초가 득달같이 달려와 다시 켜라고 윽박질렀다.

텔레비전을 보는 것은 내게 즐거움이자 괴로움이었다. 지독한 고독을 깨 준다는 점에서는 고맙기도 했지만 쉴 새 없이 이어지는 체제 선전은 고역이었다.

한 번에 며칠 동안 똑같은 프로그램을 주구장창 내보냈기 때문에 나중에는 토씨 하나까지 거의 다 외울 정도였다. 예컨대, 한 주간 매일 김일성이 권좌에 오른 과정을 보여 주는 다큐멘터리가 수없이 반복해서 나오는 식이다. 서너 번쯤 보다 보면 정전이 그렇게 기다려질 수가 없었다.

한번은 김일성 다큐멘터리가 한창 나오는 도중에 실수로 채널을 돌리고 말았다. 그 즉시 보초가 들이닥쳤다.

"뭐하는 짓이야?"

내가 이 다큐멘터리를 이미 네 번이나 봤다고 설명하자 그는 귀찮다는 듯이 꾸짖었다.

"야, 돌려놓지 못하겠네! 다시 보라."

어느 주말 저녁에도 두려운 마음으로 중앙 TV를 틀었다. 김일성이

나 김정일에 관한 영화가 또 나오면 견뎌 내기 힘들 것만 같았다. 그런데 놀랍게도 농촌 가족의 삶을 보여 주는 드라마가 나오는 게 아닌가.

'드디어 새로운 게 나오는군.'

하지만 곧 북한 영화에 관한 한 가지 교훈을 얻었다. 액션 영화부터 사랑 이야기와 범죄 드라마에 이르기까지, 장르와 상관없이 모든 영화가 똑같은 식으로 끝난다. 매번 위대한 수령님이나 친애하는 장군님 즉 최고 지도자가 등장해 모든 사람의 문제를 해결한다.

"위대한 령도자만 계시면 다 된다. 위대한 령도자가 우리를 사랑하고 보살펴 주신다. 위대한 지도자가 필요한 모든 것을 공급해 주신다."

이것이 북한 사람들이 세상에 나올 때부터 죽을 때까지 매일같이 듣는 메시지다.

영화보다 더 고역스러운 것은 프로그램 사이를 채우는 뮤직비디오였다. 대부분은 북한에서 최고의 인기를 누리는 모란봉 악단이라는 걸 그룹의 뮤직비디오였다. 김정은이 외모와 음악 재능에 따라 직접 뽑았다고 한다. 이 악단의 뮤직비디오가 하루도 나오지 않는 날이 없었다. 밤마다 나는 다음과 같은 가사의 노래를 억지로 들어야만 했다.

"오늘도 래일도 영원히 그이의 곁에서/ 끝까지 운명을 함께할 심장의 고백/ 그 령도에 마음이 끌려 따르는 김정은 동지/ 내 생명 다 할 때까지 변함없을 이 마음."

이는 "고백"이라는 제목의 히트 곡이다. "불타는 소원"이라는 또 다른 히트 곡의 가사는 다음과 같이 시작된다.

"이 한밤도 먼 길 가실 원수님 생각하며/ 우리 마음 자욱자욱 간절히 따라섭니다/ 우리 운명, 우리 행복, 원수님께 달려 있기에/ 아침저녁 소원은 하나 원수님의 안녕입니다."

'원수'는 김정은이고, 그의 할아버지이자 초대 위대한 지도자 김일성은 '수령'이다. 김일성의 아들이자 김정은의 아버지 김정일은 '장군'이다.

"불타는 소원" 중에는 "영명하신 그이 계셔 미래는 창창합니다"라는 대목이 있다. 하루는 밤에 이 뮤직비디오를 보는데 바로 이 대목에서 전기가 나가 텔레비전은 물론이고 건물 전체가 암흑천지로 변했다.

그 순간 웃음이 터져 나왔다.

'그래, 미래가 창창해. 그런데 전기나 좀 들어오게 하면 좋으련만.'

그렇게 속으로 속삭였다.

이런 노래를 하도 많이 들었더니 어느새 가사가 뇌리에 박혀 버렸다. 그래서 나도 모르게 이 노래를 부르고 있는 것을 깨닫고 깜짝깜짝 놀라곤 했다. 아무리 애를 써도 가사가 잊히질 않았다.

그러다 문득 그 가사가 다 나쁜 것은 아니라는 생각이 들었다. 거기서 '원수'라는 단어만 '예수'로 바꿔서 부르니 심지어 교회에서도 부를 수 있는 멋진 찬양으로 변했다. 나는 그렇게 개사한 노래를 매일같이 불렀다. 부르면 부를수록 더 좋아하게 되었다. 물론 모란봉 악단과 김정은이 내가 바꿔 부른 노래를 좋아할 것 같지는 않지만.

계속된 선전 공세는 내게 새로운 노래를 제공해 주었을 뿐만 아니라, 북한의 일반 주민들이 자신들의 지도자를 어떻게 생각하는지 엿

볼 수 있게 해 주었다. 이곳에서 태어나서 사는 게 어떤 건지 상상해 보려고 애를 썼다. 실제로 우리 증조부가 한국전쟁 때 피난하지 않았 다면 나도 그렇게 되었을 것이다. 여기서 태어나서 평생 매일같이 이 런 것을 보고 듣고 배웠다면 나도 그들처럼 아무 생각 없이 최고 지 도자를 찬양하고 있었을 것이다.

그렇게 생각하니 북한 주민들이 더욱 불쌍하고 안타깝게 느껴졌 다. 김일성이 신인 세상이 그들이 아는 유일한 세상이다. 그들이 나 를 그토록 위협적인 존재로 여기는 것도 무리는 아니었다.

쉴 새 없는 선전은 뉴스에서 가장 극명하게 드러났다. 기사마다 북 한이 지구 상의 낙원이라는 점을 강조했다. 북한 언론에 따르면 북한 은 지구 상 모든 나라의 부러움의 대상이다. 뉴스는 미국과 서방 세 계의 실상이라며 총격, 거리 폭동, 폭력, 산불, 허리케인, 토네이도, 홍수 같은 장면을 담은 영상과 함께 소식을 전한다. 기본적으로 미국 을 지옥처럼 보이게 만드는 것은 뭐든 보여 준다. 밤마다 이런 뉴스 를 보다 보니, 이곳 사람들이 미국을 가난과 폭력, 죽음의 땅으로 여 기는 것이 이해되었다.

12월 12일, 방송이 여느 때보다 일찍 시작되었다. 늘 그랬듯이 선 택할 수 있는 채널은 하나뿐이었다. 텔레비전이 켜지자마자 분홍색 전통 한복을 입은 한 여자 아나운서가 극도로 흥분한 듯 몸을 흔들면서 보도를 시작하였다.

"은하 3호 로켓으로 광명성 3호 위성을 성공적으로 발사하였다!"

마치 닐 암스트롱(Neil Armstrong)과 버즈 올드린(Buzz Aldrin)의 달 착륙 소식을 전할 당시의 월터 크롱카이트(Walter Cronkite)와도 같았다.

"다시 말한다. 우리는 은하 3호 로켓으로 광명성 3호 위성을 성공적으로 발사하였다!"

곧 화면은 평양 거리에서 환호하는 사람들의 장면으로 바뀌었다. 어떤 이들은 덩실덩실 춤까지 추었다. 믿기 힘들 만큼 좋은 소식인 듯 모두가 크게 놀란 모습이었다.

하지만 나의 반응은 전혀 달랐다.

"이건 아닌데."

나는 텔레비전을 응시하며 그렇게 말했다. 평양은 위성을 쏘아 올리려고 몇 번이나 시도했지만 번번이 실패했다. 하지만 늘 그들은 성공했다고 주장했다. 미국을 비롯한 대부분의 국가들은 북한의 이 모든 시도가 미국을 타격할 수 있는 대륙 간 탄도미사일을 개발하기 위한 노력이라고 규탄해 왔다. 북한은 핵무기도 보유하고 있기 때문에 보통 심각한 상황이 아니다.

북한 텔레비전에서 나오는 내용을 곧이곧대로 믿을 수는 없지만 만약 북한이 정말로 위성을 궤도에 올렸다면 이제 미국 서해안에 핵폭탄을 투하할 능력을 갖춘 셈이다. 평양은 이미 미국을 상대로 핵무기를 사용하겠다고 위협해 왔다. 실제로 그런 짓을 저지를 리는 없다고 생각하지만 북한 사람들에게 한국전쟁은 아직 공식적으로 끝나지 않았다. 정전협정을 맺기는 했지만 공식적인 평화조약은 이루어진 적이 없다.

지구 반대편에 나 홀로 앉아서 미국을 지독히 미워하고, 자신들의 모든 고통이 미국 탓이라고 하는 나라에 홀로 억류되어 이런 소식을 듣노라니 우울함이 밀려왔다. 2012년 12월 12일은 내게 썩 좋은 날이 아니었다.

나는 희망을 잃기 시작했다. 가족에게서 편지 한 통도 받지 못했고, 미국 정부가 나의 석방을 위해 노력하고 있다는 그 어떤 소식도 듣지 못했다. 내 억류 사실이 미국 국무부에 통보되었다는 말을 두 번이나 들었지만 실제로 그랬는지는 알 길이 없었다. 만약 미국 정부가 내 소식을 들었다면 아직까지 아무런 조치도 취하지 않은 것이 이상했다. 그런데 이제 미사일까지 발사되었으니 설령 미국 정부에서 나를 구하려 한다 해도 가능할지 의문이었다.

북한 정부는 주민들에게 미국이 북한을 침공해 한국전쟁을 시작했다고 말한다. 그래서 북한 사람들에게 미국은 매우 위협적인 나라다. 따라서 '실수로 외장 하드를 들여온 미국인 선교사' 같은 작은 문제조차 미국과 협상한다는 것은 그리 간단한 문제가 아니다.

나는 불과 하루 전인 2012년 12월 11일에 미국 국무부가 나의 억류 사실을 공개적으로 인정했다는 사실을 나중에서야 알게 되었다. 위성 발사와 날짜가 겹친 것은 단순한 우연이 아니라고 생각한다. 필시 북한의 더 큰 정치 전략의 일부일 것이다.

텔레비전에서는 거리의 축하 장면이 여전히 나오고 있었지만 애써 무시했다. 생각 같아선 텔레비전을 끄거나 최소한 볼륨이라도 줄이고 싶었지만 보초들이 그렇게 놔둘 리가 없었다. 내 상황을 생각하며 소음을 듣지 않으려고 최선을 다했다. 기분이 저 바닥으로 가라앉았다. 한없이 맥이 빠졌다.

그때 나처럼 부당하게 감옥에 갇혔던 성경 속의 거인들이 떠올랐다. 특히 요셉이 생각났다. 그의 상황이 내 상황과 너무도 닮았다. 그는 형들에 의해 노예로 팔렸고, 그를 유혹하려다가 실패한 안주인에게 강간 누명을 쓰고 억울하게 감옥에 갇혔다. 가족들은 그가 죽었다고 생각했다. 그 감옥 안에서는 누구도 그를 기억해 주지 않았다. 하지만 성경에는 "여호와께서 요셉과 함께하심이라…그를 범사에 형통하게 하셨더라"(창세기 39장 23절)고 기록되어 있다.

나를 향한 하나님의 속삭임이 느껴졌다.

"잊지 마라. 내가 여전히 너와 함께 있느니라."

나는 시편을 폈다. 시편의 기도들은 수많은 어두운 날들 동안 나를 지탱해 준 원동력이었다. 한 장 한 장 넘기다가 시편 91편에 이르렀다. 특히 마지막 몇 구절이 눈에 들어왔다. 평양의 거리에서 사람들이 춤을 추며 언젠가 저 멀리 캘리포니아까지 핵무기를 운반할지 모르는 로켓의 발사를 축하하는 동안 나는 그 구절들을 읽었다.

"하나님이 이르시되 그가 나를 사랑한즉 내가 그를 건지리라 그가 내 이름을 안즉 내가 그를 높이리라 그가 내게 간구하리니 내가 그에게 응답하리라 그들이 환난 당할 때에 내가 그와 함께하여 그를 건지고 영화롭게 하리라"(시편 91편 14-15절).

이 구절을 읽고 또 읽었다. 그러는 내내 하나님은 내게 약속해 주셨다.

"케네스야, 내가 너를 건지리라. 내가 너를 높이리라. 내가 네게 응답하리라. 환난 당할 때에 내가 너와 함께하리라. 내가 너를 건지고 영화롭게 하리라."

어느새 우울함이 멀리 사라지고 기쁨이 나를 온통 감쌌다. 문득 내 죄목을 생각했다. 북한 정부가 내게 붙인 죄목 중 하나는 내가 평양에 기도의 집을 세우려고 했다는 것이었다. 어차피 그런 고소를 당했으니 까짓것 정말로 기도의 집을 세워 보자는 생각이 들었다.

"하나님, 이곳은 바로 당신의 집입니다!"

보초들에게 들릴 만큼 큰 소리로 선포했다. 리철 검사가 근처에 있었다면 역시 내 말을 들었을 것이다. 나와 같은 층에 있는 사람들은 다 들었을 것이다. 하지만 나는 개의치 않았다.

"하나님, 이 백성들을 사랑하시는 줄로 압니다. 이 백성들을 당신께로 회복시키기를 원하시는 줄 압니다. 그래서 이들을 당신께로 올려 드립니다. 주님, 이들을 당신께로 이끌어 주십시오."

큰 소리로 기도할수록 성령께서 내 안에서 점점 더 강하게 역사하시는 것이 느껴졌다. 나는 찬송하다가 기도하다가를 반복했다. 방 안을 둘러보며 선포했다.

"오 하나님, 이 방을 당신께 드립니다. 이 방은 당신의 방입니다. 오 아버지, 이 방은 거룩한 땅입니다. 이 거룩한 땅 위에 제가 서 있습니다. 요동하지 않겠습니다. 뒷걸음치지 않겠습니다. 당신을 찬양함을 멈추지 않겠습니다. 어떤 상황에서도 당신과 함께 서겠습니다. 이 땅에서 한발도 물러서지 않겠습니다."

보초가 문 앞으로 와 나를 힐끗 쳐다봤다. 표정을 보아하니 내가 미쳤다고 생각하는 게 분명했다. 그의 얼굴에는 약간의 두려움도 서려 있었다. 그는 아무 말도 하지 않고 그냥 자기 자리로 돌아갔다.

계속해서 방 안이 떠나갈 듯 큰 소리로 기도하자 성령께서 충만하게 임하셨다.

"아버지, 적들이 저를 둘러싸고 있지만 굴복하지 않겠습니다. 오 주님, 저들의 눈을 열어 당신의 영광을 보게 하옵소서."

갑자기 1907년 평양 대부흥에 관한 생각이 머릿속에 떠올랐다.

"오 주님, 그 역사를 다시 일으켜 주십시오! 이 땅을 회복시켜 주십시오. 그때 하셨던 역사를 다시 행하시옵소서. 이 백성들의 마음을 당신께로 회복시켜 주십시오."

한 가지 환상이 찾아왔다. 김일성 광장을 꽉 채운 사람들이 한 분이신 참된 하나님을 예배하고 찬양하고 있었다!

"오 주님, 그렇게 만들어 주십시오! 그렇게 해 주십시오!"

나는 그렇게 울부짖었다.

침울하게 시작되었던 하루가 내 평생에 가장 뜨거운 예배의 순간 중 하나로 변했다.

위성을 발사한 뒤로 북한 언론은 반미의 목소리를 더욱 높이기 시작했다. 북한 정부는 유엔이 더 많은 제재를 가했다고 비난하는 성명을 발표했다.

"우리 조선민주주의인민공화국은 우주 항공 프로그램을 추진할 완벽히 합법적인 권리를 갖고 있다."

그런 선포에 이어 미국의 제재를 맹렬히 비난했다. 북한은 한반도가 분단된 것도 미국 탓으로 돌린다.

(보초들과 다른 관리들이 내게 이런 말을 한 적이 있다. "미국이 우리를 가만히 놔두기만 하면 조선은 최고 령도자 아래 하나가 될 수 있다." 나는 남한에 크리스천이 무수히 많고 북한에는 없는 자유가 있는 등 그들의 생각과는 전혀 다르다는 점을 설명했다. "아무도 그것을 포기하려고 하지 않을 거예요." 그렇게 말했지만 아무도 믿지 않았다. 그들은 최고 령도자의 위대성과 주체사상의 우월성을 절대적으로 믿기에 그것을 받아들이지 않으려는 사람들을 전혀 이해하지 못했다.)

텔레비전에서 반미의 목소리가 거세지면서 나를 향한 네 명의 보초들의 태도가 변하고 있는 것을 느꼈다. 처음에는 나에 대한 대우가 나선에서와 매우 비슷했다. 나는 조사를 받는 피고 이상도 이하도 아니었다. 하지만 어느 순간부터 보초들은 나를 마치 벌레 보듯 보기 시작했다.

12월의 기온이 급감한 것도 한 가지 이유였다. 내 방은 따뜻했지만 보초들이 서 있는 복도는 그렇지 못했다. 또한 보초들은 나를 일주일에 두 번씩 건물 반대편에 있는 사우나로 데려갔다. 거기서 나는 목욕다운 목욕을 하고 빨래도 했다. 그때마다 고맙다는 말을 하고 애써 미소를 지으며 내가 위험인물이 아니라는 점을 보여 주었지만 아무런 소용이 없었다. 사우나에 다녀올 때마다 보초들의 눈빛에는 점점 더 불만이 가득해졌다.

최소한 북한 기준에서는 내가 배불리 먹는다는 사실도 보초들을 분노케 했던 것 같다. 앞서 말했듯이 북한에는 식량이 충분하지 않다. 억류되어 있는 동안 내 몸무게가 많이 빠지긴 했지만 평양에서의 식사는 그리 열악한 편이 아니었다. 이것도 보초들이 나를 미워한 이유 중 하나였으리라. 그들이 대놓고 적대감을 표현하지는 않았지만 분위기가 살벌해지는 것을 분명히 느낄 수 있었다.

평양 내에 반미 정서가 고조된 탓에 내 사건을 맡은 검사들을 더 경계하게 되었다. 그때까지 총 세 명의 검사를 만났다. 첫 번째 검사는 평양에서의 넷째 날 내가 공식적으로 기소되었다는 사실을 알려 준 리철 검사였다. 다음 날 그는 두 사람을 데리고 돌아왔다. 그중 한 명은 자신을 최고 검사로 소개했다. 그는 내가 재판을 받을 것이고 자신과 리철 검사, 그리고 함께 온 사람이 나를 기소할 것이라고 설명했다.

최고 검사가 말하는 동안 리철 검사는 한쪽에, 다른 남자는 더 멀리에 가만히 서 있었다. 세 번째 남자는 리철 검사보다 많은 나이인 50대 중반으로 보였고 키는 훨씬 더 작았다. 얼굴이 세파에 찌들어 보였다. 최고 검사는 설명을 끝낸 뒤 나와 리철 검사만 두고 그 남자와 함께 나갔다.

리철 검사가 내 사건의 주된 예심원 검사가 되었다. 처음에는 분위기가 좋았다. 예심이 공식적으로 시작된 날, 리철 검사는 내가 나선에서 쓴 모든 진술서를 검토하는 것이 자신의 업무라고 설명했다. 내가 평양으로 이송될 때까지 쓴 진술서가 족히 300페이지는 되었으니, 이는 결코 간단한 일이 아니었다.

"당신의 사건과 관련해서 심문할 사람들도 데려왔소. 당신이 말한 사람들과 장소들을 확인할 조사 성원들도 구성되었고."

이해할 수가 없었다.

'나선의 관리들이 원하는 대로 다 써 줬는데 이제 와서 또 무슨 확인이란 말인가.'

게다가 내가 쓴 글이 마음에 들지 않을 때는 그들이 대신 썼다.

"나선시에서 썼던 것을 처음부터 다 다시 써야 한다는 말입니까?"

리철 검사가 손을 가로저으며 미소를 지었다.

"아니오. 그건 아니오. 당신이 쓴 것이면 충분해. 우리에게 필요한 정보는 다 얻었소. 단지 이번에는 당신과 함께 내용을 확인하려는 것일 뿐이야. 자, 자백 첫날에 쓴 글부터."

우리는 두어 시간 동안 그 페이지를 검토했다. 그가 한 줄을 읽으면 내가 "맞습니다"라고 말하는 식으로 진행되었다.

이 일이 매일 반복되었다. 리철 검사가 내 진술서를 한 줄씩 읽으면 나는 그것을 확인해 주었다. 그는 협조만 잘하면 집에 무사히 돌아갈 것이라고 장담했다. 나는 이 약속에 희망을 걸면서도 그의 입에서 재판이란 말이 나올 때마다 고개를 가로저을 수밖에 없었다.

'재판을 받는다면서 어떻게 집에 갈 수 있다는 건가?'

또한 리철 검사가 내 진술서를 읽을수록 나를 향한 보초들의 태도가 점점 나빠졌다. 처음에는 나를 평범한 범죄자로 대하던 그들이 점점 국가의 적으로 대하기 시작했다.

미사일이 발사된 후에 리철 검사도 나를 거칠게 대하리라 생각했지만 다행히 그는 계속해서 부드러운 말투를 유지했다. 궁금한 것이 있으면 뭐든 물어보라며 친절하게 대해 주는 것이 검사라기보다는 변호사처럼 느껴졌다.

예심 과정이 진행된 지 몇 주가 지난 어느 날, 나는 그에게 당뇨 때문에 사탕이 항상 필요하다고 말했다.

"혈당이 떨어지면 사탕으로 재빨리 당을 보충해야 합니다."

그러자 이튿날 보초 한 명이 비닐 두 자루를 갖고 왔다. 한 자루에는 온갖 종류의 사탕과 초콜릿이 들어 있었고, 다른 자루에는 2리터짜리 탄산음료 몇 병이 들어 있었다. 보초의 인상은 잔뜩 구겨져 있었다. 내가 특별 대우를 받고 자신은 살 수도 없는 간식을 먹는 것이 꼴 보기 싫었을 것이다.

리철 검사는 보초들의 태도를 모르는 것인지, 알아도 신경 쓰지 않는 것인지 별다른 반응을 보이지 않았다. 그날 그는 나를 다시 보러와서 말했다.

"뭐든 필요한 것이 있으면 말하라우."

나는 감사를 표시했다. 그 후에도 그는 몇 번이나 나의 부탁을 들어주었다.

두 주 뒤, 조사를 마친 리철 검사가 의자에 앉은 채 상체를 뒤로 젖히더니 나를 유심히 뜯어봤다. 한참을 그러더니 미소를 지었다.

"우리는 나이가 비슷한 것 같구만."

"그런 것 같습니다."

"당신에 관해 조사한 바로는, 당신은 법 없이도 살 사람으로 보여. 나는 당신이 나름대로 좋은 일을 하려고 이 위대한 나라에 왔다고 생각해. 당신은 나쁜 사람이 아니야."

"그렇게 생각해 주시니 감사하네요."

그러면서도 경계를 늦추지 않았다. 리철 검사가 내게 잘해 주긴 했지만 그 의도를 확신할 수는 없었다. 어차피 그는 나를 기소할 사람이지 않은가.

"농담이 아니야. 당신은 착한 사람 같아. 단지 옳고 그름에 대한 판단이 흐려졌을 뿐이지. 남조선에서 당신을 가르쳤던 선생들이 당신 머릿속에 공산주의와 우리 나라에 대한 왜곡된 정보를 가득 채웠어. 미국에 살면서도 많이 오염되었을 거요. 왜곡된 서구 언론이 매일같이 우리에 관한 허튼소리를 계속하고 있으니까 말이야. 우리 정부가 300만 명을 굶어 죽게 놔뒀다는 헛소문을 퍼뜨리고 있지. 그런 소리를 들으며 '도대체 세상에 어떤 정부가 그런 짓을 한단 말인가'라고 생각했을 거야. 그래서 당신은 사람들을 도우려고 이곳에 온 거야. 그런 과정에서 당신이 들은 거짓된 이야기들을 사람들에게 전했고. 하지만 그런 일은 일어난 적이 없어. 다 새빨간 날조일 뿐이야. 내가 볼 때 당신은 전혀 나쁜 사람이 아니야. CIA가 아니라 정말로 선교사일 뿐이야. 당신에게 기회를 주는 게 옳은 것 같아."

나는 고맙다고 말했다. 반미 정서가 확산되고 있는 와중에 검사의 입에서 이런 말이 나오기는 쉽지 않았다. 나름대로 큰맘을 먹고 한 말이었을 것이다.

"당신에게 기회를 주는 게 옳은 것 같아"라는 말이 허튼소리로만 들리지는 않았다.

10장
첫 접촉

사람이 나를 섬기려면 나를 따르라 나 있는 곳에 나를 섬기는 자도 거기 있으리니 사람이 나를 섬기면 내 아버지께서 그를 귀히 여기시리라(요한복음 12장 26절).

성탄절을 며칠 앞두고 리철 검사가 종이와 펜을 들고 내 방으로 들어왔다.

"가족들에게 편지를 쓰게 해 주겠어. 안해가 있을 거 아닌가. 그렇지 않나?"

나는 고개를 끄덕였다.

"여동생과 부모님, 자식들도 있을 거고."

"그렇습니다. 모두에게 편지를 써도 됩니까?"

"아니오. 이번에는 안해와 어머니, 여동생에게만 쓰라."

"편지를 어떻게 전할 수 있죠?"

"내가 알아서 할 테니 기딴 걱정하지 말라."

믿어도 될지 판단이 서질 않았다. 아무래도 내게서 정보를 얻어 내기 위한 또 다른 수단으로밖에 생각되지 않았다.

"길게 쓰지는 마. 그저 당신의 석방을 위해 정부에 호소해 달라고만 쓰면 되는 기야."

"네."

체포된 뒤로 가족들에게 하고 싶은 말을 수없이 머릿속에서 되뇌었다. 밤마다 잠자리에 누우면 그들에게 할 말이 생각났다. 하지만 내가 하고 싶은 이야기를 편지에 다 쓸 수는 없었다. 북한 정부가 내 편지를 가족들에게 보내기 전에 미리 읽고 검열할 게 뻔했기 때문이다. 물론 검열을 통과해도 정말 가족들에게 편지를 보내 줄지는 미지수였다.

그래서 많은 말을 할 필요가 없다고 판단했다.

'내가 무사히 살아 있다는 사실만 알려 주면 돼.'

그래서 이렇게 간단하게 썼다.

"북한 주민들을 위해 기도할 사람들을 데려왔다가 곤란에 빠졌어. 하지만 이곳에서 나를 잘 대해 주고 있어. 나는 괜찮아. 하나님이 나와 함께 계셔. 국무부에 연락해서 내 귀국을 위해 힘써 달라고 부탁해 주길 바라."

모든 편지를 이런 내용으로 썼다. 다만 아내에게는 따로 할 말을 추가했고, 어머니에게는 내가 무사하다는 사실을 더 강조했다. 어머니의 자식 걱정이 가장 심할 테니 말이다.

리철 검사는 편지들을 모아 커다란 마닐라지 봉투에 넣었다.

다음 날, 아마도 12월 21일, 리철 검사가 보초 두 명과 함께 방으로 들어왔다.

"같이 가자우."

나는 어디로 가는지 묻지 않았다. 질문을 많이 해서 이로울 게 없었다. 그는 나를 밖에 있는 미니밴 앞으로 데려갔다. 창문마다 검은색 커튼이 쳐 있었다. 한 보초가 옆문을 열고 들어가 안쪽에 앉았다.

"이번엔 당신이 들어가."

다른 보초가 말했다. 내가 타자 그 보초가 내 옆에 앉고 차 문을 닫았다. 또다시 나는 비좁은 차 안에서 두 어깨 사이에 갇히고 말았다.

"머리를 무릎 사이에 두라."

보초가 말하기에 그대로 따랐다.

곧 리철 검사의 목소리가 들렸다.

"자, 됐소. 갑시다."

차는 10분 정도 이동했다. 몇 번 방향을 꺾고, 몇 번 서고 가기를 반복했다. 그것으로 보아 여전히 평양 안에 있는 것이 분명했다. 차가 완전히 서자 내 오른편의 보초가 문을 열고 내 팔을 잡았다.

"다 왔다. 내려."

저들은 내가 모르리라고 생각했겠지만 나는 앞의 건물이 양각도호텔임을 즉시 알아챘다. 양각도호텔은 평양을 관통하는 대동강의 한 섬에 있는데, 러시아와 중국 관광객들에게 매우 인기가 높다. 북한을 드나든 지 얼마 되지 않았을 때 내 관광사업을 평양으로 확장하려는 계획에 청신호가 켜졌었다. 나는 관광객들의 숙소로 마땅한지 알아보기 위해 이 호텔에 와 본 적이 있었다.

리철 검사는 제복을 입은 보초들에게 차 안에서 기다리라고 지시한 뒤에 나를 데리고 호텔 안으로 들어갔다. 안에는 도어맨이 우리를 기다리고 있었다.

그가 리철 검사에게 공손히 말했다.

"안녕하십니까. 오른쪽 계단으로 가십시오."

계단을 따라 3층에 이르자 리철 검사는 호텔 회의실 중 하나로 나를 데려갔다. 문 근처에서 우리를 기다리는 두 명의 관리가 보였다. 한눈에 봐도 외무부에서 나온 사람들 같았다. 나는 앉아서 기다리라는 지시를 받았다.

잠시 후 서양인 두 명이 방 안으로 들어왔다.

"미스터 배?"

체격이 좋은 금발의 남자가 강한 발음의 영어로 말했다. 40세쯤으로 보이는 그는 나와 악수를 하며 자신을 소개했다.

"저는 북한 주재 스웨덴 대사인 칼 울라프 안더슨(Karl-Olof Andersson)이라고 합니다. 여기는 부대사인 욘 스벤손(John Svensson)입니다."

그가 키 180센티미터 정도에 몸무게는 90킬로그램이 넘어 보이는 거구의 남자를 가리키며 말했다.

"앉으세요."

리철 검사와 나는 대사를 마주 보고 앉았고, 문에 서 있던 두 명의 북한 관리 중 한 명은 이미 자리에 앉아 있었다. 보아하니 이곳에서 오가는 모든 대화를 적고 있었다.

곧 대사가 본론을 꺼냈다.

"몇 분밖에 시간이 없습니다. 그래서 빨리 이야기를 하겠습니다. 저희는 미국의 입장을 대변하고 있습니다. 먼저, 미국 정부가 선생님의 상황을 알고 석방을 위해 백방으로 노력하고 있다는 사실을 전하고 싶습니다. 귀하의 정부는 북한과 수교를 맺고 있지 않기 때문에 미국 국무부는 저희 대사관을 통해 평양과 소통할 것입니다. 가족분들도 저희를 통해 선생님과 연락하실 거고요. 이 모든 일이 해결될 때까지 저희가 선생님의 상황과 처우를 관리할 것입니다."

"감사합니다."

북한 외부 사람이 내 상황을 알고 신경 써 준다는 사실에 한결 마음이 놓였다.

"지금까지 어떤 대우를 받았습니까?"

대사가 물었다.

나는 선뜻 대답하지 못하고 빠른 손놀림으로 기록하고 있는 외무부의 관리를 힐끗거린 뒤에 다시 리철 검사 쪽을 쳐다봤다. 그가 영어를 얼마나 할 줄 아는지 알 수가 없어 잠시 망설였다.

"처우는 괜찮습니다. 육체적인 학대 같은 것은 없었습니다."

"선생님을 왜 붙잡아 두고 있는지 그 이유를 들으셨나요?"

"제가 북한 정부를 전복시키기 위한 선교 본부를 중국에 세웠다고 하더군요. 제가 북한 지도부를 상대로 중상 비방을 하였다고 했습니다. 이 나라에 기도할 사람들을 데려온 것도 중죄라고 했어요."

대사는 내 말을 빠짐없이 기록했다. 그런데 이어서 나는 쓸데없는 말을 하고 말았다.

"또한 제가 관광객들을 위한 오리엔테이션에서 북한에 관해 했던 말들이 문제가 되었습니다."

"어떤 말들이죠?"

"북한이 남한을 선제공격하면서 6·25전쟁이 시작되었다고 사람들에게 말한 것이 문제가 되었습니다."

대사는 말없이 고개만 끄덕였다.

"그렇군요. 미국 정부에 하시고 싶은 말씀이 있습니까?"

"지금까지 잘 버티고 있지만 정부의 도움이 필요합니다. 제가 집에 돌아갈 수 있도록 속히 정부가 나서서 조치를 취해 주길 바랍니다."

대사는 미소를 지으며 고개를 끄덕였다.

"알겠습니다. 지금 이 시간에도 최선을 다하고 있는 줄로 압니다. 좋습니다. 남은 시간 안에 두 가지 문제를 처리해야 합니다. 먼저, 프라이버시 포기 각서(privacy waiver)에 서명해 주시길 바랍니다. 그래야 저희가 선생님의 상황을 알릴 수 있습니다. 이 상황을 누구에게 알릴지에 대해서도 확인해 주십시오. 가족과 친구, 언론을 통한 대중 공개 같은 항목이 있으니 체크해 주세요."

나는 가족과 친구에만 체크를 했다. 언론이 개입되거나, 생판 모르는 사람들에게 내 억류 사실을 알리고 싶지는 않았다. 여전히 나는 이 상황이 오해에서 비롯했기 때문에 생각보다 쉽게 해결될 것이라고 믿고 있었다. 그래서 나 자신이나 북한 정부에 대한 관심을 최소화하고 싶었다. 지금 와서 생각해 보면 어리석기 짝이 없지만, 그때까지도 나는 북한 관광사업을 다시 할 수 있다는 희망의 끈을 놓지 않고 있었다. 괜히 언론에 떠벌여 북한 정부를 자극하지 않고 존경심을 보인다면 예전으로 돌아갈 수 있으리라 생각했다.

"마지막으로 중요한 일이 남아 있습니다. 가족분들의 편지를 가져왔습니다."

대사가 마닐라지 봉투를 꺼내 내게 내밀었다. 한낱 봉투 한 장이 그토록 고맙기는 처음이었다.

"부인께서 이것도 전해 주라고 하셨습니다."

대사는 두툼한 셔츠 몇 벌과 새 양말을 담은 꾸러미를 건넸다.

"저희에게도 주실 것이 있는 줄로 압니다."

리철 검사 쪽을 쳐다보니 그가 대사에게 내가 전날 쓴 편지들을 건넸다.

"예, 있습니다. 이 편지들을 저희 가족에게 전해 주시면 정말 감사하겠습니다."

"걱정하지 마십시오. 그리고 뭐든 필요하신 게 있으면 조선 관리들을 통해 저희 대사관에 알려 주십시오. 최대한 도와드리겠습니다."

그 말을 끝으로 대사와 부대사는 자리에서 일어섰고, 나는 와 주셔서 감사하다고 말한 뒤에 내 편지 쪽을 바라보았다.

"먼저 읽어도 좋아."

리철 검사는 자리에서 일어나 그렇게 말하고는 나만 남겨 두고 다른 관리와 함께 회의실을 나갔다.

나는 커다란 봉투를 찢어 편지들을 탁자 위로 쏟았다. 가슴이 마구 설렜다. 먼저 아내의 편지를 집어 읽기 시작했다.

"여보, 너무 걱정이 돼요. 당신이 벌써 집에 갔다고 생각했고, 그래서 3주가 지나서야 이 편지를 쓰네요. 스트림한테 얘기 다 들었어요.

북한을 떠날 때, 세관에서 당신을 만나게 될 거라며 그쪽 사람들이 스트림을 안심시켰다고 하더군요. 당신이 돌아올 날만 기다리고 있어요. 지금 어디에 있나요?

단동에는 첫눈이 내렸어요. 갈 때 겨울 옷을 챙겨 가지 않았잖아요. 감기에 걸릴까 걱정돼요. 필요한 약들은 얻었나요? 당뇨 약을 잘 챙겨 드시는지 모르겠네요. 어머님은 잘 견뎌 내고 계세요. 북한에서 당신의 평판이 좋잖아요. 그러니 저들이 잘 대해 주고 있겠죠? 오해가 풀릴 때까지 당신을 잘 대해 줘야 할 텐데요.

우리 걱정은 하지 말아요. 이곳 단동에서의 일들도 제가 알아서 잘 할 테니 신경 쓰지 말고 몸조심하세요. 아무리 오래 걸려도 당신이 돌아올 때까지 기다리겠어요. 사랑해요, 당신."

편지를 읽는 동안 닭똥 같은 눈물을 뚝뚝 흘렸다. 몇 번이고 읽고 또 읽었다. 실제로 아내의 목소리가 들리는 듯했다. 마치 바로 앞에 아내가 앉아 있는 것처럼 느껴졌다. 하지만 한편으로는, 더더욱 그리움이 사무쳤다. 집이 전에 없이 멀게 느껴졌다.

어머니와 여동생이 보낸 편지도 눈물 속에서 읽었다. 둘 다 내가 있는 곳을 물었다. 내가 곧 돌아올 거라고 확신 있게 말했지만 편지 곳곳에서 나를 향한 깊은 걱정이 엿보였다. 두 사람은 내가 약을 잘 먹고 있는지 그리고 의사에게 관리를 받고 있는지 물었다.

"왜 너를 붙잡아 둔다니?"

어머니는 내 상황을 이해하지 못했다.

'내가 불효자구나. 내가 모두를 고통스럽게 하고 있구나.'

그런 생각에 눈물이 펑펑 쏟아졌다.

이윽고 회의실 문이 열렸다. 이제 억류 시설로 돌아갈 때가 되었구나, 생각했다. 하지만 그것이 아니었다.

"앉아 있으라. 우리가 범죄자들에게도 얼마나 인도주의적인지 보여 주기 위해 가족들과 통화할 수 있게 해 주겠어."

리철 검사의 말에 가슴이 뛰었다.

"지금 말입니까?"

"그래. 바로, 지금. 아무한테나 전화해도 좋아. 단 통화의 목적은 당신의 범죄가 얼마나 심각한지를 알리는 거야. 매우 특수한 죄로 재판을 받게 되었다고 이야기하라우. 어떤 죄인지 정확히 말해야 해. 자, 어떤 말을 할지 이 종이에 정확히 써. 방금 내가 한 말을 토대로 쓰면 돼."

"다 쓰란 말입니까?"

내가 할 말을 어떻게 다 쓴단 말인가. 두 달 만에 처음으로 아내의 목소리를 들으면 내 입에서 어떤 말이 나올지 나도 알 수 없었다.

"최대한 쓰란 말이야. 당신의 가족들은 당신의 죄가 얼마나 심각한지 잘 모르고 있는 것 같아. 자꾸 오해라고 하는데 오해와는 차원이 달라."

내 편지들을 미리 읽은 게 분명했다. 아마도 여러 사람이 읽었을 것이다.

"헌법 60조를 어겨 법정 최고형을 받게 생겼다고 말해야 해."

'법정 최고형'이란 표현은 쓰고 싶지 않았다. 그 말은 곧 사형이나 종신형이라는 뜻일 테니까. 그렇게 되면 가족들의 근심만 더해 줄 뿐이었다. 하지만 물론 내게 선택권은 없었다.

"알겠습니다."

내가 할 말을 개략적으로 써서 건네자 리철 검사가 재빨리 훑어보고는 유선전화기를 가져왔다.

"누구에게 먼저 걸겠나?"

"아내부터 하겠습니다."

그가 번호를 눌러 내게 수화기를 건넸다. 심장이 두근거렸다. 하지만 신호가 가질 않았다.

"한 번 더 걸어도 될까요?"

그는 고개를 끄덕였다.

다시 전화를 걸었더니 이번에는 신호가 갔고, 잠시 후 아내의 목소리가 들렸다.

"여보세요."

"여보, 나요."

아내는 와락 울음을 터뜨렸고, 나도 덩달아 울먹이기 시작했다. 내가 쓴 원고대로 말하려고 했지만 쉽지 않았다. 나는 아내에게 내 죄목과 법정 최고형을 받을지도 모른다고 말했다. 바로 옆에서 리철 검사가 두 눈을 똑바로 뜨고 쳐다보고 있었기 때문이다.

대신 이렇게 덧붙였다.

"하지만 너무 걱정하지는 마. 다 잘될 거야."

"어떻게 알아요?"

아내는 흐느끼며 물었다.

"내가 아무 해를 당하지 않을 거라고 하나님이 약속해 주셨어요."

통화를 더 하고 싶었지만 리철 검사가 다가와 "시간이 다 됐소"라고 말했다.

"이제 그만 끊어야 해요. 사랑해. 곧 집에 갈게."

이번에는 워싱턴에 있는 어머니와 여동생에게 전화를 걸었다. 두 번 다 서로 울고불고 난리가 아니었다.

"되도록 사람들한테는 알리지 마세요. 떠들썩해지는 건 싫어요."

전화를 끊자 리철 검사가 나를 데리고 방을 나갔다. 우리는 계단을 내려가 로비로 갔다.

주변을 돌아보니 만감이 교차했다.

'두 달 전만 해도 자유인으로 저 로비에 서 있었건만. 이제는 혐오받는 미국인 범죄자로 감옥에 가는 길이구나.'

성탄절이 나흘 앞이었다. 억류 시설에서 성탄절을 보낼 것을 생각하니 한없이 우울해졌다. 로비를 보니 시간을 되돌리고 싶은 마음이 더욱 간절했다.

억류 시설로 돌아온 후 가족들의 편지를 수없이 다시 읽었다. 마음을 강하게 먹으려고 애썼지만 두 뺨 위로 눈물이 흐르는 건 어쩔 수 없었다. 중국에서 6년을 살면서도 가족과의 성탄절은 한 번도 빼먹지 않았었다. 언제나 미국의 어머니 집으로 날아가 어머니와 여동생, 아이들까지 온 가족이 함께 성탄절을 축하했다. 하지만 올해는 그럴 수 없었다. 세상에서 가장 나쁜 아버지요 남편, 아들이요 오빠가 된 것 같아 괴롭기 짝이 없었다.

성탄절 이브 아침, 운명의 열여덟 번째 북한 여행을 하기 몇 달 전 평양에 왔을 때 품었던 꿈이 다시 기억났다. 당시 나는 북한에 많은 외화를 벌어 주는 평판 좋은 사업가로서 북한 정부의 보호를 받고 있었다. 그때 묵었던 호텔은 평양에서 가장 호화롭고 유명한 고려호텔 이었는데, 내가 며칠 전 다녀온 호텔에서 멀지 않다.

하루는 고려호텔 창문을 통해 평양의 밤거리를 바라보았다. 나선 주변 지역에는 이미 많은 기도 팀을 데려간 상태였지만 모든 북한 주민들에게 다가갈 방법을 찾고 싶었다. 하나님이 실재하시며 그들을 사랑하신다는 사실을 보여 주고 싶었다.

'멀리서는 한계가 있어.'

그런 생각을 하는데 순간 머릿속에서 형광등이 번쩍했다.

'어쩌면 이곳에서 몇 년을 살 수 있을지도 몰라. 1-2년 머물고, 심지어 이곳에서 성탄절을 축하하는 특별 관광을 추진할 수 있을지도 몰라. 정말로 그럴 수만 있다면!'

"그래. 그때 그런 소망을 품었지. 하지만 이젠…."

그렇게 혼잣말을 되뇌었다.

잠시 그 꿈에 관해 생각했다. 사람들을 북한의 수도로 데려와 성탄절을 축하하고 싶다는 꿈. 문득 최소한 나 혼자라도 그렇게 할 수 있다는 생각이 들었다. 그래서 침대에 앉아 성탄 찬양을 부르기 시작했다. 부를수록 기분이 좋아졌다. 목이 쉬도록 부르고 또 불렀다. 그 시간만큼은 내가 집에 있는지, 북한의 억류 시설에 있는지가 중요하게 느껴지지 않았다. 성탄절은 그리스도께서 이 땅에 오심을 축하하는 날이다. 그래서 나 혼자라도 열심히 축하했다. 그리스도의 이름 가운데 하나인 '임마누엘'은 '하나님이 우리와 함께 계신다'는 뜻이다. 나는 찬양을 하면서 그 임마누엘을 경험했다. 하나님이 내게로 가까이 오셨다.

하루 종일 찬양을 불렀다. 오후 5시가 되자 보초들이 텔레비전을 켜라고 지시했다. 텔레비전을 켠 나는 깜짝 놀랐다. 온 나라가 나처럼 축하하고 있었다. 북한에서는 12월 24일이 김일성의 아내이자 김정일의 어머니인 김정숙의 생일을 축하하는 기념일이라는 사실이 기억났다. 그날의 영화는 김일성과 함께 자유의 투사로 싸운 김정숙의 전기 영화였다. 김정숙은 총으로 일본 병사들을 모조리 쓰러뜨렸다. 그 모습은 마치 어벤져스 영화 속의 블랙 위도우와도 같았다. 아니, 그보다 훨씬 더 우아하고 매력적인 모습으로 그려졌다.

텔레비전에서 이런 영화가 상영되는 동안 평양 곳곳에서는 김정숙의 삶을 축하하는 모임들이 열렸고, 위대한 지도자는 평양 시내를 활보하였다. 이 얼마나 아이러니인가. 같은 날 같은 시간에 저들은 저들의 지도자의 탄생을 축하하고, 나는 나의 지도자의 탄생을 축하하고 있으니 말이다. 나는 텔레비전의 소음이 파묻히도록 목청을 다해 "고요한 밤 거룩한 밤"을 부르기 시작했다.

11장
살기(殺氣)

나로 말미암아 너희를 욕하고 박해하고 거짓으로 너희를 거슬러 모든 악한 말을 할 때에는 너희에게 복이 있나니(마태복음 5장 11절).

성탄절이 지나갔다. 나선을 떠날 때만 해도 성탄절 전에 집에 돌아가리라 생각했는데, 아직도 평양에 발이 묶여 있었다. 전 유엔 대사 빌 리처드슨(Bill Richardson)이 구글(Google) 회장 에릭 슈미트(Eric Schmidt)와 함께 북한에 와 있다는 뉴스를 보고 다시 희망이 불타올랐다.

'그럼 그렇지. 항상 미국의 고위급 관리 혹은 전 관리가 협상을 마무리하면서 끝이 나지.'

하지만 끝까지 리처드슨 대사를 볼 수 없었다. 나중에 그가 내 아들의 편지를 직접 가져왔다는 말을 들었다. 몇 주 후에 스웨덴 대사를 통해 받은 편지가 그것이었다. 리처드슨 대사가 나를 풀어 달라고 요청했으리라 짐작했지만 나의 고국행은 조금도 앞당겨지지 않았다.

리처드슨 대사의 방문으로 솟았던 희망이 다시 꺾인 뒤부터는 집에 갈 때까지 달력을 만들어 날짜를 세기로 했다. 최종 기한을 30일로 잡았다. 한 달 이상 이곳에 있게 될 리는 없다고 자위했다. 하나님이 나를 이대로 내버려 두시지 않을 거라고 생각했다.

시편 34편 22절은 "여호와께서 그의 종들의 영혼을 속량하시나니"라고 약속한다. 나는 하나님께 나를 최대한 빨리 속량해 달라는 기도를 매일 드렸다. 리철 검사는 자신이 나의 진술서를 다 확인하고 나면, 북한 정부가 그저 한 번 엄하게 꾸짖고 집에 보내 줄 것처럼 말했다. 나는 하나님께 그렇게 해 달라고 기도했다.

2013년 2월 12일 북한이 핵실험에 성공하면서 나의 소망은 산산이 부서졌다. 이번이 북한의 세 번째 핵실험이었다. 유엔은 즉시 북한의 핵실험을 비난하면서 더 많은 제재를 가했다. 심지어 북한의 가장 가까운 우방인 중국과 러시아도 반대 목소리를 냈다.

이에 북한은 신경질적인 반응을 보였다. 뉴스마다 미국과의 전쟁이 임박한 것처럼 보도했고, 모든 사람이 그것을 믿는 듯했다.

"미국은 깡패다. 우리는 끝까지 맞설 것이다. 감히 우리를 침략하지는 못할 것이다."

한 아나운서는 그렇게 목소리를 높였다. 거리에서 인터뷰한 사람들도 미국을 맹렬히 비난했다.

"미국은 위성을 발사하고 수많은 핵무기를 보유하고 있다. 그런데 우리는 단 하나도 가질 수 없다고? 이건 불공평하다!"

사람들이 카메라에 대고 소리를 질렀다.

"우리를 가만히 놔두지 않으면 미국에 핵무기를 발사해 버리라!"

공갈이 아니라 진심인 것을 분명히 느낄 수 있었다.

억류 시설 안에서도 분노와 미움이 고조되었다. 최고 검사는 나를 찾아와 위협했다.

"보다시피 인민들이 미국에 대해 극도로 분노해 있어. 살기등등하게 외쳐 대고 있단 말야. 우리가 여기 미국 놈 범죄자를 붙잡고 있다는 것을 알면 저들이 어떻게 나올 것 같소?"

"저도 모르겠습니다."

"분노한 인민들이 당장 여기로 몰려와 당신을 죽일 거야. 기케 되면 우리도 당신을 보호해 줄 수 없어. 인민들이 당신을 죽탕 쳐 버릴 거란 말야. 기건 아무도 막을 수 없다."

보초들은 나날이 더 심하고 노골적으로 적대감을 드러냈다. 내가 지긋지긋하다는 말을 서슴지 않았다. 한 보초가 최고 검사에게 왜 이딴 놈에게 이런 시간을 주는가 묻는 것을 엿들었다.

"저자가 왜 여기 있어야 합니까? 벌써 강제노동 수용소로 보내거나 사형에 처했어야 하는 것 아닙니까?"

허락만 해 준다면 자신들이 나서서라도 나를 죽일 기세였다. 보초들에게 총이 없는 게 다행이라는 생각이 들었다. 하지만 다시 생각하니 나 하나 죽이는 데 총이 필요하겠나 싶었다.

리철 검사가 보이지 않으면서 억류 시설 내의 긴장은 더욱 고조되었다. 어느 날 아침부터 그는 아무런 설명도 없이 나타나지 않았다.

대신 세 번째 검사가 내 방에 들어왔다. 그가 민 검사라는 것은 이미 알고 있었다. '민'은 영어의 '비열한'(mean)과 발음이 같다. 그런 의미에서 그에게 딱 어울리는 이름이라는 생각이 든다.

그가 들어오자 나는 평소처럼 자리에서 일어섰다. 심지어 고개를 숙여 경의까지 표시했다. 관리가 들어올 때마다 이 두 가지 행동을 취하라는 지시를 받았다. 민 검사는 그저 나를 노려보다가 귀찮다는 듯이 자리에 앉으라는 손짓을 했다. 그가 종이 한 무더기를 꺼냈는데 내가 나선에서 쓴 진술서들인 것 같았다.

그가 잠시 훑어보더니 불쾌하다는 듯 고개를 가로저었다.

"이런 걸 믿으라고? 어림도 없디."

"네?"

"당신의 이야기를 하나도 믿지 않아. 당신이 한 행동에 대해 뉘우치고 있다고? 사죄한다고? 웃기는 소리 하지 말라."

그는 싸늘한 표정을 지었다.

"절대 믿지 않지. 공화국에 기도할 사람들을 데려와서 미안하다고? 아니야. 당신은 전혀 반성하지 않아. 붙잡히지 않았다면 지금도 계속해서 사람들을 데려오고 있지 않았어? 단지 붙잡힌 게 원망스럽겠지."

나는 최대한 가만히 앉아서 아무런 반응을 보이지 않으려고 애썼다.

"내가 그걸 어떻게 아는 줄 아나? 그건 당신이 일반 그리스도 교인이 아니기 때문이야. 당신은 목사야. 선교사야. 핵심 주동 분자라고."

"제가 목사고 선교사라고 인정하지 않았습니까."

나는 최대한 귀에 거슬리지 않게 절제된 어조로 말했다.

"물론 인정했지. 하지만 그건 진심이 아니야. 단지 이 상황을 모면하려는 얄팍한 술수지. 어떻게든 빠져나가려고 미안하지도 않으면서 미안하다고 말할 뿐이야. 그래서 우리로부터 관대한 처분을 받아 집에 가려고 수를 쓰는 걸 모를 줄 아나."

그는 잠시 말을 멈췄다가 소름 끼치는 목소리로 물었다.

"그렇지 않나?"

"진심으로 썼습니다."

"진심으로? 하, 그 말을 어떻게 믿나?"

그는 자기 앞에 있는 종이 뭉치를 내려다보았다.

"당신은 우리 공화국을 전복시키려고 했고 우리 위대한 령도자에 관해 거짓 중상 비방을 했다고 인정했어. 그렇게 인정하는 자백서에 서명도 했고. 이 모든 죄를 저질렀다고 본인 입으로 말하지 않았나."

미스터 박과 달리 그는 언성을 높이지 않았고 끝까지 매우 차갑고 계산적인 분위기를 풍겼다.

"당신은 스스로 거짓말쟁이라고 인정했어. 그런데 반성한다는 말이 진실이라고? 아니야. 당신은 전혀 반성하지 않고 있어. 당신이 저지른 짓에 대해 반드시 마땅한 대가를 치르게 하갔어. 다시는 그 어떤 '선교사'도 감히 이 위대한 나라와 들어와 이 같은 짓을 저지르지 못하도록 당신을 본보기로 삼겠단 말야."

"네."

나는 아무런 대꾸도 하지 않았다. 협박도 자주 듣다 보면 익숙해진다.

"자, 사건 얘기를 해 보자우. 어디서 태어났나?"

나선에서 수백 번도 더 들었던 질문들이 또다시 이어졌다.

"미국에는 언제 건너갔나? …당신의 아버지에 관해 말해 보라."

분위기로 보아 조사 과정을 아예 처음부터 새로 시작할 심산인 것 같았다. 도대체 이해할 수가 없었다.

민 검사는 다음 날에도 질문을 이어 갔다. 다음 날도, 그다음 날도. 아침마다 리철 검사가 문을 열고 들어오기를 기대했지만 계속해서 민 검사가 들어와 지긋지긋한 질문들을 던졌다.

리철 검사에게 변고가 생긴 건 아닌가 걱정되기 시작했다.

'내게 너무 잘해 준 탓에 곤란에 빠진 건 아닐까?'

이런 곳에서는 위험한 범죄자에게 사탕과 탄산음료를 주면 징계를 받을 수 있다.

몇 주 동안 민 검사는 매일같이 내게 질문 세례를 퍼부었다. 매일 똑같은 패턴이었다. 그러니까 이미 답한 질문들을 또 던지고 나서 협박하는 식이었다.

"당신은 조선전쟁 이래로 우리에게 붙잡힌 최악의 미국인 범죄자야. 우리 정부를 전복시키려고 했을 뿐 아니라 남들까지 그 일에 끌어들여 훈련시키고 이곳으로 침투시켰디. 대가를 톡톡히 치르게 해 주갔어."

매일같이 가혹한 말을 듣다 보니 점점 심신이 지쳐 갔다. 낮에는 민 검사의 악담을 견뎌 내야 했고, 밤에는 텔레비전을 통해 나오는 반미 선전 프로그램에 오랜 시간 시달려야 했다. 주변에 가득한 영적 전쟁의 기운이 나를 무겁게 짓눌렀다.

하루는 밤늦은 시각에 영적인 공격이 아주 실질적으로 다가왔다. 한창 잠을 자고 있는데 어떤 손이 내 목을 조이는 것이 느껴졌다. 숨 쉬기가 힘들었다. 그 손을 떼어 내려고 안간힘을 썼지만 소용이 없었다. 누군가 나를 깔고 앉은 것처럼 몸을 일으켜 세울 수도 없었다. 그 무게가 점점 더해지면서 나는 고통스럽게 숨을 헐떡였다.

한참 만에 겨우 눈을 떴다. 주위에는 아무도 없었다. 내 목을 누르던 손은 온데간데없었다. 하지만 숨 막힘은 계속되었고, 나를 짓누르는 힘도 점점 더 강해졌다.

"예수님!"

나는 힘껏 소리를 질렀다.

그러자 나를 억누르던 힘이 순식간에 풀렸다.

"예수 그리스도의 이름으로 명하노니, 썩 사라져라! 더럽고 악한 영아, 썩 나가라!"

그 순간, 내 방 안에 가득했던 압제와 영적 전쟁의 기운이 가시고 하나님의 평강이 가득해졌다. 나는 다시 누워 세상모르고 단잠을 잤다.

예심 기간 동안 나는 규칙적인 생활을 하고 싶어 시간표를 짰다. 예배와 기도, 성경 읽기, 운동을 각각 세 시간씩 배정했다.

검사가 방에 없을 때마다 영어와 한국어로 번갈아 찬송을 불렀다.

그러고 나서 기도하는 시간을 가졌다. 달리 이야기할 사람도 없었기 때문에 하나님과 대화하는 세 시간이 너무도 빨리 지나갔다. 그러고 나서 성경책을 읽었다. 마지막으로, 매일 세 시간씩 운동을 했다. 보초들이 싫어했지만 다행히 방 안을 돌아다니는 것에 대해 최고 검사의 허락을 받았다.

방의 너비는 5미터였다. 따라서 끝에서 끝까지 한 번 왕복하면 10미터였다. 일단 하루에 100번 왕복(1킬로미터)으로 시작했다. 그러다가 나중에는 200번으로 늘렸고, 300번과 500번을 거쳐 마지막에는 1천 번(10킬로미터)을 왕복했다. 그 외에 팔굽혀펴기와 여타 체조도 병행했다.

매일 이 시간표를 따를 수는 없었지만 최대한 노력했다. 규칙적으로 생활하니 사방에서 가해 오는 압박을 견뎌 내는 데 큰 도움이 되었다. 하지만 압박의 강도가 점점 심해져 도저히 참기 힘든 지경에까지 이르곤 했다. 그럴 때마다 하나님이 놀라운 역사로 힘을 주시고 상황을 해결해 주셨다.

한번은 아침에 예배를 드리고 있는데 평양의 한 유명한 식당에서 파는 냉면이 자꾸만 눈앞에서 어른거렸다. 전에 평양에 왔을 때 먹어 본 적이 있었다. 무슨 이유에서인지 이 냉면에 관한 생각을 떨쳐 버릴 수가 없었다. 자꾸만 입에 침이 고였지만, 전쟁이 나느니 마느니 하는 마당에 보초나 검사에게 냉면 타령을 할 수는 없는 노릇이었다. 또한 그렇게 작은 것을 놓고 기도하지도 않았다. 그 대신 '냉면 먹었으면 정말 좋겠는데' 하고 속으로 생각했다.

이튿날 점심 식사가 왔다. 그런데 이럴 수가! 사발 안에 내가 간절히 원했던 그 냉면이 들어 있는 게 아닌가. 보초가 특별히 사람을 시켜 내가 떠올렸던 바로 그 식당에서 받아 왔다고 귀띔했다.

내 귀를 믿을 수가 없었다. 그 냉면은 내가 체포된 이후 처음으로 정말 맛있게 먹었던 음식이다. 어찌나 맛있던지 국물까지 남김없이 마셔 버렸다.

하루쯤 뒤에는 김치볶음밥이 먹고 싶었다. 하지만 이번에도 요청하거나 다른 사람들에게 먹고 싶다고 귀띔도 안 했다. 물론 기도도 하지 않았다.

그날 저녁 보초가 저녁 식사를 가져왔는데 내가 아침부터 먹고 싶었던 김치볶음밥이 아닌가! 마치 내가 룸서비스를 시킨 기분이었다.

다음 날은 순두부찌개가 어른거렸다. 다음 식사로 두부찌개가 나오자 비로소 나는 그것이 단순한 우연이 아님을 깨달았다. 시편 37편 4절은 이렇게 말한다.

"여호와를 기뻐하라 그가 네 마음의 소원을 네게 이루어 주시리로다."

하나님이 내게 이 약속을 지켜 주셨던 것이다.

평양의 억류 시설에 갇혀 있던 5개월 동안 하나님이 내가 먹고 싶어 한 음식을 정확히 주신 것이 적어도 40번은 넘는다. 하나님은 그 음식을 주심으로써 나를 잊지 않았다는 사실을 알려 주셨다. 하나님은 내 마음의 소원만이 아니라 내 위장의 소원까지도 들어주셨다! 하나님이 나와 함께 계셨다. 그 어떤 일도 먼저 그분을 통하지 않고서 내게 일어나지 않았다.

2013년 2월의 어느 아침, 민 검사가 내 방에 들어와 여느 때처럼 협박을 가했다.

"당신은 재판을 받을 거야. 재판 결과는 물론 법정 최고형일 테고."

그는 내 자백서를 내 얼굴 앞에서 흔들며 말했다.

"대가를 치르게 될 거야. 내가 반드시 그렇게 만들겠어."

마침내 나도 더 이상 참을 수 없었다.

"저는 더는 못하겠습니다."

"뭐라고?"

민 검사가 충격에 빠진 얼굴로 쳐다봤다.

"이 심문과 자백, 더는 못하겠습니다."

"그만하겠다고? 당신은 이미 서명을 했어. 되돌릴 수 없다고."

민 검사의 눈이 분노로 이글거렸다.

"제가 서명을 한 것은 그렇게 하면 집에 보내 준다고 했기 때문입니다. 저는 공화국 정부를 전복시키려고 한 적이 없습니다. 단지 공화국 공민들을 돕고 그들에게 하나님의 사랑을 알려 주고 싶었을 뿐입니다. 저와 거래했던 공화국 공민들에게 물어보십시오. 다들 제가 공화국과 공화국의 문화를 존중하며 정직하게 사업했다고 말할 것입니다. 이 모든 상황은 제가 실수로 외장 하드를 가져오면서 일어났습니다. 만약 세관에서 제 서류 가방을 열어 문제 삼지 않았다면 그 외장 하드는 제가 집에 돌아갈 때까지 그 가방 안에 그대로 있었을 거예요. 그것을 가져온 것에 대해서는 사죄합니다. 하지만 그 안의 자료를 이 나라의 누구에게도 보여 줄 생각은 추호도 없었습니다. 이로써 제가 할 말은 다 했습니다. 더 이상 죄를 인정할 수 없습니다."

"우리 사람들이 거짓 자백서에 억지로 서명하게 했다는 건가?"

민 검사가 이를 갈며 물었다.

"저는 누구를 비난하자는 게 아닙니다. 단지 사실을 말하는 것일 뿐이오. 분명 라선에서 조사받을 때 그들은 제가 이 진술서에 서명을 하고 협조하면 집에 보내 줄 거라고 말했습니다."

"당신은 대가를 치르게 될 거야. 내가 반드시 그렇게 만들갔어."

민 검사는 그렇게 쏘아붙이고는 씩씩거리며 방을 나가 버렸다.

나는 긴 안도의 한숨을 내쉬었다. 지금 와서 돌아보면 '참을 걸' 하는 생각도 들지만, 당시는 어차피 더 나빠질 것도 없는 상황이라고 생각했다. 저들의 장단에 맞추든 맞추지 않든 사형에 해당하는 범죄로 재판받을 것은 기정사실이었다. 지금까지 협조했지만 상황은 조금도 나아지지 않았다. 아무래도 접근법을 바꾸는 것이 나아 보였다.

다음 날 최고 검사가 정장을 입은 두 남자와 함께 나를 보러 왔다. 관리처럼 보이는 두 남자는 자기 소개도 하지 않았다.

"생각이 바뀌었다고 하는데 이게 다 무슨 소리야?"

최고 검사가 화가 단단히 난 듯 언성을 높였다.

"이제 와서 모든 것을 부인하는 건가? 더 이상 조사에 협조하지 않겠다고 했다는데, 우리도 마찬가지야. 지금 이 자리에서 당장 끝낼 수도 있어!"

끝낸다는 것이 무슨 뜻인지는 설명하지 않았지만 알 것 같았다.

"지금 당장 당신을 교화소로 보낼 수도 있어. 예심 과정도 대부분 다 끝이 났고."

그는 이어서 무슨 말을 할까 생각하는 듯 잠시 말을 멈췄다.

"당신을 어떻게 처리할지 확정하기 전까지는 그렇게 하지 않겠지만 아무래도 변화가 필요하겠군. 지금까지 너무 편하게 지내서 배부른 소리를 하는 것 같아. 그래서 기만 소리를 하는구만. 더 이상 가족들에게 편지 받을 생각은 하지 말라."

처음 가족들에게 편지를 받은 후로 2주에 한 번씩 편지가 전해졌었다.

"당신이 협조하기 싫다고 했다. 좋아. 그래, 대가를 좀 치러야지. 내가 그 정도 할 능력은 돼."

그 말을 끝으로 최고 검사는 몸을 홱 돌려 두 남자와 함께 가 버렸다.

이튿날 아침, 리철 검사가 몇 주 만에 모습을 드러냈다. 나는 너무 반가워 "어디 갔다 이제 오십니까?"라고 물었다.

"다른 도시에 일이 좀 있어 다녀왔어. 그런데 내가 없는 사이에 무슨 일이 있었나? 자, 잠시 걸으면서 이야기 좀 하지."

리철 검사는 나를 데리고 건물 밖으로 나가 근처의 마당으로 갔다. 물론, 단지 내게 바람을 쐬게 해 주려는 것만은 아니었다. 나선에서와 마찬가지로 내 방에는 감시 카메라가 달려 있었다. 그는 나와 은밀한 대화를 나누기 위해 건물 밖으로 나온 것이었다.

"어찌 된 일이야? 왜 더 이상 협조하지 않겠다고 했소?"

"검사님이 제 사건에서 손을 떼신 줄 알았습니다. 새 검사님은 계속해서 제가 재판을 받아 대가를 톡톡히 치를 거라고 하셨습니다. 형량이 나오는 대로 복역을 하라는 뜻이겠죠. 어차피 교화소에 들어간다면 이렇게 나가는 편이 낫겠다고 생각했어요."

"아니. 그렇게 하면 안 돼. 당신은 지금 처한 상황이 얼마나 심각한지 잘 이해하지 못하고 있단 말이야. 지금 우리 인민들의 분노가 극에 달해 있어. 온 나라가 들끓고 있어. 당신을 당장 광장으로 끌고 가 전범으로 총살형에 처할 수도 있다는 말은 공갈이 아니야. 미국과 전쟁이 벌어지기 직전이라고. 인민들이 성나 있어. 계속 이런 식으로 나오면 목숨을 잃게 돼."

그때까지 생명의 위협을 하도 많이 받았더니 이제는 곧이곧대로 믿기지가 않았다. 하지만 리철 검사는 정말로 내 목숨이 위험하다고 믿고 있었다.

"지금으로서는 최대한 협조하는 것이 최선이야. 이곳에 억류되었던 미국인은 당신이 처음이 아니야. 이전에 억류된 이들은 결국 다 집으로 돌아갔소. 당신도 그렇게 될 거야. 하지만 민 검사에게 말한 대로 했다간 끝내 이곳에 뼈를 묻고 말 거야."

리철 검사와 함께 마당을 거닐면서 그가 한 말에 관해 생각했다. 그리고는 마침내 고개를 끄덕였다.

"알겠습니다. 협조하겠습니다. 자백을 철회하지 않겠습니다. 이 악몽을 끝내고 집으로 돌아갈 수 있다면 뭐든 하겠습니다."

리철 검사는 크게 안도한 표정을 짓고 나직이 한숨을 내쉬었다.

"잘 생각했어, 배 선생."

제발 그의 말이 맞기를 간절히 바랐다.

방으로 돌아온 후, 의자에 앉아 방금 전의 상황을 돌아봤다. 누구를, 무엇을 믿어야 할지 정확한 판단이 서질 않았다. 분노와 위협은 단순히 나를 겁주기 위한 것이었을까? 아니면 민 검사와 최고 검사의 말이 진심이었을까? 북한 주민 전체가 미국과의 전쟁이 임박했다고 믿고 있었지만 나로서는 믿기 힘든 일이었다. 하지만 내 생각과는 상관없이 그들이 그것을 진정으로 믿는다면 내게 무슨 짓을 할지 몰랐다.

의자에 앉아 한 치 앞도 알 수 없는 이 불확실한 상황에 관해 생각하는데, 문득 내 머릿속에서 그레이엄 켄드릭(Graham Kendrick)의 "나의 만족과 유익을 위해"(Knowing You)라는 찬양이 떠올랐다. 마치 누군가가 라디오를 튼 것처럼 생생하게 느껴졌다.

"내 안에 가장 귀한 것, 주님을 앎이라."

어느새 나도 모르게 입으로 부르고 있었다. 처음에는 나직이 부르다가 점점 목소리가 커졌다.

"나의 만족과 유익을 위해…내 안에 가장 귀한 것, 주님을 앎이라." 그렇게 부르고 또 불렀다. 가족을 다시 보게 될지, 아니 북한에서 살아서 나가게 될지조차 알 수 없었지만 한 가지는 분명히 알았다. 그것은 바로 내가 혼자가 아니라는 사실이었다. 내 구주께서 나와 함께 계셨다. 그분이 내가 가진 전부였다. 그리고 그때 나는 그분만으로 충분했다.

12장
유죄 판결

여호와께서 너를 지켜 모든 환난을 면하게 하시며 또 네 영혼을 지키시리로다 여호와께서 너의 출입을 지금부터 영원까지 지키시리로다(시편 121편 7-8절).

저들이 아무리 재판이 임박했다고 말해도, 나는 어느 날 갑자기 리철 검사나 최고 검사가 들어와 짐을 싸서 집으로 돌아가라고 할지 모른다는 희망을 여전히 버리지 않았다. 그래서 달력에 X표를 계속해서 쳐 나갔다. 그때까지 30일 카운트다운을 몇 번이나 했는지 모른다.

3월 말쯤, 리철 검사가 찾아와 재판에 관한 이야기를 했다. 석방에 관한 얘기는 없었고, 북한이 내 재판을 굳이 추진하려는 이유를 설명했다.

"당신이 재판을 받아야 다른 사람들도 우리의 법을 우습게 여기지 않을 것 아닌가. 당신을 재판하지 않으면 붙잡혀도 기껏해야 추방될 뿐이라는 안일한 생각에 선교사들이 우리 나라로 몰려올 것이야. 그래서 당신을 본보기로 삼기로 이미 결정된 거야."

하지만 2월에도 3월에 재판이 열릴 거라고 했었는데, 벌써 3월이 다 갔다. 어쩌면 이 정도로 충분히 본보기가 된 것이 아닐까 하는 생각이 들었다.

하지만 최고 검사가 그런 희망을 무참히 꺾어 버렸다.

"3월에 재판이 열리지 않은 것은 미국과의 현 상황 때문이야."

모두가 미국과의 전쟁 준비로 바빠 나처럼 별 볼 일 없는 사람에게 신경 쓸 틈이 없는 게 분명했다.

재판이 지연된 덕분에 좋은 점도 있었다. 무엇보다도 검사들이 좀처럼 얼굴을 보이지 않아 예배하고 기도하고 성경 읽고 운동할 시간이 많아졌다. 그러나 평양의 텔레비전 방송 시작 시간이 두 시간 앞당겨진 것은 곤혹스러웠다. 그로 인해 오후 3시에는 모든 일을 중단하고 텔레비전 앞에 앉아 무려 일곱 시간 반을 보내야 했다. 모든 채널에서 거의 종일 최고 사령관 김정은의 얼굴이 화면을 도배했다. 그의 얼굴을 보지 않게 해 주는 정전이 그렇게 고마울 수가 없었다.

주중 저녁에만 방송되는 사이언스 앤 테크놀로지 채널(Science and Technology Channel)은 긴 고문 끝에 찾아온 달콤한 휴식과도 같았다. 가끔 외국 교육 프로그램, 심지어 외국 영화도 나왔다.

하루는 "니모를 찾아서"(Finding Nemo)라는 영화가 영어로 방영되는 것을 보고 두 눈을 의심했다. 학생들의 영어 실력을 높이기 위해 방영하는 것으로 보였다. 왜 방영하는지 그 이유는 내게 아무런 상관이 없었다. 매일 일곱 시간씩 우두커니 앉아 선전만 보다가 영어로 된 애니메이션을 보니, 마치 사막을 헤매다가 시원한 오아시스를 만난 것처럼 반갑기 그지없었다. 이 영화를 보는 내내 가족들이 생각나 눈물을 흘렸다.

3월 말, 최고 검사가 마침내 가족에게 편지 받는 것을 다시 허락했다. 스웨덴 대사를 만나기 위해 다시 양각도호텔로 가니 그가 소포 몇 개와 함께 한 무더기의 편지를 전해 주었다.

먼저 아내의 편지부터 읽었다. 심장이 주체할 수 없이 요동쳤다.

"우리 가족에게 이번 겨울은 끝이 보이지 않는 어두운 터널과도 같았지요. 너무 힘들었고, 지금도 여전히 끝나지 않았어요. 하지만 이 참을 수 없는 여행을 우리는 혼자가 아니라 함께하고 있어요. 당신도 알다시피 구름 뒤에는 태양이 숨어 있고, 폭풍이 지나가면 무지개가 뜨기 마련이지요. …조선의 하늘 아래 있는 당신에게서 좋은 소식을 눈이 빠지게 기다리고 있어요. 잊지 말아요. 온 가족이 사랑으로 당신을 응원하며 기다리고 있다는 것을요."

"이 참을 수 없는 여행을 우리는 혼자가 아니라 함께하고 있어요"라는 대목을 몇 번이나 다시 읽었는지 모른다. 마치 아내가 바로 내 옆에 있는 것처럼 느껴졌다. 우리가 이 여행을 함께하고 있다고 생각하니 어디선가 새로운 힘이 솟아났다.

아내는 내 사역을 접었다는 소식도 알려 왔다. 여행사 사무실 문을 닫고 내 가구를 모두 옮겼다고 했다. 그 말에 가슴이 아팠다. 하긴, 내가 거의 6개월이나 억류되어 있었고, 여전히 끝이 보이지 않으니 사무실 문을 닫는 것이 옳았다. 사무실이야 나중에 사업을 재개할 때 다시 열면 그만이었다. 하지만 그날이 너무도 멀게만 보였다. 북한에서의 사역은 고사하고 중국에서의 사역조차 계속할 수 있을지 자신이 없어지기 시작했다.

가족들의 편지 무더기 사이에 들어 보지 못한 이름이 보였다. 봉투를 열어 보니, 내 선교 사역에 재정적인 도움을 주었던 한 교회의 학생들이 짧은 응원 메시지를 모아서 보내온 것이었다. 이 교회 식구들은 내가 예전에 추진했던 나선 여행에 동참하기도 했었다.

'내가 억류된 사실을 어떻게 알았을까? 편지를 어디로 보낼지는 또 어떻게 알았을까? 하지만 아무렴 어떤가.'

그 아이들의 응원 메시지를 읽노라니 내 영이 급속도로 재충전되었다.

"하나님은 목사님을 잊지 않으셨어요. 지금 하나님이 목사님을 밤낮으로 지켜보고 계셔요."

"언제나 하나님의 계획이 있어요. 지금 당장은 힘들어도 반드시 이겨 내실 거예요."

그저 내 사역에 감사하다는 글도 있었고, 나를 향한 하나님의 사랑을 상기시켜 주는 글도 있었다.

내가 혼자가 아니라는 사실이 더없이 가슴 깊이 와 닿았다. 그리고 하나님이 이미 내 억류를 통해 다른 사람들의 삶 속에서 역사하고 계신다는 사실을 깨달았다. 하나님이 행하실 다음 역사를 기대하는 마음에 심장이 두근거렸다.

4월 말, 최고 검사가 다시 나를 찾아왔다.

"4월 30일에 재판을 받게 될 거야. 그러니 준비를 잘하라우."

'도대체 뭘 준비하라는 말인지. 재판의 결과는 이미 결정된 것이 아니던가.'

"원한다면 변호사를 선임해도 좋아. 잘 생각해 보고 내게 알려 주면 된다."

뭘 생각하라는 건지 이해할 수가 없었다. 아무리 생각해도 최고 검사의 제안은 어이가 없었다.

'어차피 모두가 북한을 위해서 일하는 자들인데 변호사를 선임해 봐야 무슨 소용인가.'

북한에서는 검사든 변호사든 다 한편이다. 문득 최고 검사의 속셈을 알 것 같았다. 만약 내가 변호사를 선임하면 "봐라, 재판을 공정하게 진행했다"고 말할 것이다. 만약 내가 변호사 선임을 거절하면 "스스로 거절했으니 어떤 결과가 나와도 군소리하지 말라"고 말할 것이다.

한참을 고민한 끝에 까짓것 손해 볼 것은 없다고 판단했다. 그리고 어쩌면 최고 검사의 제안이 진심일지도 몰랐다. 물론 아닐 가능성에 더 무게를 두었지만, 혹시 몰라 믿어 보기로 했다.

다음 날 다시 찾아온 최고 검사가 자신의 제안에 관해 어떻게 생각하느냐고 물었다.

"먼저 변호사를 만나 보고 나서 결정해도 되겠습니까?"

그는 세상에서 가장 어처구니없는 말을 들은 것처럼 반응했다.

"말도 되지 않아. 그건 불가능해."

"그럼 언제 변호사를 보게 됩니까?"

최소한 그와 함께 내 변호를 준비할 시간은 있을 줄 알았다.

"그야 재판장에서지."

그는 당연한 것을 묻는다는 투로 대답했다.

"그렇다면 변호사는 사양하겠습니다. 스스로 변호하겠습니다."

내가 생각한 변호는 지극히 간단했다. 그냥 모든 것을 인정할 생각이었다. 순순히 유죄를 인정하고 자비를 구할 계획이었다. 솔직히, 달리 뭘 할 수 있겠는가.

"좋을 대로 하라우. 참, 공개 재판과 비공개 재판 중에서 무엇을 원하나?"

"차이가 뭡니까?"

"공개 재판으로 가면 온 세상이 볼 수 있도록 방송을 내보낼 거야. 비공개는 말 그대로 법정 안에 있는 사람들만 볼 수 있는 거고."

선택은 쉬웠다. 공개 재판은 원치 않았다. 부끄러워서가 아니었다. 비록 사형을 받을지도 모르는 죄목으로 재판을 받게 되었지만, 혹시라도 나중에 북한에서 다시 사역할 기회가 올 경우를 대비해 북한 정부를 자극하고 싶지 않았다. 나는 북한 사역의 꿈을 여전히 버리지 않고 있었다.

"비공개로 하겠습니다. 단, 스웨덴 대사는 참관했으면 좋겠습니다."

내게 스웨덴 대사는 외부 세상과의 유일한 창구였다. 그가 지켜보고 있으면 북한 정부도 함부로 여론 조작용 재판으로 진행하지는 못할 것이라 생각했다. 아무래도 조금은 더 공정해질 가능성이 높았다.

"그건 불가능해."

최고 검사가 딱 잘라 말했다.

"재판이 공개로 진행될 때만 스웨덴 대사가 참관할 수 있어. 그렇게 되면 모든 언론사에서도 기자를 보내올 거야. 비공개는 말 그대로 비공개디. 외부인은 아무도 참석할 수 없어."

"그렇다면 어쩔 수 없지요."

이런 대화까지 나눴는데도 내가 국가 범죄로 재판을 받게 된다는 사실이 여전히 믿기지 않았다. 북한에서 불법적인 활동을 벌이다가 체포된 외국인은 내가 처음이 아니었다. 그런데 거의 대부분이 공식 재판 없이 몇 개월 만에 풀려났다. 예외라고 해 봐야 로라 링(Laura Ling)과 유나 리(Euna Lee) 정도였다. 두 사람은 촬영 팀과 함께 얼어붙은 두만강을 걸어 중국에서 북한으로 넘어왔다가 체포되었다. 당시 그들은 북한에 적대 행위를 했다는 죄목으로 노동교화형 12년을 선고받았지만 빌 클린턴(Bill Clinton) 전 대통령이 즉시 비행기를 타고 날아온 덕분에 재판 직후 풀려났다. 그들의 억류 기간은 불과 넉 달 반이었다.

그들도 그토록 빨리 석방되었는데 내가 재판을 받는다는 것은 말이 되질 않았다.

'이미 모든 사실을 자백하고 6개월이나 억류되어 있었는데 내게서 도대체 뭘 더 원한단 말인가.'

리철 검사가 다시 찾아왔을 때 이런 점에 관해 물어보았다.

"당신이 부당하게 억류된 것이 아니라는 사실을 온 세상에 분명히 보여 주기 위해 재판이 필요한 거야. 당신이 가해자이고 우리가 피해 자라는 점을 똑똑히 확인시켜 줘야 하거든."

"도대체 무슨 말씀인지 모르겠군요."

"간단하지. 당신은 이 위대한 나라에 들어와 반공화국 행위를 했어. 당신은 단순히 기도일 뿐이라고 하지만 기도가 바로 우리 체제의 근간을 뒤흔드는 적대 행위야. 또한 당신은 선교 활동을 위해 북한 주민들을 훈련시켰지. 그것도 역시 적대 행위야. 심지어 예배와 성경책도 우리 법과 주체사상의 관점에서 보면 적대적인 것들이야. 미국 정부와 서구 언론에서 이미 당신을 풀어 달라는 요청을 했어. 그들은 당신이 무고하게 체포되었다고 말하고 있단 말야. 이번 재판은 당신이 전혀 무고하지 않고, 우리가 지적한 죄를 저질렀다는 사실을 온 세상에 알리는 자리가 될 거야."

빈정거리거나 위협하는 투는 아니었다. 리철 검사는 단지 자신의 시각에서 상황을 설명했을 뿐이다.

내가 좀 풀이 죽어 보였는지 리철 검사는 이렇게 덧붙였다.

"재판 결과나 선고에 대해서는 걱정하지 마. 지금 형기는 중요하지 않아. 재판 도중에 일어나는 일도 중요하지 않고. 중요한 것은 재판 이후에 당신 미국 정부가 어떻게 나오느냐 하는 것이야. 당신 아이가 이웃집의 유리창을 깬 상황이라고 생각하면 쉬울 것이야. 당연히 부모가 상황을 수습하겠지. 먼저 아이의 잘못을 사과한 뒤에 깨진 유리창 값을 배상해 줄 것 아닌가. 바로 이것이 우리가 미국 정부로부터 기대하는 것이야. 미국 정부가 당신이 한 행동을 인정하고 찾아와 사과하고 합당한 배상을 하면 돼."

처음으로, 이것이 결국 내 문제가 아니라는 생각이 들었다.

'나는 협상 카드일 뿐이다. 미국을 몰아붙이기 위한 수단일 뿐이다.'

최소한 북한의 입장에서 양국 관계는 악화일로를 걷고 있었다. 전쟁에 관한 이야기가 저녁 뉴스를 도배했다. 김정은이 군사 전략 회의를 주관하는 모습이 수시로 텔레비전에 등장했다. 그는 눈앞에 펼쳐진 미국 지도의 여러 지역을 가리키며 "이곳과 이곳에 폭탄을 투하하라"고 지시하는 듯했다.

하지만 북한은 스스로를 가해자로 보지 않았다. 리철 검사를 비롯한 북한 관리들의 말을 들어 보면 북한 사람들은 스스로를 미국의 희생양으로 보고 있는 게 분명했다.

"미국 같은 큰 나라가 우리 같은 작은 나라를 괴롭히는 이유를 도무지 모르겠어."

그들은 그런 식으로 말했다.

북한 정부는 '선군'(military first) 정책을 표방하고 있다. 필연적인 미국의 공격으로부터 자신을 보호하기 위한 군사력 증강이 예산 지출의 최우선 순위라는 뜻이다.

"이것이 우리가 어렵고 빈궁한 이유다. 국방에 너무 많은 돈이 들어가서 남는 것이 별로 없다. 미국 놈들이 우리를 가만히 놔둬야 이 어려움이 끝날 거 아니가. 그래야 먹을 양식도 더 많아지고, 더 행복하고 평화로운 삶이 찾아오지 않갔어?"

북한 관리들은 하나같이 그런 식으로 말했다.

이제 나는 양국의 관계라는 더 큰 배경 속에서 내 상황을 보기 시작했다. 빌 클린턴 전 대통령이 로라 링과 유나 리의 석방을 협상하러 온 것은, 북한 사람들의 눈에는 부모가 유리창을 깬 자식을 대신해 사과하고 배상하러 온 것과 같았다. 북한 사람들은 이것을 곧 미국에 대한 승리로 받아들였다.

내 경우도 마찬가지였다. 북한은 미국의 전 대통령이 다시 최고 지도자 앞에 고개를 숙여 미국의 말썽꾸러기 중 하나를 용서해 달라고 빌기를 원했다. 이것이 내가 재판을 받고 내 범죄를 인정해야 하는 이유였다. 북한 입장에서는 나와 함께 미국 전체가 심판을 받는 것이었다. 하지만 나는 훨씬 뒤에 가서야 이 상황의 모든 의미를 온전히 이해하게 되었다.

재판 예정일을 한 주 앞두고서 최고 검사가 내 가족과 통화하게 해주었다. 하지만 인도주의적인 제스처는 전혀 아니었다.

"가족에게 당신 정부로 연락해서 대통령에게 당신의 특별사면을 요청하라 해. 이것만이 당신이 집에 갈 수 있는 유일한 길이야."

나는 최고 검사의 메시지를 먼저 아내에게 전달한 뒤에 여동생과 어머니에게도 전했다. 내가 정말로 법정에 선다는 말을 듣고 다들 펄쩍 뛰었지만 나는 그들을 최대한 진정시켰다.

"다들 재판을 받았어. 미국과 북한 사이에 합의가 이루어지려면 먼저 재판을 받아야 해. 그러니 어떤 판결이 내려져도 너무 걱정하지

마. 곧 모든 일이 해결될 거야."

여동생 테리(Terri)에게 이렇게 설명하자 "알았어"라는 대답이 돌아왔지만 반신반의하는 눈치였다. 여동생은 이미 국무장관 존 케리(John Kerry)에게 나의 무사 귀환을 위해 전력을 다해 달라는 편지를 보낸 상태였다. 하지만 내가 부탁한 대로 내 문제를 언론에 알리지는 않았다. 아직도 나는 내 문제를 조용히 협상하는 것이 양국의 뜻이라고 판단했다. 하지만 여동생으로서는 아무것도 하지 않고 일이 흘러가도록 놔두는 것이 바늘방석에 앉은 것처럼 고통스러웠을 것이다.

가족들에게 전화한 날, 안더슨 스웨덴 대사와 스벤손 부대사를 만날 수 있었다. 우리는 처음 만났던 호텔에서 다시 만났다. 안더슨 대사는 나를 보자마자 임박한 재판 이야기를 꺼냈다.

"변호사를 선임하실 거죠?"

"그러지 않기로 했습니다."

"안 됩니다. 변호사가 있어야 해요."

매우 걱정스러운 눈치였다.

"저희 쪽에서 구해 보도록 할게요."

"감사합니다."

그는 북한 정부에서 허락하지 않는다 해도 무조건 재판에 참석할 것이라고 말했다.

하지만 스웨덴 대사 측의 참석 여부는 별로 중요하지 않았다. 어차피 재판의 결과는 이미 정해져 있었다. 문제는 형량이 얼마나 되느냐 하는 것뿐이었다.

참, 만약 내가 북한 주민이었다면 이미 죽은 목숨이었다.

재판은 판사가 내 운명을 결정하는 시간을 포함해서 한 시간 반 가량 소요되었다. 나는 미국 법정에서처럼 책상 뒤에 앉아 있는 것이 아니라 내내 증인석에 서 있었다. 나는 아내가 법정에서 입으라고 보내 준 정장을 입고 있었다. 영화나 드라마에서 봤던 재판 장면들을 생각해서 최대한 잘 차려입는 것이 좋겠다고 나름대로 판단했다.

그런데 그 정장을 입으니까 마치 어린아이가 아버지 양복을 입은 것처럼 보였다. 내 몸무게가 10킬로그램 이상 빠졌다는 사실을 고려하지 못했던 것이다.

결국 내 변호사는 오지 않았다. 스웨덴 대사관 측에서 구하지 못한 것이 분명했다. 판사는 법정 앞에 앉았고, 양쪽에 두 명의 판사가 더 앉아 있었다. 두 판사는 재판이 법대로 진행되는지 감시하기 위해 참석한 것이었다. 법원 속기사는 책상 앞에 앉아 법정에서 나오는 모든 말을 타이핑했다. 리철 검사와 민 검사는 방청석에 앉았고, 최고 검사는 내 반대편 벽 쪽에 서 있었다.

최고 검사가 공소장을 읽으면서 재판이 시작되었다.

"미국인 범죄자 배준호를 국가 범죄로 기소한다. 구체적으로 다음과 같이 기소한다.

YWAM이란 선교 조직에서 일하고, 미국과 남조선 교회들에서 공화국 정부를 비난하는 설교를 했다.

이스라엘 군대에 의해 파괴된 성경 속 도시의 이름을 딴 '여리고 작전'이라는 반공화국 종교 쿠데타를 계획했다. 쿠데타는 피고가 공화국에 오기 훨씬 전 미국과 남조선, 중국에서 시작되었다.

조선민주주의인민공화국을 와해시키려는 목적으로 중국에 선교 본부들을 세웠다. 그러고 나서 기도할 사람들을 관광객처럼 속여 이 나라에 들여왔다.

공화국 공민들에게 정부를 무너뜨리라고 선동했다.

공화국 정부와 우리 최고 지도자를 향한 악랄한 중상 비방을 하였다."

YWAM을 언급한 데는 이유가 있었다. 그것은 북한 정부가 YWAM의 창립자 로렌 커닝햄을 오랫동안 예의주시했기 때문이다. 2006년 커닝햄은 북한의 국경이 무너질 날을 위해 북한의 모든 가정에 나눠 줄 700만 권의 한국어 성경책을 찍으라고 촉구했다. 북한에게 이것은 무력 도발이나 다름없었다. 북한은 성경을 위험한 무기로 보기 때문이다. 심지어 성경책이 한국전쟁 당시 미국이 사용했던 무기들을 보관해 놓은 반미 선전 박물관에도 전시되어 있다.

내 공소장을 읽은 뒤 최고 검사는 유일한 증인인 송이를 불렀다. 송이는 잔뜩 긴장한 모습으로 증인석에 섰다. 나는 계속해서 연민의 눈빛을 보냈지만 아무래도 보지 못한 것 같았다. 송이는 내 쪽을 쳐다보지 않으려고 애썼다.

"이 사람 배준호를 아는가?"

최고 검사가 물었다.

"네."

"중국에 있는 동안 이 사람에게서 그리스도교 훈련을 받았는가?"

"네."

"이 사람이 조선으로 돌아가라고 말했나?"

"네."

"조선에 돌아가서 할 임무를 받았는가?"

"네. 거리의 아이들을 위해 고아원을 세워 그리스도교식으로 키우라고 했습니다."

"이상입니다."

이번에는 판사가 내 쪽으로 고개를 돌렸다.

"증인에게 질문이 있습니까?"

"없습니다."

송이는 그 말을 끝으로 재빨리 법정을 빠져나갔다.

재판이 끝나고 나서 나는 리철 검사에게 송이의 상황에 관해 물었다. 그는 자신이 집에 데려다 줬고 아무 일 없을 거라며 나를 안심시켰다.

"사실대로 말했으니까 별일 없어."

여전히 걱정됐지만 하나님이 억류 셋째 날 주신 약속을 다시 떠올리며 마음을 진정시켰다. 하나님은 분명 아무도 해를 당하지 않을 것이라고 약속해 주셨다. 이 약속을 송이에게 선포했다.

송이의 증언이 끝난 후, 최고 검사는 내가 체포된 호텔에서 커피숍을 운영하던 친구 샘의 서명된 진술서를 읽었다. 내가 나선에서 기도 센터를 열고자 했다는 내용이었다. 북한을 지배하는 일곱 영에 관해 설명했던 오리엔테이션 강연 얘기도 있었다.

이어서 최고 검사는 동영상 증거 자료를 요청했다. 그러자 우리 사역 팀이 만들었던 심벌 중 하나가 스크린에 나타났다. 포토샵을 이용해 가장자리가 헤어진 북한 깃발에 'Hope'(희망)이란 글자를 새긴 것이었는데, 북한 사람들에게 국기를 훼손하는 것은 최악의 모욕이다.

최고 검사는 이 사진을 가리키며 내게 말했다.

"보라. 당신은 우리 인민들에게 희망을 주겠다는 명목으로 우리 정부를 무너뜨리려는 거 아닌가."

내 외장 하드에서 발견한 동영상 몇 편도 공개되었다. 북한의 거리에서 굶주리고 있는 아이들의 모습이 스크린에 나타났다. 내가 이 동영상을 만들지 않았고, 외장 하드에 들어 있는지조차 몰랐다는 사실 따위는 중요하지 않았다.

"재판장님, 실로 참담한 증거입니다. 피고는 유죄입니다. 우리 헌법 60조를 어겼습니다."

최고 검사의 말에 판사는 동의하는 것처럼 보였다.

"하지만 피고자 배준호는 그간 자신의 행동을 뉘우치고 사죄를 했습니다. 따라서 자비를 베풀어 15년 노동교화형을 구형합니다."

최고 검사는 그렇게 덧붙였다.

내가 15년 형이란 말을 들은 것은 그때가 처음이었다.

'리철 검사는 형을 최대한 줄여 보겠다는 투로 말했었는데, 15년이 줄어든 거란 말인가? 물론 사형에 비하면 줄어든 것은 맞지만.'

최고 검사가 논고를 마무리한 뒤 판사가 내게 물었다.

"피고는 우리가 이 증거들에 관해 고려하기 전에 마지막으로 할 말이 있는가?"

재판을 피할 수 없다는 사실을 분명히 알고 나서부터 나는 어떻게 변론할지 수없이 고민했다. 리철 검사는 변론할 말을 글로 쓰라고까지 했다. 그렇게 하면 자신이 미리 검토해 주겠다고 했다. 물론, 일단 자백서에 서명을 한 이상, 무고함을 주장하는 것은 무의미했다. 하지만 내가 그 일을 왜 했는지 설명하고, 북한 사람들을 진심으로 사랑한다는 점만큼은 납득시키고 싶었다.

나는 변론을 시작했다.

"존경하는 재판장님. 먼저, 조선민주주의인민공화국과 그 수뇌부에 대한 저의 잘못을 인정하고 싶습니다. 공화국에서 보낸 지난 6개월 동안 제 행동이 공화국의 헌법을 심각하게 어긴 것임을 통감했습니다. 저는 분명 공화국 정부의 명성과 신뢰성을 훼손하는 발언들을 했습니다.

둘째, 그래서 공화국 정부와 그 수뇌부에 대한 저의 행동을 사죄하고 싶습니다. 제 어리석은 행동으로 수많은 사람들에게 폐를 끼친 것을 진심으로 사죄합니다.

셋째, 제 행동에 대한 대가를 기꺼이 받아들이겠습니다. 제가 귀국의 헌법 60조를 어겼다는 사실을 알았습니다. 귀국의 법에 따르면 제 행동은 용인될 수 없는 것입니다. 어떤 벌이든 달게 받겠습니다.

마지막으로, 벌은 기꺼이 받겠지만 감히 서구 세계와 공화국을 연결시키는 다리가 될 수 있는 기회를 주십사 부탁드립니다. 남한에는 1,200만 명 이상의 그리스도인들과 5만 개 이상의 교회가 있습니다. 조선 사람으로서 언젠가 조선이 통일이 되는 날을 고대하고 있습니다. 그날 이 종교인들과도 하나가 되어야 하지 않겠습니까. 통일된 나라에서 살려면 서로의 차이를 인정하고 받아들이며 조화롭게 살아가는 법을 배워야 합니다. 심지어 김일성 수령님께서도 조선의 통일을 원하고 조선 인민들을 위하는 사람이라면 신앙이나 배경, 태생에 상관없이 누구와도 손잡을 수 있다고 말씀하셨습니다.

저는 그리스도인입니다. 평생 그리스도교 교리에 따라 살려고 애써 왔습니다. 지금 저는 하나님을 믿은 이유 때문에 이 법정에 서 있습니다. 제 행동의 결과에 대해서는 이미 인정하고 사죄하였고 받아들였습니다. 제가 비록 무거운 벌을 받아 마땅한 죄를 지었지만, 통일과 이 땅 백성들의 번영을 위한 다리가 될 수 있도록 한 번만 더 기회를 주시기를 간곡히 부탁드립니다. 저를 노동교화소로 보내 봐야 무슨 소용입니까? 선처를 베풀어 주시길 바랍니다."

변론을 마치자 판사가 말했다.

"잠시 후에 판결을 내리도록 하겠습니다."

15분 뒤 판사는 모두가 예상했던 판결을 들고 나타났다.

"피고에게 15년 노동교화형을 선고한다. 이로써 재판을 마칩니다."

리철 검사는 15년 형을 선고받은 것을 듣고는 마치 내가 석방된 것처럼 굴었다.

나중에서야 그가 내 형을 낮추기 위해 재판 전에 백방으로 애썼다는 사실을 알게 되었다. 사실, 다른 검사들은 나를 전범으로 몰아가 종신형을 이끌어 내려고 했다. 하지만 리철 검사는 끝까지 자비를 보여 줘야 한다고 주장했다. 다행히 내 재판이 시작될 무렵 미국과의 긴장 관계가 다소 완화된 덕분에 다른 검사들이 리철 검사의 의견을 수용하게 된 것이었다.

그해 여름에 최고 검사가 나를 찾아와 말했다.

"당신은 이 사람에게 목숨을 빚졌소."

나는 고개를 끄덕였다.

13장
103번

형제들아 내가 당한 일이 도리어 복음 전파에 진전이 된 줄을 너희가 알기를 원하노라 이러므로 나의 매임이 그리스도 안에서 모든 시위대 안과 그 밖의 모든 사람에게 나타났으니(빌립보서 1장 12-13절).

유죄 판결이 나고 며칠 후 신체검사를 위해 근처 병원으로 갔다. 내 몸 상태가 이전에 받았던 심문과 같은 강행군을 견뎌 낼 만한지 확인하기 위해 체포 직후에 했던 것과 같은 신체검사를 했다. 이전의 신체검사가 입을 열지 않으면 고문을 하겠다는 일종의 엄포였다면, 이번 신체검사는 내가 노동교화소의 밭에서 15년간 일할 수 있는지 확인하기 위한 절차였다.

결과는 뻔할 것이었다. 종합병원과도 같은 이 몸을 고된 강제 노동에 적합하다고 판단할 의사는 없으리라 믿었다. 리철 검사도 유죄 판결 직후에 내게 그런 식으로 말했다.

신체검사 결과가 나오기 전, 가족과 통화할 기회가 생겼다. 단 최고 검사가 써 준 대본대로 읽기만 해야 했다. 그는 이렇게 말했다.

"미국 정부는 공화국의 법을 존중해야 해. 다시 말해, 당신의 죄를 인정하고 합당한 사과를 해야 하며, 미국인들의 이런 불법 행위가 또

다시 발생하지 않도록 단단히 조치를 취하겠다고 약속해야 돼. 가족들을 통해 당신네 정부에 이 점을 명확히 전하라우."

가족들에게 하고 싶은 말이 많았지만 그 말은 하나도 할 수 없었다. 아내에게 전화를 걸어 대본을 읽고 나자 최고 검사는 전화를 끊고 다음 전화를 하라고 지시했다. 다만, 15년 형을 받기는 했지만 노동교화소에 갈 가능성은 희박하다는 말로 가족들을 안심시킬 수는 있었다.

"신체검사를 받았으니 실제로 노동교화소에 가지는 않을 거예요. 걱정하지 마요. 다 잘될 거예요."

다음 날 스웨덴 대사가 나를 찾아왔다. 내 몸 상태를 이야기하니 꽤 걱정하는 눈치였다. 그는 형을 집행하기 전에 내 몸을 먼저 치료해 달라고 북한 정부에 공식 요청을 했다.

우리 모두는 어떤 의사도 내 노동교화소행을 허가할 리가 없다고 생각했다. 하지만 리철 검사와 최고 검사가 검사 결과를 듣기 위해 나를 다시 병원으로 데리고 갔을 때는 불안한 마음을 감출 수 없었다.

병원장과 나를 검사했던 의사를 포함하여 다섯 명이 병원 회의실에 앉았고, 최고 검사는 빨리 일을 처리하고 싶었는지 소개도 없이 곧바로 본론을 꺼냈다.

"자, 어떻게 결정을 내리셨습니까?"

50대 여성인 병원장이 답변했다.

"검사 결과로 볼 때 환자 배 선생은 교화소에서 중로동을 하기에는 적합하지 않은 것으로 판단됩니다."

그녀를 당장 안아 주고 싶었다. 그녀가 마치 내 생명을 구해 준 은인처럼 느껴졌다.

"다른 죄수들만큼은 아니더라도 경로동 정도는 할 수 있지 않소?"

최고 검사가 물었다.

그 말에 가슴이 조마조마했다. 이 질문에 대한 답에 따라 내가 교화소에 갈지가 결정될 것이었다. 또한 북한에서는 경노동과 중노동의 차이가 무엇인지 알 수 없어 불안했다.

"불가합니다. 이 환자는 당뇨 때문에 규칙적인 운동이 필요합니다. 하지만 등의 부상을 비롯해서 전반적인 몸 상태로 볼 때 가벼운 노동도 힘듭니다."

나는 무한한 감사의 눈빛으로 병원장을 쳐다볼 뿐 말은 하지 않았다. 섣불리 반응했다가는 최고 검사의 심기를 건드릴지 몰랐다. 그래서 가만히 앉아 마음속으로만 감사할 뿐 겉으로는 아무런 감정도 드러내지 않았다.

최고 검사는 포기하려고 하지 않았다.

"확실합니까?"

"예, 확실합니다. 이 환자는 노동교화소에 적합하지 않습니다. 최소한 지금은 그렇습니다."

이로써 회의는 끝났고, 나는 억류 시설로 돌아갔다.

잠시 후 리철 검사가 내 방으로 찾아왔는데 들어오자마자 흥분한 목소리로 말했다.

"왜 병원에서 최고 검사에게 몸이 약해 노동교화소에 갈 수 없다고 호소하지 않았소?"

나는 어리둥절했다.

"병원장이 알아서 잘 말해 주는데 굳이 제가 나설 필요가 없다고 생각했습니다. 그리고 제가 말해 봐야 무슨 소용이 있겠습니까?"

"아니야. 말을 했어야지. 가혹한 노동교화형을 견뎌 낼 수 없다고 호소했어야 했단 말야."

"제 말이 무슨 소용이 있겠습니까?"

"있지. 아주 많이."

사흘 뒤 최고 검사가 내 방에 들어와 소리를 지를 때까지만 해도 리철 검사의 말을 이해할 수 없었다.

"어서 짐을 싸시오! 오늘부터 노동교화소에 가서 형기를 채우게 될 거요!"

"예?"

최고 검사는 얼마나 화가 났는지 분을 참지 못하고 씩씩거렸다.

"당신네 서방 언론들이 우리의 사법 체계를 조롱하고 있어. 한심하다나 뭐라나. 한 시간 반밖에 걸리지 않은 불공정한 재판이었다고 떠들고 있어. 예심 기간이 넉 달 반이나 걸린 줄도 모르고 말이야. 당신이 협상 카드로 억류된 무고한 사람이라더군. 허튼소리! 당신은 분명 유죄야. 노동교화소로 가야 마땅한 죄인이라고. 그래서 그곳으로 가게 될 거야. 지금 당장!"

이런 말을 듣게 될 줄은 꿈에도 몰랐다. 내 재판에 대한 서방 언론의 보도 방식에 북한 정부가 분노한 게 분명했다. 북한 정부는 의사의 권고를 무시하고 나를 정말 노동교화소로 보냄으로써 강경한 의지를 보여 주기로 결정한 것이었다.

북한 정부가 미국 정부를 끝까지 밀어붙일 심산이라는 것을 알았다. 나는 치열한 고래 싸움의 한복판에 갇힌 새우 신세로, 한국전쟁이래 노동교화소로 보내진 최초의 미국인이 되게 생겼다.

최고 검사가 몸을 홱 돌려 방을 나가자마자 보초가 들어와 싸늘하게 명령했다.

"의자에 앉아."

짐을 챙기라는 지시를 받았다고 따지려는데, 다른 보초가 이발사를 데리고 들어왔다.

"앉아."

또다시 지시를 받고 자리에 앉았다. 이발사가 내게 천을 씌우고 가위를 꺼내 머리카락을 자르기 시작했다. 왠지 오래된 전쟁 영화 속으로 들어온 기분이었다.

몇 분 뒤 최고 검사가 돌아와 거의 6개월간 나의 집이었던 건물 밖으로 데리고 나갔다.

"떠나기 전에 이곳을 위해 작별의 기도 정도는 해야 하지 않겠나?"

그는 빈정거리는 투로 말했다.

"이미 충분히 기도했습니다."

'그렇게 기도한 결과가 무엇인지 봐라'라고 생각하고 있는 게 분명했다.

최고 검사와 보초들은 검은 커튼으로 창문을 가린 미니밴에 나를 태웠다. 다시 한 번 나는 뒷좌석에서 어깨들 사이에 끼어 앉았다. 유일한 차이점은, 이번에는 수갑을 찼다는 것이다. 전에는 수갑을 찬 적이 없었다.

솔직히 약간 설레기도 했다. 물론 교화소에 가는 것 자체는 싫었지만 6개월 동안 방에 홀로 갇혀 있다 보니 다른 죄수들과 어울리는 감옥이 그나마 낫겠다는 생각도 들었다.

6개월 전에 단동에서 연길로 이동하던 중에 내가 인솔하던 관광객 중 한 명과 나눴던 대화가 떠올랐다. 늘 그랬듯이, 북한에서 하지 말아야 할 행동들을 설명하고 나자 그가 이런 농담을 했었다.

"무슨 일이 혹시 생기면 감옥 사역을 시작하면 되겠군요."

그 말에 나는 웃었었다.

경로를 알 수 없도록 머리를 무릎 사이에 끼고 교화소로 가는데 문득 그 대화가 생각났다.

'정말로 그렇게 해야겠군.'

어차피 노동교화소에 가야 한다면 내가 북한에서 하고자 했던 일을 하고 싶었다. 그곳에서도 선교사로 일하고 싶었다.

'필시 나선과 평양의 보초나 검사들보다 수감자들이 내 말에 더 귀를 기울일 거야.'

그렇게 생각했다.

억류 시설을 떠난 지 25분쯤 지났을까, 차가 멈췄다.

"내려. 다 왔다."

한 보초가 말했다.

차에서 내려 눈앞에 펼쳐진 광경을 이해하기까지는 약간의 시간이 필요했다. 영화에서처럼 거대한 담장과 망대, 마당을 어슬렁거리는 죄수들을 상상했는데, 울타리 안의 한쪽에 단층 건물 하나와 다른 쪽에 4-5층짜리 건물 하나가 있는 것이 전부였다. 단층 건물은 감옥이라고 하기엔 너무 작았다. 150평쯤 되어 보였다. 이 건물 옆에는 언덕까지 드넓은 밭이 펼쳐져 있었다. 울타리 위에는 전기가 흐르는 것처럼 보이는 철조망이 얹혀 있었다.

최고 검사와 리철 검사 둘 다 교화소까지 따라왔다. 나를 내려 주고 그냥 돌아갈 줄 알았는데, 나와 함께 교화소에서 기다리고 있던 한 사람을 따라 단층 건물로 들어갔다. 양복을 입은 또 다른 남자는 비디오카메라를 들고 모든 상황을 녹화했다. 내가 그쪽을 바라보자 그는 즉시 소리를 질렀다.

"야, 나를 쳐다보지 말라!"

기분이 아주 나쁜 것 같았다. 다른 관리들과 간수들이 나를 쳐다봤다. 아무래도 유명한 미국인 범죄자를 구경하려고 모두 밖으로 나온 것 같았다.

건물 안으로 들어가 복도를 따라 한 작은 방으로 안내되었다. 방 안에는 최소한 90킬로그램은 되어 보이는 50대의 거구가 제복이 아닌 정장에 넥타이 차림을 하고 있었다. 그 외에 보초들과 다른 관리들이 있었고, 아직 다른 수감자들은 눈에 띄지 않았다. 마당에서 어슬렁거리는 수감자나 밭에서 일하는 수감자는 단 한 명도 없었다. 이 방 근처 어디에도 수감자는 보이지 않았다.

이윽고 정장을 입은 사람이 간수들에게 말했다.

"여기서부터는 내가 맡디."

그가 다른 간수들에게 명령을 내리는 것을 보고 처음에는 간수장인 줄 알았다. 하지만 그 몸집과 그의 명령에 모두들 벌떡 일어나 뛰어다니는 것으로 보아 아무래도 교화소 소장이 분명했다. 간수, 심지어 간수장도 이렇게 육중할 정도의 체격을 가진 당의 고위 간부는 못될 것이니까.

소장처럼 보이는 그 남자가 내 쪽으로 고개를 돌렸다.

"옷을 벗고 죄수복으로 갈아입으라."

"다 벗어야 합니까?"

"그래. 속옷까지 다."

실오라기 하나 없이 다 벗고 나자 한 간수가 죄수복을 갖다 주었다. 셔츠의 왼쪽 가슴에는 '103'이란 숫자가 수놓인 헝겊 조각이 붙어 있었다. 그때부터 이 숫자가 나의 새 이름이 되었다.

옷을 다 갈아입고 나자 옷가지와 성경책, 아내가 보내 준 책 몇 권, 스웨덴 대사관에서 준 잡지 몇 권을 비롯해서 내가 가져온 모든 소지품을 적은 목록을 받았다. 거기에 서명을 해야 했다. 풀려날 때 모두 돌려받게 될 것이라고 했다. 가만히 살펴보니 11월에 북한에 가져온 개인 소지품 중에서 이미 몇 개가 빠져 있었다.

이윽고 내가 소장으로 판단한 남자가 몇 가지 지침을 전했다.

"이곳에 있는 동안 당신은 103번이라는 죄수 번호로 불리게 될 거요. 아무도 당신을 배준호라든지 배 선생이라 부르지 않을 거야. 이제부터 당신의 이름은 103번이야. 선생들이 103번을 부르면 즉시 '예'라고 대답해야 한다. 알겠나, 103번?"

"예."

"이곳에 있는 동안 절대 말썽을 피우지 마. 이를 위해 이 교화소의 10가지 규칙과 매일의 시간표를 외우도록."

그는 벽에 붙은 종이 두 장을 가리켰다.

"저것들을 지금 외우라, 103번."

규칙은 간단했다. 기억을 최대한 더듬어 보면 그 규칙은 다음과 같았다.

1. 관리 성원들의 명령과 지시에 항상 절대적으로 복종해야 한다.
2. 관리 성원들의 이름을 불러서는 안 된다. 교화인은 관리 성원을 "선생님"이라고 불러야 한다.
3. 관리 성원들에게 말대꾸를 해서는 안 된다.
4. 아프면 치료를 받을 권한이 있다.
5. 주어진 작업을 당일에 끝내야 한다. 작업을 완수하지 못하면 해당하는 처벌을 받는다.
6. 정해진 시간에만 책, 신문, 잡지(성경 포함) 같은 것을 읽고 TV를 시청할 수 있다.

7. 자국 영사관 직원과의 면담을 요청할 권리가 있다. (이 조항으로 내가 외국인

   들만 수감하는 특별 교화소에 있다는 것을 알 수 있었다.)

8. 자기 방을 청소하고 자기 옷을 빨래해야 한다.

9. 건강을 위해 항상 위생 관리를 철저히 해야 한다.

10. 합당한 요구 사항이 있다면 언제든지 관리 성원들에게 정중하게 제기

    할 수 있다.

"103번, 뭐든 필요하면 나나 선생들에게 말하라우. 해 줄 수 있는 일이라면 해 주갔어. 이곳에서의 생활은 전혀 어려울 것이 없어. 뭐든 선생들에게 묻고 나서 하고, 시키는 대로만 하면 아무 문제가 없을 거야. 이곳에서 어떻게 지낼지는 전적으로 당신 자신에게 달려 있어."

소장이 말했다.

"예, 알겠습니다."

말썽을 일으킬 생각은 추호도 없었다. 소장이나 간수, 이 시설의 다른 관리들은 평생 크리스천을 만날 일이 없을 게 분명했다. 따라서 내 행동 하나가 복음에 대해 그들의 마음을 열 수도, 완전히 닫을 수도 있었다.

"어떤 사람들에게는 당신이 평생 유일하게 볼 수 있는 크리스천이다"라는 말이 있다. 그들에게는 바로 내가 그 사람이었다.

소장의 짧은 설명이 끝나자 간수들이 나를 바깥마당으로 데려갔다. 거기서 한 간수가 나를 벽 옆에 세웠고, 또 다른 관리가 다가와 내 상반신 사진을 찍었다. 그러고 나서 나는 내 감방으로 안내되었다.

이제 나의 새 집은 3번 방이었다. 그래서 내 죄수 번호가 103번이었던 것이다. 하지만 풀려나기 직전까지는 그 사실을 전혀 몰랐다. 심지어 간수 중 한 명에게 내 번호에 관해 묻기까지 했다.

"제가 이 교화소에 103번째로 들어온 죄수입니까? 지금까지 102명이 이곳을 거쳐 갔나요?"

그러자 간수가 큰 소리로 면박을 주었다.

"쓸데없는 것에 신경 쓰지 마라."

3번 방은 크기가 8평쯤 되었고 세 개의 작은 공간으로 이루어져 있었다. 거실에는 책상과 의자가 있었고, 그 반대편에는 텔레비전이 있었다. 이는 내 재교육이 아직 끝나지 않았다는 뜻이었다. 창살로 막힌 창문도 하나 있었는데, 창문 밖으로 복도와 현관이 보였다. 거실 옆에는 트윈 침대가 놓인 침실이 있었고, 방 안에는 작은 화장실이 딸려 있었다. 사방을 훤히 감시할 수 있도록 거실 한가운데에 달린 카메라 외에 다른 방 벽들에도 카메라가 달려 있었다. 아마도 북한 감옥 시설 중에서는 최고로 좋은 시설에 해당되는 것 같았다.

교화소의 군의가 내 상태를 확인하기 위해 찾아왔다. 그가 의사라는 것을 알고 나는 지푸라기라도 잡는 심정으로 호소했다.

"병원에서 의사 선생님이 제 건강 상태로는 제가 이곳의 노동에 적합하지 않다고 하셨습니다."

그리고 나서 병명을 나열하기 시작하자 군의가 말을 끊었다.

"걱정하지 마라. 이곳에 오면 다들 좋아진다. 로동을 하면 병이 사라질 거야. 이곳에서 주는 음식도 건강에 좋고. 다 좋아질 거야."

"당뇨와 담석 약을 먹어야 해요. 약은 아내가 보내 줬습니다."

"내가 약은 줄 터이니."

그는 내 말을 완전히 무시했다.

"하지만…"

"로동이 최고의 약이야. 내일부터 로동을 시작할 거야."

그것으로 우리의 대화는 끝이었다.

소장이 돌아왔다.

"103번, 다시 말하지만 필요한 게 있으면 선생들에게 말하라우. 단, 탈출할 생각은 꿈에도 하지 말라. 탈출하면 무조건 총살이야."

그러면서 문밖에 서 있는 간수를 가리켰다.

"모든 간수의 총은 장전되어 있다. 탈출하면 저 총구에서 불을 뿜을 거야."

"예, 알겠습니다."

"좀 쉬라. 내일 아침부터 로동을 시작할 것이니까."

"어떤 종류의 노동입니까?"

"밭에서 당신이 먹을 곡식을 기를 거야. 주체 체제에서는 모두가 일을 해서 먹을 것을 자력으로 얻어야 해. 당신도 다르지 않아."

그 말에 앞이 캄캄했다.

'저런, 내 농사 기술로 먹고살아야 한다면, 이거 큰일 났군.'

소장이 나가고 점심 식사가 들어왔다. 절인 채소 몇 개를 올린 간단한 국수였다. 저녁에는 밥 조금과 겨우 멸치보다 약간 큰 생선 두 마리가 배달되었다. 밥에는 돼지고기로 보이는 것이 서너 조각 섞여 있었는데, 거의 90퍼센트가 비계에 살점이 쥐꼬리만큼 붙어 있었다. 채소 몇 개와 국도 있었다. 이튿날 아침도 별반 다르지 않았다. 억류 시설에서 먹던 음식에 비하면 초라하기 짝이 없었다. 이런 빈약한 음식을 먹고 과연 중노동을 얼마나 오래 버틸지 자신이 없었다.

첫날 밤 10시쯤, 간수가 마침내 취침을 허락했다. 침대 위에 누워 얇은 담요를 가슴 위로 끌어 올렸다. 머리 위의 전등이 여전히 켜 있어서 스위치를 찾아봤지만 보이지 않았다. 눈을 꼭 감았지만 여전히 빛이 환하게 새어 들어왔다.

"저 불을 좀 끌 수 없을까요?"

간수에게 묻자 신경질적인 반응이 돌아왔다.

"되지도 않는 소리는 하지도 말라, 103번. 불을 *끄*면 어떻게 감시하란 말인가?"

"예, 알겠습니다."

첫날부터 간수들의 심기를 건드릴 필요는 없었다. 대신 몸을 돌려 불빛을 무시하려고 애썼다.

'15년을 이렇게 자야 한단 말인가. 오 주님, 제발 집에 보내 주세요.'

14장
시작된 노동

나에게 이르시기를 내 은혜가 네게 족하도다 이는 내 능력이 약한 데서 온
전하여짐이라 하신지라 그러므로 도리어 크게 기뻐함으로 나의 여러 약
한 것들에 대하여 자랑하리니 이는 그리스도의 능력이 내게 머물게 하려 함
이라 그러므로 내가 그리스도를 위하여 약한 것들과 능욕과 궁핍과 박해와
곤고를 기뻐하노니 이는 내가 약한 그때에 강함이라(고린도후서 12장 9-10절).

노동교화소에서의 첫 아침, 8시가 조금 못 되었을 때 내가 본 북한 사
람 중에서 가장 키가 큰 사람이 방에 들어왔다. 거의 190센티미터에
육박하는 장신이었다.

"잘 잤소, 103번? 나는 교화소의 부소장이오. 당신에게 주어진 작
업이 제대로 이행되는지 감독하는 작업반장 같은 사람이지. 지금부
터 시작이다. 따라오라."

그를 따라 언덕 비탈에 펼쳐져 있는 밭으로 나갔다. 2천 평은 넘어
보였다. 한쪽에 농기구들이 수북이 쌓여 있었고, 그 옆에는 씨앗을
담은 것처럼 보이는 자루가 놓여 있었다. 농기구 중에는 마치 배낭처
럼 등에 짊어지는 지게가 있었다. 그것으로 씨앗 자루를 밭으로 날랐
다. 괭이도 한 자루 받았다. 참 감사하게도 부소장이 따가운 햇볕을
어느 정도 차단할 수 있는 야구 모자 같은 것을 하나 주었다. 간수 세
명이 군복을 완벽히 갖춰 입고서 권총을 찬 채 내 농기구들 옆에 서

있었다. 강하게 보이고 싶은 듯 모두 팔짱을 끼고 있었다.

"이 밭에서 콩을 심어 기르게 될 것이야. 이곳에서는 모두 자립 자족하고 산다. 우리는 주체사상에서 가르치는 대로 자신이 먹을 양식을 직접 키워 먹어. 정말 좋은 체제지."

부소장이 큰 소리로 말했다.

콩은 먹을 줄만 알았지 한 번도 키워 보지 못한 나였다. 나는 1천만 명이 넘게 사는 대도시 서울에서 살다가 열여섯 살에 역시 대도시인 로스앤젤레스로 건너갔으니 농사일을 해 봤을 리가 없었다. 그 밭으로 나가기 전까지는 콩을 심기는커녕 콩 식물을 본 적도 없었다. 아니, 씨앗이라는 것을 한 번도 심어 본 적이 없었다. 하지만 단순히 땅을 파서 씨앗을 넣고 묻으면 되는 것이리라 생각했다. 아니, 그러기를 바랐다.

"이 밭은 그다지 넓지 않아. 기껏해야 며칠이면 다 심을 수 있을 거야. 하지만 서둘러야 해. 지금 심기에는 좀 시기가 늦었단 말야. 콩 한 알이라도 더 거두려면 서둘러야 해. 질문 있나?"

"어디서부터 시작해야 합니까?"

"저기."

부소장이 밭의 맨 앞쪽 한 귀퉁이를 가리켰다.

"저기서부터 한 번에 한 열씩 언덕 위로 올라가며 작업하라우. 오전 10시에 물을 마시고 30분 휴식하고, 다시 일을 시작해서 오후 12시 30분에 점심 식사를 하게 될 거야. 오후 3시 반에 다시 한 번 휴식할 수 있어. 할당된 일을 다 마치면 오후 6시에 방으로 돌아가 쉬게 될 거다. 하지만 만약 할당량을 다 끝내지 못하면 밭에 남아 끝까지 마무리를 해야 한다. 자, 가서 시작해."

농기구들이 있는 곳으로 걸어가자 간수 세 명이 삼각형을 형성해 나를 둘러쌌다. 한 간수는 내게 보란 듯이 옆구리의 권총을 툭툭 쳤다. 나는 씨앗 자루를 지게에 올린 뒤 등에 메고 일어섰다. 지게의 무게가 허리의 아픈 부위를 짓눌러 나도 모르게 주춤했다. 하지만 아무런 말도 하지 않았고, 아픈 척도 하지 않으려고 애썼다.

괭이를 들고 일을 시작해야 할 곳으로 걸어갔다. 태양은 아직 뜨겁지 않았지만 낮에는 지독히 더울 것처럼 보였다. 아직 일을 시작하지도 않았는데 벌써부터 땀이 흐르기 시작했다. 이런 일을 15년이나 하지 않게 해 달라고 나직이 기도를 드렸다.

지게와 씨앗 자루를 내려놓고, 뭘 어떻게 시작해야 할지 몰라 한동안 멍하니 땅을 바라보았다. 땅은 딱딱하게 메말라 있었다. 비탈을 따라 듬성듬성 잡초가 자라고 있었다.

"씨앗을 땅에 심으라."

저 멀리서 들리는 부소장의 말에 괭이를 들어 땅을 파기 시작했다. 몇 센티미터 깊이로 작은 구멍이 파지자 자루에서 씨앗을 꺼내 무릎을 꿇고 그 안에 넣었다. 그러고 나서 손으로 흙 한 줌을 집어서 씨앗 위에 덮었다.

몸을 일으켜서 고개를 드니 간수들이 어이없다는 표정으로 나를 바라보고 있었다.

"지금, 뭐 하는 건가?"

한 간수가 물었다.

"왜 그러십니까?"

간수 세 명 모두 나보다 최소한 열다섯 살 정도 어린데도 항상 존댓말을 써야 했다. 한 간수는 내 아들 또래로밖에 보이지 않았다.

"이런 일을 한 번도 해 본 적이 없는 것 같군."

"예, 그렇습니다."

세 명 모두 낄낄거렸다.

"이봐, 103번! 도대체 뭘 하고 있는 거요? 왜 빈둥거리고 있어?"

"빈둥거리고 있는 게 아닙니다. 씨앗을 심고 있습니다."

"농사를 지어 본 적이 있나?"

"한 번도 없습니다."

세 간수 모두 어이없다는 식으로 웃었다.

"말이 되나? 그러면 어떻게 먹고살았나? 농사를 할 줄 모르고서 어떻게 살 수 있어?"

"제가 살던 곳에서는 어부가 물고기를 잡고, 목수가 집을 짓는 것처럼 농부가 모든 농사를 짓습니다."

"어떻게 농부 몇이서 모두가 먹을 수 있는 곡식을 키울 수 있단 말인가?"

전혀 믿지 않는 눈치였다.

"그곳에는 논밭이 끝없이 넓습니다. 뜨락또르(트랙터의 북한어) 같은 기계만 있으면 많은 곡식을 키우는 데 그리 많은 일손이 필요하지 않습니다."

간수들의 표정을 보아하니 미친 사람의 헛소리쯤으로 여기는 게 분명했다.

"그러면 당신은 뭘 해서 먹고사나?"

"저는 목사요 선교사라서 말로 먹고삽니다."

간수들은 세상에서 가장 어처구니없는 말을 들은 것처럼 반응했다.

"그러니까 마이크에 대고 말만 하면 먹을 것이 나온다는 말이디?"

한 간수가 조롱하는 투로 말했다.

"예, 그렇습니다. 슈퍼마켓에 가면 먹을 것이 천지이기 때문에 저는 농사하는 법을 몰라도 상관없습니다."

밤마다 새들이 우리 집으로 먹을 것을 물어다 준다고 하는 편이 더 먹혀들어 갈 것 같았다. 그들은 내 이야기를 도무지 믿지 않았다. 세 간수는 서로의 얼굴을 번갈아 쳐다보았고, 이내 한 간수가 말했다.

"쓸데없는 소리는 이쯤 하고, 가서 일하라우."

나는 괭이로 또 다른 구멍을 판 다음 몸을 구푸려 그 안에 씨앗을 넣었다. 이렇게 몇 번을 반복하니 참다못한 어린 간수가 다가왔다.

"103번, 이렇게밖에 못하나. 자, 보라. 내가 어떻게 하는 건지 보여주갔어. 내버려 뒀다간 씨앗만 심다가 여름이 다 가겠어."

그는 내게서 괭이를 빼앗아 밭을 따라 고랑을 팠다.

"103번, 이렇게 하라."

그의 숙련된 손놀림을 보니 괭이가 도구가 아니라 마치 팔의 연장처럼 보였다.

"이제 이런 식으로 간격을 두어 땅에 씨앗을 뿌리란 말야."

그는 약 30센티미터 간격으로 손을 뻗었다.

"그러고 나서 한꺼번에 덮으라. 어때? 할 수 있겠소?"

"예, 할 수 있을 것 같습니다."

나는 자루에서 씨앗 한 줌을 집었다. 그리고 무릎을 꿇고 정확히 30센티미터 간격으로 땅에 놓았다. 하지만 간수는 고개를 가로저었다.

"서서 하라."

시키는 대로 했지만 씨앗들은 고랑에 안착하지 못했다. 결국 다시 무릎을 꿇고 잡초들 사이에서 씨앗을 주워 고랑에 넣고 흙을 퍼 덮었다.

이후 두어 시간 동안, 간수가 시범을 보여 준 대로 씨앗을 심으려고 해 봤지만 잘 되지 않았다. 하루가 겨우 시작되었을 뿐인데 허리와 팔이 벌써 쑤시기 시작했다. 다행히 오전 10시에 짧은 휴식 시간이 찾아왔다. 오전 11시에 간수들이 교대하면서 새로운 세 사람이 나를 감시하기 시작했다. 제복을 완벽하게 갖춰 입은 새 간수들도 삼각형 모양으로 나를 둘러싸고 작열하는 태양 아래 서 있었다.

오후 12시 30분이 되자 점심 식사를 하라는 지시가 떨어졌다. 나는 태양을 피해 방 안으로 음식을 가져왔다. 아침나절 내내 일했더니 배가 몹시 고팠지만 음식의 양은 전날에 비해 조금도 많아지지 않았다. 국수 몇 가닥과 작은 달걀 하나, 채소 몇 개가 전부였다. 셔츠는 땀으로 흠뻑 젖어 있었다. 정신없이 일을 할 때는 몰랐는데 가만히 앉아 있으니까 고통이 밀려왔다. 허리는 쑤시고 팔다리에는 힘이 없어 앞으로 고꾸라질 것만 같았다.

하지만 아직 노동 시간은 네 시간이나 더 남았다.

일은 오후 1시 30분에 다시 시작되었다. 계속해서 나는 괭이로 땅을 긁었다. 거대한 울타리 건너편에 밭이 또 있는 것이 보였다. 그곳에서는 웃통을 다 벗은 젊은이들이 일하고 있었다. 가만히 보니 그중두 명은 오전에 나를 감시했던 간수들이었다. 그들도 일하는 것이 당연했다. 북한에서는 어디를 가나 주체사상에 관한 이야기를 들을 수있었는데, 모든 사람이 자력갱생의 구호 아래 스스로 먹고살 길을 찾아야 한다는 것이었다. 건너편 밭은 간수들의 식량을 재배하는 곳으로 보였다.

그 모습이 다소 아이러니하게 느껴졌다. 아침에 저 사람들은 내게 국가 범죄에 대한 벌로써 일을 강요했다. 그런데 오후에는 스스로 똑같은 일을 해야 했는데, 그것은 벌이 아니었다. 그들은 뙤약볕 아래서 콩 심는 것을 일종의 특권으로 여기고 있었다. '과연 그들이 이 아이러니를 느끼고 있을까?' 하는 생각을 했다.

오후에 햇볕이 뜨거워질수록 내 괭이질과 씨앗 심기가 느려졌다. 몸을 구푸려 괭이로 한참 땅을 파고 나면 허리를 펴기가 지독히 고통스러웠다. 또 땅에 씨앗을 뿌리고 나면 다리가 후들거려 일어설 수가 없었다.

'이 일을 15년 동안 하라고? 그전에 죽고 말 거야. 저들은 그걸 알고 있어. 나를 여기서 일하다가 죽게 내버려 두지는 않을 거야. 왜냐하면 미국으로부터 원하는 것을 얻어 내려면 나를 살려 둬야 하니까. 정부가 나를 석방시키기 위해 노력하고 있어. 아마도 한 달 안에 집에 돌아갈 수 있을 거야.'

그렇게 다시 머릿속으로 한 달짜리 카운트다운을 시작했다.

이윽고 간수들이 교대했다. 새 팀 역시 삼각형을 이뤄 저마다 최대한 위협적으로 보이려고 애를 썼다. 태양은 뜨거웠고 바람 한 점 없었다. 간수들의 뺨 위로 땀이 비 오듯 흘러내리는 것이 보였다.

'저들도 나만큼 비참하군.'

아무리 생각해도 나는 간수가 세 명이나 붙어 감시해야 할 만큼 위험한 범죄자가 아니었다. 그렇다면 저들이 달리 할 일이 없어 저러고 있는 건가 하는 생각이 들었다. 내가 알기로 이 교화소 전체에 죄수는 나 하나뿐이었으니 말이다.

나는 지루함을 달래기 위해 찬양을 부르기 시작했다. 대부분은 영어로 불렀지만 가끔 한국어 찬양도 끼워 넣었다. 오후 늦은 시각이 되자 도저히 끝나는 시간까지 버틸 수 없을 것 같아 "내려오네, 아름다운 병거. 집으로 나를 데려가려고 오네"라는 찬양 "Swing low, Sweet, Chariot"을 부르기 시작했다. 당장이라도 병거가 내려와 나를 집으로 데려갔으면 했다.

오후 6시, 내 평생에 가장 긴 하루가 끝났다. 하지만 그날 내게 할당된 작업량은 마치지 못했다. 겨우 몇 줄 심었을 뿐이다. 부소장이 할당량을 채울 때까지 밭에 남아 일해야 한다고 엄포를 놓았는데 큰일이었다. 하지만 다행히 그가 자비를 베풀어 주었다. 밭에서 몇 달 내내 일하는 동안 시간 외로 일한 것은 한두 번밖에 되지 않았던 것 같다.

지친 몸을 질질 끌며 겨우 3번 방으로 돌아갔다. 당장이라도 침대 위에 쓰러지고 싶었다. 지금까지 먹었던 것과 거의 똑같은 저녁 식사가 나를 기다리고 있었다.

식사를 마치자마자 침실로 달려가는데 간수가 나를 저지했다.

"어디를 가나? 아직 취침할 시간이 아니다. 저기 앉으라."

그가 책상 옆에 놓인 의자를 가리켰다.

"자, 테레비를 켜라. 원한다면 책을 읽어도 좋고."

책을 읽기에는 너무 피곤해서 텔레비전을 보는 편을 선택했다. 화면에 아무것도 나오지 않기에 채널을 돌려 봤지만 역시나 방송이 나오는 채널은 중앙 TV 하나뿐이었다. 나는 긴 한숨을 내쉬었다. 가끔 외국 영화나 외부 프로그램이 나오기도 했지만 그날은 계속해서 북한 지도자들을 찬양하는 선전 프로그램밖에 나오질 않았다. 피곤해서 무슨 말을 하는지 하나도 귀에 들어오지 않았다. 그저 가서 눕고 싶은 마음뿐이었다.

마침내 밤 10시가 되자 문 앞의 간수가 자도 좋다고 말했다. 나는 곧바로 침대 위에 쓰러져 기절해 버렸다. 환히 밝혀진 불빛도 내 잠을 방해하지 못했다.

이튿날 새벽 6시까지 꿈쩍도 하지 않고 잤다. 여전히 적은 아침 식사를 마친 뒤 한 시간 동안 성경책을 읽고 찬양하고 기도하다가 밖으로 나가 또다시 밭일을 시작했다. 밭까지 나가는 동안 이미 영적인 에너지가 전부 고갈되었다. 몸도 아팠지만 영은 더 아팠다.

"여기서 살아남으려면 하나님의 전신갑주를 입어야겠어."

그렇게 되뇌었다.

밭에 도착해서 괭이를 쥐고 전날 멈췄던 지점부터 씨앗을 심기 시작했다. 땅을 파는 동안에는 조용히 에베소서 6장 13-17절을 암송했다. 하나님의 전신갑주를 하나씩 다시 살피며 입는 상상을 했다. 진리의 허리띠와 의의 호심경, 구원의 투구, 믿음의 방패가 나를 감싸는 것을 느꼈다. 내 괭이를 보면서는 성령의 검이라고 상상했다. 하나씩 무장을 해 나갈수록 힘이 솟아났다. 그날부터는 내 방을 나갈 때마다 항상 하나님의 전신갑주를 입어 나를 기다리고 있는 영적 전투에 대비했다.

밭에서의 둘째 날은 첫째 날과 거의 비슷했다. 셋째 날도, 넷째 날도, 계속해서 똑같은 일상이 펼쳐졌다. 단지 씨뿌리기를 멈추고 거름 뿌리는 날만 평소와 달랐다. 거름은 돼지 똥을 마른 나뭇잎에 섞어 물로 갠 것이었다. 그것을 두 통에 가득 담아 지게에 싣고 밭으로 운반했다. 그런데 균형을 잘 유지하지 못해 밭에 뿌리는 것보다 도중에 흘리는 양이 더 많았다. 결국 간수들은 한 번에 한 통씩 옮기라고 지시했다.

그런데 씨를 뿌리는 것이 훨씬 나았다. 냄새가 이루 말할 수가 없었다. 내 평생 맡아 본 악취 중에서 최악이었다.

일하면서 점점 더 자주 찬양을 불렀다. 찬양을 부르면 기분이 좋아지고 시간이 더 빨리 갔다. 하루는 찬양에 푹 빠져 만면에 미소가 번졌다. 날씨는 무덥고, 등은 욱신거리고, 무릎은 콕콕 쑤셨지만 내 영혼은 하나님의 임재 안에서 기쁨을 누렸다.

마침내 한 간수가 나를 향해 소리를 질렀다.

"이봐, 103번! 당신은 죄수인데도 불구하고 어떻게 우리보다도 더 행복해 보이나? 그만두지 못해!"

교화소에 들어온 첫 주에 스웨덴 대사가 나를 보러 왔다.

"도움의 손길이 곧 올 겁니다. 귀 정부에서 선생님의 석방을 위해 힘쓰고 있습니다. 조금만 참으십시오. 저희 대사관에서는 선생님이 이 교화소에서 나와 병원으로 이송될 수 있도록 최선을 다하고 있습니다. 어머님께서 선생님의 의료 기록을 저희에게 보내 주셨습니다. 이미 그것을 교화소의 의사에게 제출했습니다. 곧 좋은 소식이 날아오리라 기대하고 있습니다."

대사는 가족들의 편지도 가져왔다. 여동생은 어머니와 아내, 셋이서 함께 북한 정부에 내 대신 사죄 편지를 썼다고 했다. 또 여동생은 내 아들과 함께 존 케리 국무장관에게 나의 석방을 위해 힘써 달라고 호소하는 편지도 보냈다. 심지어 내 아들은 오바마 대통령에게 나를 위해 중재해 달라는 편지도 썼다.

그 첫 주에 새로운 얼굴이 나를 찾아왔다. 그는 자신을 교화소의 정치 지도원으로 소개하면서, 구성원들이 올바른 정치적 입장을 유지하도록 관리하는 사람이라고 했다. 그는 토요일마다 교화소로 찾아와 교화소 간수들을 상대로 '학습 시간'(study hour)이라는 것을 진행했다. 북한에서 학습 시간은 교회에 가는 것과 비슷하다. 다만, 성경을 공부하는 것이 아니라 김정은의 최근 연설 또는 김일성과 김정일의 글에서 발췌한 내용들을 공부하고 외운다.

　교화소에서는 모두에게 군사 계급이 있었는데 정치 지도원도 다르지 않았다. 그는 소장과 같은 계급인 상좌였다. 하지만 정치 지도원의 권력이 더 강한 것이 눈에 확연히 보였다. 다른 고위급 관리들과 달리 정치 지도원은 말랐고 매우 똑똑해 보였다. 그는 김일성대학을 졸업했다는 사실을 매우 자랑스럽게 말했다. 목소리는 부드러웠고 성품은 온화해 보였다.

　처음 나를 보러 왔을 때는 특히 더 친절했다.

　"잘 지내시오? 건강은 어떻소? 허리가 좀 안 좋다고 들었소. 괜찮소? 뭐 필요한 것은 없소? 부탁할 게 있으면 뭐든 말하시오."

　나중에도 그는 계속해서 친절하게 굴었지만 슬슬 진짜 속셈이 나오기 시작했다. 교화소에 온 지 한 달쯤 지난 어느 날 그가 물었다.

　"유명해지고 싶소?"

　무슨 뜻인지 물었더니 이런 대답이 돌아왔다.

　"우리 위대한 수령 김일성 동지와 주체사상에 관한 책을 좀 줄 테니 읽어 보시오. 읽고 잘 생각해 보면 우리 편으로 넘어오고 싶어질 거요. 그렇게 되면 당신을 아주아주 유명하게 만들어 주겠소."

　나는 속으로 웃었다. 선교사인 내게 선교를 하고 있으니 정말 웃기지 않은가. 그는 영락없는 설교자였다. 다만 그의 종교는 기독교가 아니라 주체사상이었다.

　"알다시피 저는 기독교 선교사이자 목사입니다."

　"물론 알고 있소. 그래서 유명해질 수 있다는 말이오."

그는 미소를 지었다.

"우리 체제에 관해 제대로 알고 나면 반드시 빛을 보게 될 것이오."

"저는 이미 믿는 분이 따로 있습니다. 그분은 하나님이십니다."

"당신의 믿음에 관해서는 다 알고 있소."

무시하는 투가 역력했다.

"실제로 계신 분을 믿을 수 있는데 왜 있지도 않은 신을 믿소? 당신 자신과 위대한 지도자를 믿으시오."

"저는 이대로가 좋습니다. 게다가 주체사상에 관해서는 알 만큼 압니다. 평양에 있을 때 주체사상에 관한 책을 주기에 여러 권 읽어 봤습니다."

"주체사상에 관해 더 알고 싶으면 언제라도 말만 하시오. 좋은 책들을 가져다주겠소."

포기할 생각이 전혀 없어 보였다.

정치 지도원은 최소한 일주일에 한 번씩 찾아왔다. 우리는 주로 무엇이 진리인지에 대해 논쟁을 벌였다. 그는 대학교에서 기독교에 관해 배웠는데, 첨단을 달리는 21세기에 사람들이 기독교 같은 미신에 빠지는 것을 이해할 수 없다고 말했다. 이에 나는 전 세계적으로 4명 중 3명이 신이나 초자연적인 존재를 믿고, 3명 중 1명이 기독교를 믿는다는 점을 지적했다.

초자연적인 신을 믿지 않고 지도자를 신으로 믿는 나라는 전 세계적으로 북한이 유일하다. 북한에서 유일한 교리는 주체사상이다. 하지만 정치 지도원은 자신이 믿는 것이 유일한 진리라고 절대 확신했다.

정치 지도원은 내게 사소하지만 생활에 요긴한 것들을 주곤 했다. 예를 들어, 화장지가 그랬다. 처음에는 그가 교화소에서 기본적으로 주는 화장지를 굳이 가져다주는 이유를 이해할 수 없었다. 그가 준 화장지가 다 떨어지고 나서야 그 이유를 알게 되었다. 간수들에게 화장지가 떨어졌다고 말하자 공중화장실에서 쓰는 것 같은 거친 갈색 싸구려 두루마리 휴지를 가져다줬다. 그제야 내가 북한의 상류층과 고위급 당원들만 쓰는 화장지를 사용해 왔다는 것을 알게 되었다.

내가 주체사상으로 전향한다는 것은 있을 수 없는 일이었다. 나는 평양의 억류 시설에 있는 동안 8권의 김일성 회고록을 비롯해서 북한 서적을 많이 읽었다. 8권의 회고록 중에서 6권은 김일성이 혁명가 시절에 관해 쓴 것이고, 2권은 그의 수기를 바탕으로 다른 작가가 쓴 것이다.

나는 재판을 기다리는 동안 이 8권을 다 읽었다. 김일성에 관한 영화를 하도 많이 보다 보니 책은 어떤가 한 번 읽어 보고 싶었기 때문이다. 주체사상을 정리한 김정일의 책도 읽었다. 이 책들을 통해 북한 사람들의 믿음과 세계관을 깊이 들여다볼 수 있었다. 한 분이신 참된 하나님에 관해 그들과 지적인 대화를 나누려면 그들의 체제와 신관을 이해해야 한다고 생각했다.

내가 노동교화소에 입소한 것은 5월 14일이었다. 그로부터 한 달이 조금 지난 6월 말, 최고 검사가 나를 찾아왔다.

"당신네 정부는 당신이 죽든 말든 관심도 없는 것 같아. 2009년에 기자 두 명이 이곳에 왔을 때처럼 적극적으로 나서지 않는군. 당시는 클린턴이 와서 두 사람을 데려갔지. 내가 그 사건의 담당 검사였기 때문에 잘 알아. 하지만 이번에는 아무도 오지 않는군. 아무래도 당신이 온전한 미국인이 아니라서 그런 것 같아."

"그게 무슨 말입니까? 저는 분명 미국 시민입니다."

"물론 미국 시민이지. 하지만 당신은 아시아인이지 않나. 백인이 아니란 말이야."

"2009년에 억류되었던 기자들도 둘 다 아시아인이었습니다. 그게 뭐가 중요합니까?"

"중요하지. 왜냐하면 뭔가 다르니까. 아무래도 당신이 미국 정부에 상황의 심각성을 제대로 알리지 못한 것 같아."

그는 백지 한 뭉치를 꺼냈다.

"가족들에게 좀 더 분발하라고 편지를 써야 갔어. 심각하게 말해야 해. 지금 당신의 상황이 얼마나 절박한지 정확히 알리란 말이야. 그렇지 않으면 당신은 내가 은퇴할 때까지 여기 있게 될지도 모르겠어."

'원래 그러려는 것이 아니었던가?'

15년 형을 요청한 사람은 다름 아닌 최고 검사였다.

이로써 그의 의도는 나를 오래 붙잡아 두는 것이 아님이 분명해졌다. 내 체포와 유죄판결, 15년 형 선고는 미국과 전 세계에 뭔가를 증명해 보이기 위한 무력시위라는 생각이 들었다. 이곳에서 몇 주만 더 버티면 된다는 확신이 전에 없이 강해졌다. 북한에 억류되었던 미국인들은 하나같이 몇 주, 기껏해야 몇 달 만에 풀려났다. 나도 곧 풀려나리라는 확신이 생겼다.

나는 여전히 하나님의 약속을 믿었다. 나를 무사히 집으로 보내 주실 뿐 아니라 누구도 해를 당하지 않게 하실 거라는 약속을 생명 줄처럼 굳게 부여잡았다.

한편, 편지 몇 통을 더 쓴다고 해서 뭐가 달라질지 의심스러웠다. 하지만 그와 상관없이 썼다. 아내와 어머니, 여동생에게 각각 한 통씩 썼다. 대통령을 비롯해서 미국 정부의 최고위급들에게는 이미 수많은 편지가 날아갔다. 여기에 편지 한 통이 더해진다고 해서 이미 충분히 애쓰고 있는 사람들이 더 애쓸 리는 없었다. 하지만 가족들에게 편지를 쓰면 다른 건 몰라도 최소한 내가 무사하다는 사실을 알릴 수는 있었다. 가족들은 내 편지를 눈이 빠지게 기다리고 있었다. 그들의 태산 같은 걱정을 조금이라도 덜어 줘야 했다.

편지를 다 쓰자 최고 검사가 그것들을 가져가 부쳤다. 그날 밤 나는 또다시 위대한 령도자의 업적과 능력을 찬양하는 텔레비전 선전을 견뎌 내야 했다. 다음 날 아침, 6시에 일어나 8시에 밭으로 나갔다.

이것이 나의 새로운 일상이었다.

이것이 나의 새로운 삶이었다.

얼마나 갈지는 모르겠지만 최소한 15년은 아닐 것이었다. 나는 15년은커녕 15일도 걸리지 않게 해 달라고 기도했다.

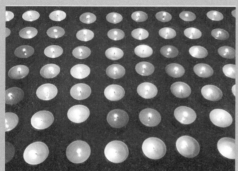

가족과 친구들이 내 석방을 위해 시애틀에서
주최한 철야 기도회(2013년 8월)

진행 상황을 간단하게 보여 주는
로비의 포스터

281 days
imprisoned in North Korea

please help us
Bring Kenneth Home

Sign the petition: https://www.change.org/FreeKenNow
Send letters to Kenneth: letterforkennethbae@gmail.com
For more information and updates: www.freekennow.com

사람들이 내게 써 준
다양한 색상의 기도 카드들을 보며
큰 힘을 얻었다

이 포스터를 통해 많은 사람이
내 억류 사실을 알게 되었다

15장
온 세상이 알게 되다

만군의 여호와께 감사하라, 여호와는 선하시니 그 인자하심이 영원하다
(예레미야 33장 10절).

체포되었을 때부터 나는 언론에서 내 사건을 보도하지 않기를 바랐다. 최대한 일이 조용히 해결되어야 나중에라도 북한에서 사역을 재개할 수 있다고 생각했기 때문이다. 지금 와서 생각해보면 불가능한 바람이었지만, 재판을 받기 전까지는 그 희망을 버리지 않고 있었다.

나는 편지와 전화로 가족들에게 언론사를 찾아가지 말라고 부탁했다. 내 재판이 열리기 몇 개월 전부터 언론에서 내 체포와 빌 리처드슨의 방북 소식을 대서특필했지만 우리 가족은 말을 아꼈다. 인터뷰에도 응하지 않았고, 나에 관한 그 어떤 공개 발언도 하지 않았다.

하지만 유죄판결이 세상에 알려진 뒤부터는 우리 가족도 입을 열기 시작했다. 지금 와서 생각하면 정말 잘한 결정이라고 생각한다.

북한은 국영통신사(news agency)를 통해 내 유죄판결에 관한 뉴스를 제공했고, 케이블 TV 뉴스 채널들과 BBC, 〈뉴욕 타임스〉(The New York Times)를 비롯한 모든 주요 언론들이 이 뉴스를 전했다. 아나운

서들은 이 판결이 미국을 압박해 북한을 정당한 핵무기 보유국으로 인정하게 하려는 책략이며, 내가 협상 카드라고 말했다.

미국 정부는 북한의 책략에 놀아나지 않았다. 국무부 대변인 패트릭 벤트렐(Patrick Ventrell)은 기자회견을 열어 북한에 나의 즉각적인 석방을 요청했다.

재판이 열린 다음 날, 내 여동생은 CNN의 "앤더슨 쿠퍼 360도" (Anderson Cooper 360°)에 처음 출연해서 앤더슨에게 말했다.

"양국의 지도자들에게 부탁합니다. 오빠를 단지 양국의 싸움 한복판에 갇힌 가엾은 희생자로 봐 주세요. 오빠는 세 아이의 아버지입니다. 어서 집으로 보내 주세요."[1]

여동생은 그 뒤로도 여러 번 이 프로그램에 출연했다.

여동생은 내 석방을 위한 노력의 얼굴이요 목소리가 되었다.

〈시애틀 타임스〉(The Seattle Times)에 사설을 쓰고, 카터(Jimmy Carter) 전 대통령과 클린턴 대통령, 힐러리 클린턴(Hillary Clinton) 장관, 올브라이트(Madeleine Albright) 장관 같은 고위급 관리들에게 호소했으며, 모든 인터뷰 요청에 적극적으로 응했다. 2014년 여동생은 워싱턴 DC를 두 번이나 방문했고, 심지어 백악관에서 모임을 갖기도 했다. 국가안전보장회의(National Security Council) 위원들과 대화를 나누고, 국무부의 웬디 셔먼(Wendy Sherman) 차관도 만났다. 또한 케리 국무 장관을 찾아가 호소하기도 했다.

나를 위해 목소리를 높인 사람은 여동생만이 아니었다. 온 가족이 나의 무사 귀환을 위한 풀뿌리 운동을 시작했다. 아들 조나단은

'Change.org'에 나의 석방을 북한에 요청하는 탄원서를 올렸다. 그 탄원서에 총 17만 7천 552명이 서명했다.[2]

내 대학 시절 친구인 바비 리(Bobby Lee)는 웹 사이트와 페이스북 그룹을 만들어 내 사건을 사람들에게 알렸다. 나중에는 여동생 테리의 대학 시절 룸메이트였던 로라 최(Laura Choi)와 그녀의 남편 아이작(Isaac)이 그 웹 사이트를 운영했다. 두 사람은 나에 관한 소식이 들어오는 대로 웹 사이트에 올리면서 국무부와 의회, 백악관 등에 나의 석방을 위한 노력을 촉구해 달라고 부탁했다. 유나 리와 로라 링은 북한에 넉 달 반 동안 억류되었을 때 편지가 큰 힘이 되었다는 사실을 떠올리며 내게 편지 보내는 캠페인을 벌였다.

심지어 농구 명예의 전당에 오른 데니스 로드맨(Dennis Rodman)도 동참해 주었다. 그는 〈시애틀 타임스〉에서 내 이야기를 읽고 트위터에 이런 글을 남겼다.

"내가 '킴'이라고 부르는 북한 최고 지도자에게 케네스 배를 당장 풀어 달라고 전화할 것이다."[3]

데니스 로드맨에 관한 이야기는 나중에 다시 하도록 하겠다. 그를 직접 만난 적이 없고 그가 나중에 우리 가족에게 상처를 주는 발언을 하기는 했지만, 2013년 5월 우리 가족과 친구들의 입장에서는 누구의 말이든 나의 석방에 도움이 된다면 무조건 반가웠을 것이다.

물론 나는 고국에서 그런 일들이 벌어지고 있는지 전혀 몰랐다. 노동교화소에서는 외부 뉴스를 볼 수도, 인터넷에 접속할 수도 없었으니까 말이다. 여동생이 CNN에 출연해 내 석방을 촉구했다는 소식을 스웨덴 대사에게 들었지만 그것이 내가 아는 전부였다. 세상과 차단된 교화소 안에 갇혀 종일 콩밭에서 일하고, 저녁에는 내내 위대한 지도자를 찬양하는 TV 폭격에 시달려야 했으니 알 리가 없었다.

그렇지 않아도 몸이 천근만근인데 또다시 TV 선전으로 정신적인 스트레스까지 받으니 죽을 맛이었다. 교화소 군의는 일주일에 한 번씩 찾아올 때마다 내 몸 상태를 물었고, 그때마다 나는 허리가 고통스럽고 몸무게가 빠지고 온몸이 아프다고 솔직히 대답했다. 하지만 그의 대답은 매번 똑같았다.

"여기서 무얼 기대했나? 이곳은 로동교화소야. 물론 지금은 허리가 아프겠지. 하지만 일을 하다 보면 좋아질 거야."

군의는 대부분의 경우 약을 주고 갔지만 모든 약을 주지는 않았다. 두어 달이 지났을 때 그는 내 혈당 수치를 검사한 뒤에 이렇게 말했다.

"정상이야. 더 이상 당뇨가 없어. 보라. 내가 일을 하면 좋아질 거라고 하지 않았나?"

혈당 수치가 좋아졌다면 그것은 어디까지나 체중이 줄었기 때문이었다. 살이 얼마나 빠졌는지는 알 수 없었지만 모든 옷이 매우 헐렁해졌다.

수면 부족 증상도 슬슬 나타나기 시작했다. 밤새 켜 있는 불도 불이지만 더위와 벌레는 정말이지 죽을 것 같았다. 감방 안은 그야말로 찜통이었다. 그래서 간수들은 방충망도 없는 창문을 활짝 열어젖혔다. 그로 인해 방 안은 밤낮으로 파리와 모기가 득실거렸다. 잠자기 전에는 창문을 닫았지만 벌레들은 여전했고, 방 안의 온도만 더 올라갔다. 낮에 워낙 많은 벌레들이 들어오기 때문에, 밤새도록 벌레를 잡느라 제대로 잘 수가 없었다. 또 벌레를 아무리 잡아도 불빛에 이끌린 벌레들이 창문의 틈새로 끊임없이 들어왔다. 밤새 윙윙거리고 물어뜯는 벌레들 때문에 나의 밤은 고통 그 자체였다.

6월의 어느 날 오후, 밭에서 땀을 뻘뻘 흘리며 일하고 있는데 카메라맨이 나를 찍는 것이 보였다. 최고 검사가 그들과 함께 있었다.

"카메라는 신경 쓰지 말고 계속 일하라우."

몇 분 뒤 카메라맨은 안으로 들어갔고, 최고 검사가 내 팔을 끌었다.

"나를 따라오라, 103번."

그를 따라 내 방에 가 보니 이미 카메라가 삼각대 위에 설치되어 있었다. 근처 의자에 한 여성이 앉아 나를 기다리고 있었다.

"여기는 당신을 인터뷰하러 온 조선신보 기자야."

최고 검사가 그녀를 소개했다.

조선신보는 일본 도쿄에서 발행되는 조총련의 기관지이다.

"기자가 질문을 할 텐데 진실만을 말하시오. 이 동영상을 서방 언론에 제공할 것이오. 그렇게 하면 당신네 정부에서 당신의 석방을 위해 뭐라도 하겠지."

최고 검사는 진실을 말하라고 했지만, 나는 북한 정부가 원하는 '진실'만을 말해야 한다는 사실을 잘 알고 있었다. 괜히 처우에 관해 불평했다가는 더 힘들어지기 십상이었다.

"깨끗한 옷으로 갈아입고 인터뷰할까요?"

"아니오. 이대로 좋아. 기자가 몸 상태와 처우에 관해 물을 거야. 그러면 얼마나 좋은 대우를 받고 지내고 있는지 자세히 이야기하라우."

바로 이것이 최고 검사가 원하는 '진실'이었다. 그는 일반적인 노동교화소에 비하면 이곳이 4성급 호텔이라고 생각했다.

"당신네 정부한테 힘을 쓰라는 말도 하라. 아무래도 당신을 잊은 것 같아. 이 인터뷰가 저들의 기억을 되살려 줄 거야."

"알겠습니다."

잠시 내가 할 수 있는 말과 해서는 안 되는 말에 관해 생각했다. 그러면서 내 팔을 훑어봤다. 내 죄수복은 지저분하고 잘 맞지도 않았다. 한 달 전만 해도 딱 맞았는데 이제는 헐렁헐렁했다. 이번에는 머리카락을 만져 봤다. 하루나 이틀 전에 깎아 깨끗했다. 머리카락을 깎을 때 얼마나 속상했는지 모른다. 머리카락을 깎는 것은 집에 금방 돌려보내 줄 생각이 없다는 뜻이니까 말이다.

'가족들이 이 모습을 보고 어떻게 생각할까?'

"배준호 씨, 교화소 생활은 어떻습니까? 견딜 만합니까?"

기자가 물었다.

"예, 지낼 만합니다. 저는 아침부터 저녁 식사 때까지 하루에 여덟 시간 일합니다. 전에 농사를 지어 본 적이 없어서 생소하기는 합니다. 하지만 여기 계신 분들이 많이 배려해 주셔서 잘 지내고 있습니다. 다만 제 건강이 썩 좋지가 않습니다. 다행히 모든 분이 친절하게 배려해 주시고 의사분들이 정기적으로 검사를 해 주셔서 큰 걱정은 없습니다."

군의가 검사할 때마다 더 열심히 일하면 좋아질 거라는 말만 되풀이했다는 사실은 밝히지 않았다.

"건강이 좋지는 않지만 잘 참아 내고 있습니다. 조선 정부와 미국 정부의 도움으로 빠른 시일 내에 풀려나기를 고대하고 있습니다."

"재판 당시 변호사 선임을 사양하셨다고 하던데 이유가 무엇이었습니까?"

기자는 들고 있는 종이에 적힌 질문을 읽었다. 북한 정부가 내 권리를 존중하고 공정한 재판을 했다는 점을 온 세상에 보여 주기 위한 질문임이 분명했다.

"이미 죄를 인정했습니다. 그런 마당에 변호사가 무슨 필요가 있겠습니까. 저는 그저 제 범죄를 인정하고 사죄하고 싶었습니다."

사전에 변호사를 만날 수 없었다는 말은 하지 않았다. 그런 말을 해 봐야 득이 되지 않는다고 판단했다.

"북한 정부와 귀국 정부에 하고 싶은 말씀이 있습니까?"

"제가 한 일이 쉽게 용서되는 일이 아님을 잘 알고 있습니다. 하지만 아무쪼록 일이 잘 해결되어서 하루라도 빨리 가족 곁으로 돌아가고 싶습니다. 7월 4일은 저희 아버지의 칠순 생신입니다. 그 특별한 날에 자식이 아버지를 축하해 드려야 하지 않겠습니까. 공화국 정부가 저를 용서하고 미국이 저의 조속한 석방을 위해 더 힘써 주기를 간곡히 부탁드립니다. 도와주십시오."

거기서 잠시 말을 멈췄다. 아버지의 생신을 생각하니 그동안 그리웠던 모든 것이 생각나면서 감정이 한꺼번에 밀려왔다.

"저는…아버지의…유일한 아들입니다."

감정이 복받쳐서 말을 하기 힘들었다.

"정말이지 아버지의 칠순 생신에 꼭 참석해서 아들 노릇을 하고 싶습니다."

인터뷰를 마치고 밭으로 돌아가 다시 일했다. 손발은 일하고 있었지만 머릿속은 온통 아버지를 비롯한 가족들 생각뿐이었다. 가족들이 나를 보고 조금이라도 위로받기를 바랐다. 두어 번 전화 통화를 하긴 했지만 화면으로 무사한 모습을 보는 것만큼 위로가 되지는 않을 것이다. 아울러 이 인터뷰를 통해 북한과 미국 관리들의 마음이 움직여 협상이 급물살을 타기를 바랐다.

인터뷰를 한 지 몇 주가 지났건만 아무런 소식이 없었다. 그러는 사이 내가 심은 씨앗들에서 싹이 트기 시작했다. 이제 씨뿌리기는 끝났기 때문에 하루 종일 잡초만 뽑았다.

7월 초의 어느 날, 소장이 나를 찾아왔다.

"이렇게 느려 터져서야, 원! 우리가 이 밭에서 일했으면 벌써 오래전에 일이 끝났을 거야."

"최선을 다하고 있습니다."

"이게 최선이야? 저기 우리 밭을 보라."

소장은 간수들이 나를 감시하지 않을 때 작업한 밭을 가리켰다.

"보라. 콩 식물이 얼마나 많이 자랐나? 우리 밭이 얼마나 아름다운지 보이지? 저 정도는 돼야지."

그 밭은 여러 사람이 붙어서 일한 곳이고, 나는 혼자서 일했다는 사실을 지적하고 싶었다. 내 밭은 산비탈에 있고, 그들의 밭은 골짜기 아래에 있다는 사실을 지적하고 싶었다. 하지만 그렇게 말할 수는 없었다.

"아름답네요. 하지만 식물이 정말로 잘 자라려면 하늘의 도움이 필요하지 않겠습니까?"

"무슨 말인가?"

"하나님이 비와 햇볕을 비롯해서 풍성한 수확에 필요한 모든 것을 보내 주셔야 합니다."

소장은 콧방귀를 뀌었다.

"하늘? 야, 기딴 소리 말라! 우리에겐 수령님이 가르쳐 주신 주체 농법이 있어. 이 농법을 따르기만 하면 일없어. 언제나 수확량이 가득해. 우리를 도와줄 하느님 따위는 필요 없어. 알간?"

내가 하나님을 언급하고 주체사상의 힘에 의문을 제기한 것에 화가 났는지 언성이 크게 높아졌다.

그날 밤, 귀청을 때리는 천둥소리와 번개 불빛에 잠이 깼다. 비가 억수로 쏟아지는 소리가 났다. 건물에서는 큰 소란이 벌어졌다. 사람들이 소리를 지르며 복도에서 뛰어다니고, 현관문을 꽝꽝 여닫는 소리가 났다. 나는 너무 피곤해서 일어나 창문 밖을 내다볼 힘도 없었다. 이리저리 뒤척이다가 다시 잠이 들었다.

이튿날 아침, 소장이 씩씩거리며 방 앞을 지나가는 것이 보였다.

"무슨 일이 있습니까?"

"간밤에 홍수가 나 콩밭이 다 물에 잠겼어. 이번 농사는 다 망쳤어."

그 콩들은 간수들을 비롯한 교화소의 모든 식구가 먹을 식량이었기 때문에 보통 큰 타격이 아닐 수 없었다.

밖에 나가 보니 정말로 밭이 다 망가져 있었다. 그런데 쑥대밭이 된 간수들의 밭과 달리 내 밭은 멀쩡했다. 역병이 온 애굽을 휩쓸 때 홀로 무사했던 이스라엘 백성이 된 기분이었다.

나는 미소를 지으며 속으로 기도했다.

'주님은 정말 유머러스하시군요. 당신이 참하나님이심을 똑똑히 보여 주셨군요.'

6월과 7월은 지독히 힘든 달이었기 때문에 하나님의 신실하심을 보여 주는 이런 사건들이 절실히 필요했다. 날이 얼마나 더운지 간수들도 삼각편대를 풀고 그늘에 앉아 멀리서 나를 감시했다. 그들과 대화를 시도해 봤지만 누가 상전인지 주지시키기 위한 대화 외에는 좀처럼 입을 열지 않았다.

하루는 비가 오는 바람에 건물 안에서 수세미로 바닥 닦는 일을 했다. 마치 동화 속 신데렐라처럼 손과 무릎으로 일했다. 물통에 수세미를 넣었다가 꺼내 바닥을 문지른 다음, 걸레로 뽀송뽀송하게 닦았다. 그런데 내가 방 근처의 복도 청소를 3분의 1가량 마쳤을 때 젊은 간수 중 한 명이 트집을 잡았다.

"이걸 청소라고 하나? 순 엉터리군. 다시 하라!"

"그러게요."

그 말에 그가 가려다 말고 몸을 홱 돌렸다.

"103번, 지금 뭐라고 말했나? 누가 내게 그렇게 말하라고 했나? 다시 제대로 말해 보라."

"예, 알겠습니다."

"누가 지금 말하라고 했소? 103번!"

"죄송합니다, 선생님. 말해도 되겠습니까?"

나는 여전히 바닥에 무릎을 꿇은 채로 말했다.

"내게 말할 때는 일어서서 말하라."

나는 일어서서 다시 말했다.

"죄송합니다, 선생님. 말해도 되겠습니까?"

자식뻘밖에 되지 않는 사람을 '선생님'이라 부르며 존댓말을 쓰려니 영 어색했다.

"좋아. 말해 보라, 103번."

"예, 선생님. 바닥을 다시 닦겠습니다."

"진작 그래야지. 자, 계속하라우."

이 젊은 간수는 사사건건 트집 잡는 것을 즐기는 듯했다. 그는 뭐든 완벽하게 해야 직성이 풀리는 성격이었고, 나는 그런 기준에 미치질 못했다. 또한 그는 규칙을 극도로 중시하는 사람이었다.

처음부터 그는 내게 적대감을 보였다.

"조선 사람인데 미국 정부 밑에서 일하다니. 당신은 첩자야. 그렇지 않나? 감히 우리 나라를 상대로 그런 짓을 하다니."

하지만 나는 한 번도 변명하거나 말대꾸를 하지 않았다. 말로는 내가 그런 사람이 아니라는 사실을 증명해 보일 수가 없었기 때문이다. 대신 나는 늘 최선을 다해 일하고 좋은 태도를 유지하려고 애썼다. 그러다 보면 언젠가는 그들의 마음이 누그러지리라 믿었다.

조선신보와의 인터뷰에서 그토록 간절히 호소했건만 결국 아버지의 칠순 생신은 그냥 지나갔고, 내 석방은 여전히 안개 속이었다.

하루는 나이 든 간수 중 한 명이 내게 물었다.

"미국처럼 폭력이 난무하는 나라에서 도대체 어떻게 살았나?"

"폭력이 난무하지 않습니다. 대부분의 지역은 더없이 안전합니다."

"하루가 멀다 하고 총격으로 사람이 죽고 여자들이 강간당하는 곳을 어떻게 안전하다고 말할 수 있나? 보도에서 미국의 잔혹한 범죄들을 수없이 봤어. 미국에서는 그런 범죄가 일상이라고 하더군."

"위험한 곳도 더러 있지만 대부분의 지역은 그렇지 않습니다. 미국 중부의 세인트루이스에서 살 때는 심지어 현관문을 잠그지도 않고 지냈습니다."

말해 봐야 이해하지 못할 것을 뻔히 알면서도 나도 모르게 그렇게 말했다.

"어떤 집에서 살았나? 아파트?"

"세인트루이스에서는 아파트에 살았습니다. 그리고 애틀랜타에서 살 때는 제 소유의 집이 있었습니다. 차도 있었고요."

대화를 유심히 듣던 다른 두 간수는 내가 실성한 것처럼 반응했다.

"어떻게 집과 차를 소유할 수 있단 말인가?"

절대 불가능하다는 말투였다.

"미국에서는 신용이라는 것을 사용합니다. 먼저 차를 사고 돈은 매달 조금씩 갚아요."

"직장이 없는데 돈은 어떻게 낸단 말야? 90퍼센트가 길바닥에서 구걸을 하지 않나?"

한 간수가 말했다.

"그건 사실이 아닙니다. 미국에서는 대부분의 사람들이 원한다면 집과 차를 소유할 수 있습니다."

"우리 정부는 집부터 시작해 우리가 원하는 것을 전부 공급해 주지."

다른 간수가 끼어들었다. 그러자 다른 두 관리가 그만하라는 표정으로 그를 바라보았다. 정부가 더 이상 필요한 것을 제대로 공급해 주지 못하고 있는 게 분명했다. 오래전에는 대부분의 사람들이 정부가 지어 준 집에서 살았지만 더 이상 그렇지 못했다. 이제는 힘 있는 자들만 번듯한 집에서 살고, 보통 사람들은 허름하고 비좁은 집에서 비참하게 살아야 했다.

"어쨌든, 이제 그만하고 일하라우, 103번. 일하는 속도가 느려 잡담으로 낭비할 시간이나 있겠나."

어느새 7월이 갔다. 아버지의 칠순 잔치에 가지 못해 지독히 괴로웠는데 이번에는 내 생일이 돌아왔다. 8월 1일. 그날도 여느 날처럼 밭으로 일하러 나갔다. 아무 날도 아닌 것처럼 행동하기가 정말 힘들었다. 지난 생일에는 단동에서 직원들이 케이크를 사서 깜짝 파티를 열어 주었건만 여기서는 내 생일인지 아는 사람이 한 명도 없었다. 생일 타령할 때가 아닌 것은 잘 알고 있었지만 쓸쓸한 마음은 어쩔 수가 없었다.

밭에서 두 시간쯤 일했을까, 부소장이 나를 안으로 불렀다.

'무슨 일일까? 혹시 조선신보에서 다시 인터뷰하러 온 것인가?'

내 방으로 들어가 보니 정치 지도원이 기다리고 있었다.

"생일 축하하오. 내가 좀 더 일찍 왔어야 빨리 쉬게 해 주는 건데 미안하오. 생일에는 일할 필요가 없소. 남은 시간은 좀 쉬라."

"감사합니다."

"그리고 뭣 좀 가져왔소."

그가 북한에서 전통적으로 생일에 먹는 국수 대신 인스턴트 라면을 내밀었다. 빵과 탄산음료도 있었다.

"오늘은 기분을 좀 내시오. 가족들이 당신을 생각하고 있을 거요. 당신도 마찬가지고. 오늘은 편히 쉬고."

정치 지도원이 선물을 주는데 소장이 들어왔다.

"그거 아나? 이분이 이 모든 것을 자비로 산 것이야."

나를 위해 이렇게까지 해 주다니 큰 감동을 받았다. 하지만 그의 진짜 동기에 대해서는 여전히 의심스러웠다. 친절한 행동을 통해 나를 전향시키려는 것일지도 몰랐다. 하지만 동기야 어쨌든 이 뜨거운 여름날에 밖에서 일하지 않는 것만 해도 말할 수 없이 감사했다. 나는 뜻밖의 선물과 휴식을 즐겼다.

며칠 뒤 군의가 나를 찾아왔다. 이번에도 순서는 똑같았다. 군의가 몸이 어떤지 물으면 내가 병명을 나열했고, 그러면 그는 항상 이렇게 대답했다.

"뭘 기대하나? 여기는 로동교화소야."

하지만 2013년 8월 3일 토요일에는 군의가 웬일인지 내 말에 귀를 기울였다. 최고 검사가 동행했는데, 그래서 달라진 것 같지는 않았다. 노동에 적합하지 않다는 신체검사 결과에도 불구하고 결국 나를 이곳으로 보낸 사람이 최고 검사이지 않은가.

군의가 몸이 어떤지 묻기에 "살이 많이 빠져서 그런지 많이 어지럽습니다"라고 대답했다.

그러자 최고 검사가 끼어들었다.

"이 사람을 병원에 보내서 정확한 검진을 받게 해야 할까?"

군의는 이마를 꼬집으며 고민하다가 이내 입을 열었다.

"아무래도 좋겠습니다. 여기서는 정확한 검사가 힘듭니다."

"좋아. 내가 그렇게 안배를 하지."

처음에는 자연스러운 대화라고 생각했는데 문득 최고 검사가 전에 했던 말이 떠올랐다. 그는 분명, 대부분의 죄수들이 이곳에서 3개월밖에 머물지 않았다고 말했다. 그런데 이제 내 3개월이 다 찼다. 아마도 뭔가 변화가 찾아올 것 같았다.

괜히 기대를 했다가 실망하고 싶지는 않았다. 그래서 "그냥 병원에서 몇 가지 검사를 하고 돌아올 것이니 섣불리 김칫국을 마시지 말자"고 혼자서 되뇌었다. 하지만 혹시 집에 돌아가게 될지도 모른다는 생각이 드는 것은 어쩔 수 없었다.

월요일 아침, 보초가 내 짐을 모두 챙기라고 지시했다.

'혹시 정말로?'

그날 오후, 최고 검사가 내 방으로 찾아왔다.

"자, 갈 시간이야."

나는 방 안을 둘러봤다.

'안녕, 3번 방. 다시는 보지 않길.'

소장과 부소장, 간수들이 모두 내 방에 찾아왔고, 나는 그들에게 잘 있으라는 인사를 했다.

"잘 가라, 103번."

소장은 마치 다시는 못 볼 사람처럼 인사했다.

최고 검사와 함께 밖에 대기해 있는 미니밴으로 갔다. 그 앞에서 노동교화소를 마지막으로 한 번 쳐다봤다. 마침내 내 악몽이 끝났다. 저곳을 다시는 보지 않기를 간절히 바랐다.

16장
산산이 깨진 희망

너희는 마음에 근심하지 말라 하나님을 믿으니 또 나를 믿으라(요한복음 14장 1절).

교화소에서 병원으로 가는 동안 다시 커튼으로 창문을 가린 미니밴에 탔고, 뒷자리의 간수들 사이에 끼어 머리를 무릎 사이에 넣었다. 저들은 목적지를 내게 비밀로 하려고 했지만 차에서 내리는 순간 어디인지 알 수 있었다.

그곳은 바로 우의병원이라고도 알려진 친선병원이었다. 평양 중심부의 외교 공관들이 밀집되어 있는 지역(diplomatic compound) 근처에 있는 이 병원은 오직 외국인 환자들, 주로 러시아와 중국 외교관들을 돌보는 곳이다. 외관은 별로 크지 않아 시골 병원을 연상케 했다. 3층짜리 건물이 본관이고, 거기에 작은 부속 건물 두 개가 붙어 있었다.

최고 검사가 나를 안으로 데려갔고, 교화소에서 온 간수 두 명이 뒤따랐다. 복도 두 곳을 지나 우회전을 한 후 복도 끝의 두 방 앞에 멈췄다.

"이곳이 당신이 머물게 될 곳이야, 103번."

최고 검사가 오른쪽 방을 가리키며 말했다.

방에 들어서는 순간, 기분이 더없이 상쾌해졌다. 벌레가 득실대는 무더운 방에서 석 달을 살다가 에어컨이 쌩쌩한 방에 들어오니 마치 천국에 온 기분이었다. 이 방은 VIP실이었으며 공간이 나뉘어 있었다. 침실로 이어지는 문이 달린 별도의 거실 공간에 큼지막한 소파가 있었고, 화장실에는 진짜 욕조와 좌변기가 있었다. (교화소에서는 웅크리고 앉아 볼일을 봐야 했다.) 방에는 침대 외에도 냉장고와 식탁, 의자 몇 개가 있었다. 텔레비전도 있었다. 텔레비전을 봐야만 한다는 불안감이 엄습했지만 외부 세상과 연결되어 있다는 느낌은 좋았다.

아무리 VIP실이라고 해도 내게 사생활은 없었다. 간수들이 문에 달린 커다란 창문을 통해 항상 나를 감시하고 있었다.

방에는 이미 두 명의 간호사가 들어와 있었다. 침대 위에는 잠옷 비슷한 옷이 가지런히 놓여 있었다. 아무리 빨아도 더럽고 냄새나는 죄수복만 입다가 깨끗한 옷을 보니 기분이 좋아졌다. 나는 화장실에 들어가 옷을 갈아입었다.

나와 보니 의사가 와서 기다리고 있었다. 50대의 깡마르고 몸집이 작은 여성이었는데 입가에 온화한 미소가 걸려 있었다.

"검사는 내일 아침에 시작할 겁니다. 검사를 마칠 때까지는 금식하셔야 합니다. 걱정하지 마십시오. 검사가 끝나자마자 식사를 드릴 테니까요."

이튿날 아침, 간호사들이 찾아와 피를 뽑고 소변 샘플을 받았다.

251

그리고 나를 다른 방으로 데려가 담낭 초음파검사를 하고, 또 다른 방에서 등 엑스레이를 찍었다. 또한 여기저기 누르고 찌르면서 다양한 검사를 했다. 의료진은 매우 꼼꼼했다.

오후에 의사가 검사 결과를 알려 주었다.

"허리에 좀 문제가 있군요. 또한 담석이 좀 있고 전립선이 비대해져 있습니다."

11월에 북한에 오기 전부터 있던 증세라 전혀 놀라지 않았다.

"아울러 영양실조 증상이 있습니다."

역시나 예상했던 증상이었다. 11월 이후로 몸무게가 무려 20킬로그램 이상 빠졌으니 말이다.

"당뇨는 좀 어떤가요?"

당뇨가 사라졌다는 교화소 군의의 말을 믿을 수가 없어 물었다.

"당뇨 검사를 다 해 봤는데 음성이었습니다. 다 나은 것으로 보입니다. 영양실조 치료를 곧바로 하겠습니다. 곧 좋아지실 겁니다."

의사가 검사 결과를 알려 준 직후 최고 검사가 들어왔다.

"한동안 여기 있게 될 거야. 잘 먹고 푹 쉬라우. 그 외에 더 할 것은 없어."

더 할 것이 없다는 말이 무슨 뜻인지는 알 수 없었다. 아무쪼록 억류가 끝나고 집으로 돌아가게 된다는 뜻이기를 바랐다.

영양실조 치료는 주로 링거를 맞는 것이었다. 아울러 영양 보조제도 제공되었다. 하지만 허리의 고통을 줄여 주는 진통제 외에 허리와 담석에 대해서는 별다른 치료를 하지 않았다. 단지 살만 찌워 보기 좋은 모습으로 집에 돌려보내려는 것이 아닐까 하는 생각을 했다.

쉬라는 최고 검사의 말은 진심으로 드러났다. 치료받을 때를 제외하고는 실컷 누워서 쉴 수 있었으니 말이다. 교화소에서는 밭에서 일하지 않을 때는 의자에 허리를 쫙 펴고 앉아 있어야 했다. 하지만 여기서는 그렇지 않았다. 여기서는 범죄자가 아니라 여느 환자들과 똑같은 대접을 받았다. 원하는 대로 눕거나 잘 수 있었다.

하지만 안타깝게도 텔레비전 방송이 시작해서 끝날 때까지 선전을 시청하는 일만큼은 똑같이 해야 했다. 또한 내 방문은 항상 잠겨 있었다. 간수들은 의사나 간호사가 들어올 때마다 열쇠로 열어 주었고, 치료가 끝날 때까지 함께 방에 있었다.

병원에 온 지 얼마 되지 않아 리철 검사가 나를 찾아왔다.

"지금부터 내가 당신을 관리할 거야."

정말 다행이었다. 리철 검사는 북한에 억류되어 있는 동안 나를 진심으로 걱정해 준 유일한 북한 관리였다. 그래서 나는 그를 '미스터 연민'이라 부르기로 했다. 그와 대화할 때는 언제나 편했다.

병원 생활에는 금세 적응했다. 처음 두 주간은 방에서 쉬면서 하루에 몇 시간씩 링거를 맞았다.

그런데 이상한 점이 하나 있었다. 방문이 열리면 가끔 개 짖는 소리가 들렸다. 처음 그 소리를 들었을 때 고개를 갸웃거렸던 기억이 난다.

'무슨 병원이 이래? 동물 병원도 함께 하나?'

병원에 입원한 지 일주일쯤 지났을 때 스웨덴 대사가 찾아왔다. 또다시 그는 미국 정부가 내 석방을 위해 백방으로 힘쓰고 있다는 소식을 전했다. 그의 목소리에서 뭔가 큰 진전이 있다는 신호를 찾아내려고 귀를 쫑긋했지만 그저 석방을 위한 노력이 이루어지고 있다는 말뿐이었다. 하지만 그것만으로도 힘이 되었다. 최소한 내가 잊히지는 않았다는 말이니까.

두 주 뒤 욘 스벤손 부대사가 찾아와 9월 초에 미국으로 가서 국무부와 내 문제를 논의하기로 했다고 전했다. 그 소식에 다시금 희망이 불타올랐다.

대사가 찾아왔던 날, 조선신보에서 또다시 인터뷰를 하러 왔다. 그들은 내 방에 카메라를 설치하고 일련의 질문을 던졌다.

"조선 정부가 당신을 왜 병원으로 보냈습니까? 왜 여기에 있습니까? 현재 건강 상태는 어떻습니까?"

나는 다시 병명을 나열했다.

"주로 영양실조 치료를 받고 있습니다. 현재 손이 심하게 저리고 다리가 많이 아픕니다. 그래서 병원에 오게 된 거죠."

그러자 기자가 물었다.

"미국 정부에 하실 말씀이 있습니까?"

나는 전과 똑같이 대답할 수밖에 없었다.

"최대한 애를 써 주십시오."

인터뷰의 목적은 뻔했다. 미국에 더 압박을 가하려는 것이었다.

"당신네 미국인 중 한 명이 중죄를 지었기 때문에 노동교화소로 보내긴 했지만, 인도주의적 차원에서 우리 나라에서 가장 좋은 병원 중 한 곳에서 치료를 받게 하고 있다. 하지만 당신네가 아무것도 하지 않으면 그를 다시 교화소로 돌려보내는 수밖에 없다."

대놓고 이렇게 말하지는 않았지만 이것이 북한 정부가 조선신보를 통해 미국에 전하려는 진짜 메시지였다.

링거를 맞으며 두 주간 쉬고 나니 복도에 나가 걸어도 좋다는 허락이 떨어졌다. 산책을 하는 동안 간수 한 명이 따라붙었다. 노동교화소에 있던 간수였다. 바로 옆방을 지나다가 살짝 들여다보니 다른 간수가 의자에 앉아 있는 것이 보였다. 방 안에는 침대 두 개 위에 옷과 책이 수북이 쌓여 있었다.

"여기에서 지내십니까?"

"그렇소. 세 명이서 번갈아 당신 방의 문 앞을 지키고 있다. 그러니 행여라도 탈출할 생각은 꿈에도 하지 말라."

말투는 평소처럼 엄중했지만 마음속으로는 경계를 풀고 있는 것이 분명히 느껴졌다. 이제 내가 위협적인 존재가 아님을 잘 알게 되었을 것이다.

"탈출은 걱정하지 마십시오. 지금 저는 조선에서 가장 안전하고 편안한 곳에 있습니다. 게다가 여기서 도망친다고 해도 어디로 가겠습니까?"

그는 고개를 끄덕였다.

"하긴, 그래."

간수와 나는 복도를 따라 걸어갔다. 복도의 길이는 20미터쯤 되었다. 중심 복도에 도착하자 몸을 돌려 내 방 쪽으로 걸어갔다. 교화소 관리들은 내가 이 병원에 입원했다는 사실이 외부에 새어 나가지 않기를 원했다.

걷다 보니 복도 한편에 건물 내부의 안마당이 내다보이는 창문들이 있었다. 밖에 뭐가 있나 보려고 창문에 얼굴을 가까이 대자 갑자기 거대한 털북숭이 잉글리시 셰퍼드가 창문 쪽으로 뛰어오르며 나를 향해 짖기 시작했다. 그 바람에 놀라 자빠지는 줄 알았다.

"얘, 여기서 뭘 하고 있는 거니?"

나는 개에게 말을 걸었다.

녀석은 계속 짖었다. 계속해서 복도를 따라 걸어가는데 녀석이 다시 다음 창문으로 뛰어오르면서 짖었다. 우리가 마당 구역을 지나가는 내내 그 일이 반복되었다.

이후 며칠 동안 나는 마당이 내려다보이는 창문들을 수없이 지나갔다. 처음 며칠간은 계속 녀석이 내게 뛰어오르며 짖었다.

"이 녀석, 왜 짖는 거냐?"

그런데 언제부터인가 녀석이 더 이상 요란하게 짖지 않았다. 대신 창문 쪽으로 뛰어오르며 살짝 짖어 내 관심을 끌기만 했다. 그리고 내가 말을 걸면 반갑다는 듯이 꼬리를 앞뒤로 흔들었다. 그렇게 나는 억류 이후 첫 친구를 사귀었다.

가끔 먹이를 주는 사람 외에는 녀석을 돌봐 주는 사람이 아무도 없어 보였다.

　매일 녀석에게 말을 거는 것이 내 산책의 하이라이트가 되었다. 녀석도 나를 기다리고 있는 것 같았다. 어쩌면 녀석에게도 내가 유일한 친구였을지 몰랐다.

　병원에 온 지 한 달쯤 지났을 무렵, 아침에 눈을 떠 보니 분위기가 여느 때와 달랐다. 처음 눈에 띈 것은 간수들이 평소처럼 한두 명만 나온 것이 아니라 세 명 모두 나와 있는 것이었다. 그뿐만 아니라 세 명 모두 군복을 완벽히 갖춰 입고 있었다. 평소에는 남들의 눈에 띄지 않도록 편하게 입고 있었는데, 완전한 군복에다 가슴을 가로질러 내려오는 띠까지 차고 있었다. 또한 무슨 공식 행사에라도 가려는 듯 모자까지 쓰고 있었다.

　이윽고 리철 검사가 들어왔다.

　"준비해. 당신을 보러 오는 사람이 있어."

　누가 오는지 짐작조차 가지 않았다.

　얼마 뒤 촬영 팀이 들어오고, 이어서 북한 관리 두 명이 들어왔다. 그러고 나서 몇몇 관리가 더 들어왔다. 모두 몹시 긴장하고 있었다.

　갑자기 문이 열리고, 훤칠하게 생긴 미국인 두 명이 들어왔다. 1년 가까이 북한 사람들만 봤더니 미국인이 전보다 더 커 보였다.

　둘 중 한 사람이 방을 가로질러 와 나를 껴안았다.

"백악관에서 왔습니다. 국가안전보장회의에서 일하고 있습니다. 대통령께서 선생님이 잘 계신지 확인하라고 저를 보내셨습니다. 그래서 의사를 데려온 것이고요."

그는 동행한 미국인을 가리켰다.

그들이 너무 반가워서 와락 울음을 터뜨릴 뻔했다.

'1년 만에 마침내 처음으로 미국인들을 보는구나. 나를 집에 데려가려고 왔구나.'

"이렇게 와 주셔서 정말 감사합니다."

우리는 물론 영어로 이야기를 나누었다. 북한 통역관들이 기록하면서 다른 사람들에게 속삭이는 것이 보였다. 리철 검사는 한쪽에 떨어져 서 있었다. 그는 영어를 어느 정도 할 줄 알았지만, 우리의 대화를 얼마나 알아듣는지는 알 수 없었다.

"어떻게 지내고 계십니까? 육체적으로, 또 정신적으로 말입니다."

백악관 관리가 물었다.

"한 달 가까이 병원에서 쉬었더니 처음 이곳에 왔을 때보다 많이 좋아졌습니다. 식사도 교화소에서보다 훨씬 좋아졌고요. 링거를 통해 영양제도 맞고 있어요. 그래서 훨씬 건강해졌습니다."

"허리는 좀 어떻습니까? 허리가 많이 안 좋다고 하던데요."

이번에는 의사가 물었다.

"밭일을 그만두면서 많이 좋아졌습니다. 그리고 여기서 물리치료도 받고 있어요."

물리치료는 여간호사가 10분간 내 등을 밟는 것이었다. 솔직히 등의

258

상태가 낫기는커녕 더 나빠지는 기분이었다. 하지만 내 말 한마디 한 마디가 철저히 감시를 받고 있었기 때문에 그런 말을 할 수는 없었다.

"음식은 어떻습니까?"

백악관 관리가 물었다.

"좋습니다. 아주 잘 먹고 있습니다."

"병은 어떻습니까?"

의사가 묻기에 내 병명을 쭉 읊었다. 그가 기록을 하며 물었다.

"어떻게 치료를 받고 계십니까?"

내가 받는 치료들을 나열했는데, 치료라고 해 봐야 몇 가지 되지도 않았다.

"선생님의 석방이 우리 정부의 최우선 사항이라는 사실을 알아주 시길 바랍니다. 최선을 다하고 있습니다. 하지만 지금 상황이 아주 복잡합니다. 애를 쓰고는 있지만 선생님을 이곳에서 빼내기가 정말 어렵습니다. 시간이 지체되고 있는데 그나마 선생님의 건강이 그리 나쁘지 않아 다행입니다."

백악관 관리의 말에 한숨이 절로 나왔다. 내가 죽기 일보직전이라 면 어떤 협상도 이루어 내겠다는 말로 들렸다. 하지만 내 건강이 좋 아졌기에 이곳을 벗어날 수 없다는 말처럼 들렸다.

내가 뭐라고 대답하기도 전에 북한 감시인이 끼어들었다.

"이제 그만. 시간이 됐소. 이제 가야 하오."

두 미국인은 자리에서 일어났다.

"만나서 반가웠습니다. 몸조심하세요."

의사는 그렇게 말하며 나를 안았다. 백악관 관리도 나를 안으며 말했다.

"걱정하지 마세요. 반드시 여기서 빼내 집으로 보내 드리겠습니다. 조금만 더 기다려 주세요. 참, 저희가 왔다는 사실은 당분간 혼자만 알고 계세요."

"알겠습니다."

백악관 관리가 겨우 5분간 비밀리에 나를 만나기 위해 이 먼 길을 찾아왔다는 것은 그만큼 나의 석방이 미국 정부에 중요하다는 뜻이었다. 하지만 곧 풀려나리라는 희망은 산산이 깨졌다.

두 사람이 떠나고 나서 나는 어깨를 축 늘어뜨린 채 침대 위에 앉았다. 그들의 방문이 이곳에서 나가는 출구의 티켓이라고 생각했다. 하지만 유일하게 확실한 석방일은 여전히 15년 뒤인 2028년 5월 1일이었다. 이런 생각을 하니 한없이 우울해졌다.

그런데 두 미국인이 떠난 지 몇 분도 되지 않아 갑자기 되돌아왔다.

'옳거니! 이제 떠나는 거구나!'

하지만 백악관 관리의 말에 다시 한 번 맥이 빠졌다.

"북한 정부가 사진 촬영을 허가했습니다. 사진을 찍어 가족분들께 드리면 좋아하실 겁니다."

"그렇겠죠."

"자, 웃으세요."

나중에 가족들에게 물어보니 사진을 받지 못했다고 한다. 아마도 단지 내가 무사하다는 증거를 백악관에 보여 주기 위해 사진을 찍어

간 것으로 보인다.

두 사람이 문을 나가자마자 리철 검사가 돌아왔다.

"저들이 무슨 말을 했나?"

그의 영어 실력이 시원치 않다는 게 드러났다.

"그냥 제 건강에 관해서만 물었습니다."

"그게 다야?"

"예, 그게 답니다."

리철 검사는 내 대답에 만족한 듯했다. 하지만 나는 전혀 그렇지
못했다.

'조금만 참자. 오래 걸리지 않을 거야.'

애써 그렇게 스스로를 위로했다.

17장
나는 선고사다

너희가 나를 택한 것이 아니요 내가 너희를 택하여 세웠나니 이는 너희로
가서 열매를 맺게 하고 또 너희 열매가 항상 있게 하여(요한복음 15장 16절).

미국인들의 은밀한 방문이 있은 지 며칠 뒤, 어머니에게서 편지가 날아왔다. 봉투 안에는 미국 국무부가 발표한 두 가지 문서의 사본이 함께 들어 있었다.

첫 번째 문서는 북한 정부가 내 석방을 협상하기 위한 로버트 킹 (Robert King) 북한 인권 담당 특사의 방북을 허락했다는 내용이었다. 희소식이었다. 하지만 문서대로라면 로버트 킹 특사는 2013년 8월 30일에 평양에 도착하기로 되어 있었다. 나는 9월 중순에 이 편지를 받았는데 아직 특사를 보지도, 그에 관한 소식을 듣지도 못했다.

두 번째 문서에는 그 이유가 설명되어 있었다. 로버트 킹 특사가 일본에서 북한으로 가기 전날, 북한 정부는 돌연 그의 방북을 거절했다. 특사가 군용기를 이용하려 했다는 사실이 북한 정부의 심기를 건드렸던 것이 분명했다. 필시 그것을 위협이요 모욕으로 해석했을 것이다. 게다가 8월 28일 미군이 남한과의 합동 군사 훈련의

일환으로 괌에 배치된 B-52 폭격기들을 남한으로 보냈다. 북한은 이 일을 큰 위협으로 여겼다. 이유야 어쨌든, 요지는 특사가 오지 않았다는 것이다.

아무도 오지 않았다.

처음 체포된 11월에 비해 상황이 진전된 것이 하나도 없었다.

국무부의 두 문서를 읽고 나서 어머니의 편지를 펼쳤다.

"아들아, 너는 다니엘의 세 친구가 풀무 불 앞에서 품었던 믿음을 품어야 한다. 기억나니? 왕이 그들을 불 속에 던지겠다고 협박했을 때 그들은 왕에게 이렇게 말했지. '왕이여 우리가 섬기는 하나님이 계시다면 우리를 맹렬히 타는 풀무 불 가운데에서 능히 건져 내시겠고 왕의 손에서도 건져 내시리이다 그렇게 하지 아니하실지라도 왕이여 우리가 왕의 신들을 섬기지도 아니하고 왕이 세우신 금 신상에게 절하지도 아니할 줄을 아옵소서'(다니엘 3장 17-18절). 아들아, 지금 네게도 이런 믿음이 필요하단다. 하나님은 얼마든지 너를 구해 주실 수 있어. 하지만 하나님이 너를 집으로 돌려보내 주시지 않는다 해도, 묶인 채로 계속해서 그분을 위해 서 있어야 한다."

어머니의 편지를 읽던 중 한 가지 생각이 들었다. 어쩌면 내가 집으로 돌아가는 것이 하나님의 뜻이 아닐지도 모른다는 생각이었다. 오히려 이곳에 붙잡혀 있는 것이 그분의 뜻일지도 몰랐다. 거의 1년 동안 나는 하나님께 구해 달라는 기도만 드렸다. 만약 그분의 대답이 "노"(아니다)라면 어떻게 할 것인가?

나는 계속해서 카운트다운을 해 왔다. 하나님이 30일이 가기 전에 나를 풀어 주실 거라고 믿으며 달력의 날짜를 하나씩 지워 갔다. 손톱과 머리카락을 자를 때마다 다음번에는 집에서 손톱과 머리카락을 자르게 될 거라고 자기최면을 걸었다. 나를 위해 애를 써 달라고 우리 정부에 호소했다. 가족들은 오바마 대통령과 존 케리 국무장관, 심지어 김정은에게까지 편지를 썼다. 하지만 그 모든 편지들은 아무런 소용이 없어 보였다. 존 케리 국무장관은 나를 석방시키기 위해 로버트 킹 특사를 보냈지만 북한은 그의 방북을 거절했다. 오바마 대통령은 국가안전보장회의 위원을 보내 나의 석방을 비밀리에 추진했지만 이 역시도 실패로 돌아갔다.

'일주일 사이에 두 번의 구조 작전이 실패했다. 일주일에 두 번이나! 집에 돌아갈 날은 여전히 기약이 없다. 오 하나님, 이것이 정녕 당신이 원하시는 바입니까? 어떻게 저를 이 이역만리에 그냥 놔두실 수 있습니까? 왜 제가 사랑하는 모든 사람에게서 떨어져 당신의 존재조차 부인하는 곳에 갇혀 있어야 합니까?'

그날 그렇게 한탄하며 뒤척이다가 겨우 잠이 들었다. 아침에 눈을 떠서도 또다시 낙심이 밀려왔다.

'하나님, 어떻게 이러실 수가 있나요? 어떻게 저를 이런 곳에 내버려 두실 수 있습니까? 저를 구해서 집으로 데려가겠다고 약속하셨잖아요?'

체포된 순간부터 나는 성경에 기록된 구원에 관한 약속들, 특히 시편의 약속들을 묵상했다. 그런데 아무리 시간이 지나도 구원의 조짐이 보이지 않자 의심의 구름이 마구 피어올랐다.

'하나님이 나를 구해 주시지 않으니 혹시 나를 사랑하시지 않는 것이 아닌가?'

아내와 어머니, 여동생, 아이들이 보낸 편지들을 다시 읽었다. 편지를 읽을 때면 그들이 가까이 있는 것처럼 느껴지다가도 이내 한없이 멀게 느껴졌다.

'사랑하는 사람들을 15년 동안 이런 식으로밖에 만날 수 없는가?'

문득 어머니의 지난 편지에 적힌 한 구절이 머릿속에 떠올랐다.

"아들아, 너는 다니엘의 세 친구가 풀무 불 앞에서 품었던 믿음을 품어야 한다."

'내가 그렇게 강할 수 있을까? 내가 그들처럼 할 수 있을까? 내가 최악의 상황이 닥쳐도 끝까지 하나님을 신뢰할 수 있을까?'

한 주 내내 이런 질문과 씨름했다. 기도하고 또 기도하며 하나님께 힘과 지혜를 구했다. 내 마음은 심한 낙심과 약한 낙심 사이를 널뛰기 했다. 내 입에서 나도 모르게 엘비스 프레슬리(Elvis Presley)의 "오늘밤 외로운가요?"(Are You Lonesome Tonight?)와 에릭 카르멘(Eric Carmen)의 "나 혼자서"(All by Myself) 같은 슬픈 노래가 흘러나왔다. 내 신세가 정말 처량하게 느껴졌다.

2013년 9월 24일, 마침내 침대 위에서 무릎을 꿇고 일생일대의 기도를 올렸다.

"주님, 제 마음을 아시지요? 제가 무엇을 원하는지 아시지요? 하지만 제 뜻대로 마옵시고 주님의 뜻대로 하옵소서. 저는 집에 가고 싶습니다. 하지만 당신이 이곳에 머물라고 하시면 머물겠습니다. 집에 갈 권리를 포기하겠습니다. 제 모든 뜻을 당신 앞에 내려놓습니다. 제 아내와 자식들, 부모님을 지켜 주십시오. 제가 여기 있는 동안 그들을 돌봐 주세요. 이곳이 제가 있어야 하는 곳이라면 당신의 뜻을 받아들이겠습니다."

그 순간, 내 어깨에서 무거운 짐이 떨어져 나가고 평안이 찾아왔다. 성령께서 방 안에 충만하여 내 소명을 다시금 기억나게 해 주셨다.

"나는 선교사다. 주님, 저는 선교사입니다. 그리고 이곳은 당신이 제게 주신 선교지입니다. 저를 사용해 주세요."

"하나님, 저를 구해 주세요"라는 기도를 멈추고 "하나님, 저를 사용해 주세요"라는 기도를 드린 순간, 날아갈 것 같은 자유를 느꼈다. 몸은 여전히 죄수로서 북한의 병원에 묶여 있었다. 병원에서 나가면 또다시 15년간의 중노동이 시작될 것이었다.

그런데 갑자기 마음이 평안해졌다. 하나님은 내가 북한에 있기를 원하셨다. 하나님이 나를 이곳으로 부르셨다. 내가 죄수가 된 데에는 하나님의 특별한 목적이 있었다.

당시는 몰랐지만 내 억류 기간은 아직도 1년 이상 남아 있었다. 하지만 그런 것은 중요하지 않았다. 오직 내가 지금 하나님이 원하시는 곳에 있고, 내가 그분을 사랑한다는 사실만이 중요했다. 내가 진정으로 그분을 사랑한다면 그분의 뜻에 순종해야 했다. 이것을 깨닫고 나니 내가 드릴 수 있는 기도는 하나밖에 없었다.

"하나님, 저를 사용해 주세요."

북한에 억류되어 있는 것이 하나님의 뜻일 수도 있다는 사실을 받아들였다고 해서 더 이상 힘들지 않은 것은 아니었다. 여전히 좋은 날 못지않게 나쁜 날도 있었다. 어떤 날은 이 사명에 시선을 고정했다가도, 어떤 날은 향수병이 지독하게 도졌다. 평양의 병원에 갇혀 있다는 사실, 나아가 혹시라도 노동교화소로 다시 끌려갈지 모른다는 사실을 생각하며 가슴을 쳤던 날도 적지 않다. 그런 날이면 고린도후서 12장 9절에서 찾아낸 약속으로 나 자신을 추슬렀다.

"내 은혜가 네게 족하도다 이는 내 능력이 약한 데서 온전하여짐이라."

나 자신은 말할 수 없이 약하게 느껴졌으나 하나님의 능력은 충분했다.

그 고통스러운 시절, 나를 지탱해 준 두 권의 책이 있다. 그중 하나는 아내가 보내 준 릭 워렌(Rick Warren)의 《목적이 이끄는 삶》(The Purpose Driven Life, 디모데 역간)이다. 하나님은 내가 억류되어 있는 동안 이 책 전체를 통해 내게 말씀하셨지만, 특히 두 개의 장이 족쇄 찬 선교사의 역할을 받아들이게 하는 데 큰 도움이 되었다.

하루는 유난히 집이 그리웠다. 아내와 자식들, 어머니와 아버지, 여동생이 보고 싶어 견딜 수가 없었다. 그때 《목적이 이끄는 삶》의 DAY 36의 '사명을 위해 지음받았다'를 읽었다.

"사명을 완수하려면 우리의 목표를 버리고 우리의 삶에 대한 하나님의 계획을 받아들여야 한다. 그것을 그저 우리가 삶을 통해 하고 싶은 모든 일들에 '가져다 붙여서는' 안 된다. 우리는 예수님처럼 "내 원대로 마옵시고 아버지의 원대로 되기를 원하나이다"(누가복음 22장 42절)라고 말해야 한다. 우리의 권리, 기대, 꿈, 계획 그리고 야망을 모두 그분에게 양보해야 한다. "하나님 제가 하는 일들이 잘되게 해 주세요"라는 이기적인 기도는 그만하고, "당신이 기뻐하시는 일을 하도록 도와주세요"라고 기도하라. 우리의 서명이 있는 백지를 하나님께 내밀고 나머지 구체적인 것들을 채워 달라고 말하자."[1]

그날 나는 바로 하나님께 다시 기도를 드렸다.

"주님, 집에 갈 권리를 내려놓습니다. 풀려날 권리를 포기합니다. 제 삶을 향한 당신의 계획을 받아들이겠습니다."

이는 결코 쉬운 기도가 아니었다. 누구 못지않게 "왜 하필 저입니까?"라고 울부짖은 끝에 나온 기도였다. 하나님은《목적이 이끄는 삶》의 또 다른 내용을 통해 나를 그런 결단으로 이끄셨다. DAY 25의 제목은 '어려움으로 인한 변화'인데, 그 장의 한중간에 다음과 같은 내용이 있다.

"하나님은 요셉을 감옥에 갇히지 않도록 하실 수 있었고(창세기39장 20-22절), 다니엘이 사자 굴에 들어가지 않게 하실 수 있었으며(다니엘 6장 16-23절) 예레미야가 구덩이에 던져지지 않도록 하실 수도 있었다(예레미야 38장 6절), 또한 바울이 탄 배가 세 번이나 부서지는 것을 막을 수 있으셨고(고린도후서 11장 25절), 세 히브리 사람이 불타는 아궁이에 던져지는 것을 막을 수도 있으셨다(다니엘 3장 1-26절), 하지만 하나님은 그렇게 하지 않으셨다. 그분은 이 문제들이 모두 일어나게 하셨고, 그 결과 그들은 모두 하나님께 더 가까이 가게 되었다."[2]

나는 이 목록에 내 이름을 더했다. 그렇다. 하나님은 내가 체포되지 않게 하실 수도 있었다. 세관 직원들이 내 외장 하드를 찾지 못하도록 눈을 멀게 하실 수도 있었다. 내가 연길에 도착하기 전에 서류 가방 안을 들여다보게 하실 수도 있었다. 얼마든지 나선시 관리들의 마음을 움직여 나를 즉시 추방하게 하실 수도 있었다. 심지어 김정은의 마음을 움직여 당장 나를 석방하게 하실 수도 있었다. 잠언 21장 1절은 이렇게 말한다.

"왕의 마음이 여호와의 손에 있음이 마치 봇물과 같아서 그가 임의로 인도하시느니라."

여기에는 당연히 김정은의 마음도 포함된다.

그렇다. 하나님은 이 모든 일을 하실 수도 있었다. 하지만 그러지 않기로 결정하셨다. 나를 한동안 그곳에 두기로 결정하셨다.

내가 쉽게 풀려나지 않는 이유를 이해하는 데 도움을 준 책이 또 한 권 있다. 역시 아내가 보내 준 책인데, 바로 카일 아이들먼(Kyle Idleman)의 《팬인가, 제자인가》(Not a Fan : Becoming a Completely Committed Follower of Jesus, 두란노 역간)다. 이 책에서 아이들먼은 남미 수리남의 한 섬 주민들에게 복음을 전하려고 했던 선교사들에 관한 이야기를 들려준다. 섬 주민들은 대부분 노예들이었다. 플랜테이션(재식 농업) 주인들은 노예들이 같은 노예 외에 누구와도 말 섞는 것을 허락하지 않았다. 그래서 선교사들은 노예들에게 다가가려고 갖은 방법을 다써 봤지만, 소용이 없었다. 그래서 결국 그들은 노예들을 전도하기 위해 스스로 노예가 되었다.[3]

이 이야기를 읽고서 내 억류의 의미를 알 것 같았다. 나는 평양을 오가면서 평범한 북한 주민들을 전도하려고 해 봤지만 소용이 없었다. 주민들과의 접촉은 제한적이었고 모든 대화를 감시받았다. 더 좋은 방법은 그들 속으로 들어가는 것이었다. 그들과 함께 살고, 그들과 똑같이 일하는 것보다 더 좋은 방법이 또 있을까. 하지만 그렇게 하기 위해서는 내가 죄수가 되어야 했다. 그것만이 간수와 검사, 병원의 의사와 간호사들을 전도할 수 있는 유일한 방법이었다.

나는 하나님께 임무를 받은 선교사였다. 아침마다 나는 거울 속의 내 두 눈을 바라보며 선포했다.

"나는 선교사다. 그것이 내가 여기 있는 이유다."

이렇게 마음을 바꾸고 나자, 내 안에서 또 한 가지 놀라운 일이 일어났다. 계속해서 나를 구해 달라고 기도할 때는 머릿속에 오직 나 자신에 관한 생각만 꽉 차 있었다. 나를 가둔 자들에게 예수님을 보여 주고 싶다고 하면서도 언제나 그들보다 내 걱정이 우선이었다. 그런데 내 억류를 하나님의 뜻으로 받아들이고 나서부터는 주변 사람들에 대해 하나님의 마음을 품기 시작했다.

전에는 희망 없이 갇혀 있다는 사실로 인해 낙심했다. 그런데 가만히 생각해 보니 바로 이런 상황이 평범한 북한 주민들의 일상이었다. 그들도 나처럼 희망 없이 갇혀 있는 것이었다.

내 신세 한탄은 연민으로 변했다. 이 사람들이 내 백성이라는 것을 깨달았다. 나도 한국인이고, 그들도 한국인이다. 증조부가 북한을 탈출하지 않았다면 나도 이곳에서 태어나 평생을 주체사상 아래서 살고 있었을 것이다.

이 사람들에 대한 내 태도는 근본적으로 변했다. 그리고 그로 인해 그들과 진정한 관계를 쌓기 위한 문이 열렸다.

다음 날도 나는 병원 복도를 따라 산책을 나섰고, 여느 때처럼 간수 한 명이 따라붙었다. 그런데 이전과 달리 이번에는 내 처량한 신세를 한탄하는 대신 그를 위해 기도했다.

'주님, 어떤 말을 해야 할지 지혜를 주세요. 당신의 진리를 이 사람에게 어떻게 보여 줄지 가르쳐 주세요.'

모퉁이를 돌아 마당이 보이는 창문 앞으로 갔다. 역시나 개가 꼬리를 흔들며 창문으로 뛰어올랐다. 녀석은 마치 하루 종일 내가 지나가기만 기다린 것처럼 굴었다.

"안녕, 친구야. 잘 잤니?"

녀석은 나와 나란히 움직이면서 궁둥이가 다 흔들릴 정도로 세게 꼬리를 흔들고 뛰어오르는 것으로 답을 대신했다. 간수는 내게 한심하다는 표정을 지어 보였다.

"미국에서는 개가 인기가 아주 많습니다."

"하긴, 폭력에서 자신을 보호하려면 개를 기르는 게 좋겠지."

"아니요, 애완견으로 인기가 많다고요. 개들이 미국에서는 아주 대접을 잘 받고 산답니다."

간수는 아무런 대꾸도 하지 않았다. 아무래도 개 이야기 따위에는 별로 관심이 없어 보였다. 그래서 나는 재빨리 주제를 바꾸었다.

"가족이 있습니까?"

그러자 간수가 나를 째려봤다.

"그런 질문은 하지 마라, 103번. 당신이 알 바가 아니야."

'하나님, 좋은 아이디어를 주십시오.'

그렇게 기도하면서 잠시 아무런 말도 하지 않고 산책만 했다. 반환점을 돌아 개가 나를 기다리고 있는 창문 앞에 다시 이르렀다. 녀석의 반가워하는 표정을 보니 여기서 내 친구는 이 개뿐이라는 생각이 들었다. 내가 보기엔 나처럼 녀석도 갇힌 몸이었다. 그 녀석은 모두와 동떨어져 마당에 갇혀 있었다.

잠시 가족과 떨어진 상황에 관해 생각하다가 결심하고서 입을 열었다.

"우리 가족은 원래 영변에서 살았습니다. 여기서 한 100킬로미터 떨어진 곳이죠."

간수의 눈이 똥그래졌다.

"정말이야? 당신은 미국인인 줄 알았는데."

"지금은 미국인 맞습니다. 전쟁 통에 온 가족이 남쪽으로 피난을 갔지요. 그래서 저는 서울에서 자랐습니다. 그러다가 열여섯 살에 미국으로 이민했습니다."

강한 호기심이 일어난 눈치였다.

"어떻게 그렇게 이민을 갈 수 있나? 남조선 정부가 그냥 놔두나?"

"물론이죠. 비자만 있으면 얼마든지 해외여행을 할 수 있어요. 허락 따위는 받을 필요가 없어요. 누구나 해외여행을 할 수 있죠."

이제 그는 완전히 넘어왔다.

"돈은 어디서 나서?"

"남조선의 경제 규모는 북조선의 40배가 넘습니다."

그는 도저히 믿지 못하겠다는 표정을 지었다.

"정말입니다. 남조선에선 웬만큼 사는 사람이면 집과 차를 소유하고 자녀를 대학에 보낼 수 있답니다."

"말도 안 돼!"

충격을 받은 눈치였다.

"거짓말이 아니에요. 우리 가족은 중산층이지만 그런 것들 다 갖고 있었어요. 미국에서도 마찬가지랍니다. 우리 가족은 부자가 아니었지만 저는 대학은 물론이고 대학원까지 나왔어요. 이래 봬도 준박사 학위(북에서는 석사 학위를 이렇게 부른다) 소지자랍니다. 중국으로 이사하기 전에 제 집이 있었어요. 지금 제 아들은 대학에 다니고 있어요."

간수의 머릿속이 복잡해지는 것이 눈에 똑똑히 보였다. 바로 이것이 내가 이 이야기를 꺼낸 목적이었다. 물론 궁극적으로는 예수님에 관한 이야기를 하고 싶었지만 그 대화까지 가려면 아직 갈 길이 멀었다.

평생 그는 주체사상과 위대한 수령 김일성에 대한 믿음이 삶에 필요한 전부라고 배워 왔다. 게다가 매일같이 뉴스와 음악, 영화를 통해 북한이 온 세상의 부러움의 대상이라는 말을 듣고 살아왔다. 따라서 그가 한 분이신 참된 하나님에 관한 메시지에 조금이라도 귀를 열려면 먼저 자기 신에 관한 진실을 알아야 했다. 그에게 이 닫힌 사회 너머의 세상을 엿보여 주면 자신이 알아 왔던 유일한 '진리'에 의문을 품고 내 말에 마음을 열기 시작하지 않을까 싶었다.

이윽고 내 방 앞에 이르렀다.

"들어와서 차나 한 잔 하시겠습니까?"

내 말에 간수는 주변을 두리번거렸다. 들어오고 싶은 게 분명했다. 북한 밖의 세상에 관해 더 알고 싶은 눈치였다. 호기심을 자극하려는 내 작전이 통했다.

하지만 결국 그는 고개를 가로저었다.

"지금은 안 되겠어. 다음번에."

"예, 언제든지 좋습니다."

문이 열리기 시작했다.

'하나님, 제게 지혜와 인내를 주세요.'

다음 날 그 간수는 내게 경계심을 더 푼 것 같았다. 함께 걷던 중에 나는 또 질문을 던졌다.

"결혼은 하셨습니까?"

"했지."

"아내분은 뭘 하십니까?"

"상점에서 일하고 있어."

"제 아내는 중국에서 조선옷 집을 운영하고 있어요. 아이는 있습니까?"

"아들 하나가 있어. 중학생이지. 내가 일하느라고 자주 볼 수 없어. 아이가 아프면 정말 힘들지."

어느새 우리는 모퉁이를 돌았다. 간수는 이제 나를 감시해야 할 죄수가 아니라 친구처럼 대하고 있었다.

"어떻게 아픕니까?"

"주로 감기야."

"비타민 C를 좀 먹여 보지 그래요? 저도 집에 있을 때 하루에 1천 밀리그램짜리 비타민을 두 개씩 먹었어요. 그래서 감기에 걸리지 않은 지 오래되었어요."

간수의 두 눈이 반짝였다.

"한번 해 보지. 고맙네."

일주일쯤 지났을 때 이 간수의 근무 차례가 왔다. 함께 걷던 중 그가 먼저 내게 말을 걸었다.

"당신이 알려 준 대로 아내가 비타민 C를 사 왔어. 그런데 아들 녀석이 먹지를 않아."

별로 중요한 대화처럼 보이지 않지만 나는 이것이 보통 큰 변화가 아님을 직감했다. 나와 간수의 관계가 서로의 조언을 믿고 받아들일 만큼 발전한 것이었다.

"쉽지 않을 겁니다. 혹시 알약을 씹게 했습니까? 아니면 통째로 삼키게 했습니까?"

"쉽게 했어."

"물과 함께 삼키게 하십시오. 그것이 아이들에게 비타민 C를 먹일 수 있는 유일한 방법입니다."

"집에 가면 한번 그렇게 해 보지."

병원에 있는 동안 다른 간수들과도 이런 대화를 수없이 나눴다. 심지어 어떤 간수는 내 방에 들어와 차를 마시기도 했다. 나중에는 그들에게 중국어를 가르쳐 주고, 텔레비전에 나오는 중국 영화에 관해 토론하기도 했다. 물론 여전히 나는 그들을 간수로 깍듯이 대했고, 그들도 나를 103번이라 불렀지만 하나님이 역사하고 계심을 분명히 느낄 수 있었다.

몇몇 간수는 내게 하나님과 내 신앙에 관해 묻기 시작했다. 물론 깊은 대화는 나누지 못했지만 내가 지금까지 만났던 사람들과 너무 달랐기 때문에 호기심이 생긴 것이 분명했다. 하나님이 내 기도에 응답하고 계셨다. 하나님이 나를 사용하고 계셨다!

18장
어머니의 방문

찬송하리로다 그는 우리 주 예수 그리스도의 하나님이시요 자비의 아버지
시요 모든 위로의 하나님이시며 우리의 모든 환난 중에서 우리를 위로하
사 우리로 하여금 하나님께 받는 위로로써 모든 환난 중에 있는 자들을 능
히 위로하게 하시는 이시로다(고린도후서 1장 3-4절).

마음이 편해진 지 열흘 정도 지났을 때 리철 검사가 찾아왔다.

"지금 당신의 어머니가 이곳 평양에 와 있어. 곧 당신을 보러 여기
로 올 거야."

"여기 계시다고요?"

어안이 벙벙했다. 스웨덴 대사가 8월에 방문했을 때 어머니가 나
를 찾아오기 위해 백방으로 알아보고 있다고 했는데 실제로 그렇게
될 줄은 예상치 못했다.

"그래. 우리 정부가 인도주의적 차원에서 당신 어머니의 방문을 허
락했어. 보라. 우리는 서구 언론이 매도하는 것처럼 지독한 사람들이
아니야."

두 눈에 눈물이 가득 고였다.

"이게 꿈입니까, 생시입니까? 그런데 왜 미리 말씀해 주시지 않았
습니까?"

"그럴까도 생각했어. 하지만 미리 알면 잠을 설치고 편히 쉬지 못하지 않겠나? 당신을 생각해서 미리 말하지 않은 거야. 몇 분 뒤면 이리로 오실 거야."

나는 침대 위에 앉아 기다리고 또 기다렸다. 내 인생에서 가장 긴 40분이 흐른 뒤, 문밖에서 간수가 열쇠를 자물쇠 구멍에 넣어 돌리는 소리가 났다.

문이 열리고, 내 눈앞에 그토록 그리던 어머니가 나타났다.

나는 벌떡 일어나 어머니에게 달려가 부둥켜안고 눈물을 흘렸다. 어머니는 나를 절대로 놔주지 않을 것처럼 붙잡았다.

한참 만에 어머니와 떨어지니 방에 촬영 팀과 몇몇 북한 관리가 들어와 있었다. 조선신보가 우리 모자의 상봉을 촬영하고 있었다. 나는 어머니와 단 둘이 오붓한 시간을 보내며 가족의 안부를 묻고 싶었지만 북한 관리들에게는 다른 꿍꿍이가 있었다. 우리는 회포도 풀기 전에 인터뷰부터 해야 했다.

"어머니께서는 아드님이 노동교화소에 있을 때 저희가 쓴 기사를 보셨나요?"

"예."

어머니는 사무적으로 대답했다. 나처럼 인터뷰를 하기 싫었던 것이다.

"보고 어떤 생각이 드셨나요?"

여기자는 함박웃음을 지으며 물었다.

"아주 좋지 않았어요. 동영상으로 아들이 처한 상태를 보고 얼마나 힘들었는지 몰라요. 가슴이 찢어지도록 아팠어요."

어머니의 음성에서는 지금까지 일어난 일뿐만 아니라 지금 이런 질문을 받는 데 대한 불쾌함이 강하게 묻어 나왔다.

"아드님을 보시니까 어떠세요?"

기자는 어머니의 기분 따위는 안중에 없는 듯 또다시 질문을 강행했다.

"아들을 봐서 기쁜 건 사실이에요. 하지만 제가 원하는 건 이곳에서 보는 것이 아니고 집에서 아들을 보는 것이에요. 그것과 상관이 없다면 더 이상 인터뷰는 하고 싶지 않아요. 아들을 보러 온 거지, 인터뷰를 하러 온 게 아니에요."

기자는 카메라맨을 보고 나서, 다시 리철 검사를 비롯한 관리들을 쳐다보았다.

"좋습니다. 오늘은 그만하는 게 좋겠군요."

조선신보 팀이 떠나자 어머니를 맡은 북한 감시인이 어머니에게 다가와서 말했다.

"기자에게 왜 그런 식으로 말했습니까? 당신 아들의 석방을 위해 애쓰는 분들이라는 걸 모르십니까? 저분들이 기사를 어떻게 쓰느냐가 아들에게 큰 영향을 미치니까 무례하게 대하는 것은 결코 좋지 않습네다."

"쓸데없는 질문 때문에 좋지 않은 기억이 되살아나서 그랬어요. 어쨌든 더 이상 인터뷰는 하고 싶지 않아요."

나는 리철 검사를 한쪽으로 불러 말했다.

"저희만의 시간을 좀 주십시오. 저를 보러 멀리 미국에서 오신 분이잖아요."

그렇게 해서 두 시간을 얻어 냈고, 다음 이틀에도 두 시간 동안 어머니와 오붓하게 보낼 수 있었다. 물론 둘만의 시간이라고는 하지만 다른 방에서 우리의 모든 대화를 듣고 있는 걸 알았다. 그곳에 완전한 사생활이란 없었다.

어머니는 자식을 걱정하는 여느 어머니들처럼 "몸은 괜찮니?"와 같은 질문을 쉴 새 없이 쏟아 냈다. 나는 잘 지내고 있다고 대답했다. 병원 측에서 미리 가져다준 티백과 커피가 있어서 어머니에게 차를 대접해 드렸다.

하지만 병원 측에서 이런 것을 거저 준 것은 아니었다. 어머니가 오기 전날, 입원비와 치료비가 하루에 600유로라는 통보를 받았다. 어차피 비용을 내는 것, 돈을 내는 만큼 누리자고 생각했다. 어머니와 차를 마시며 비용에 관한 이야기를 했다.

"실제로 떠나기 전에 비용 청산을 요구받은 사람들이 꽤 있더구나. 그래서 몇천 달러를 낸 사람도 있고, 심지어 50만 달러를 낸 사람도 있대."

그 말에 정신이 아득해졌다.

"저희가 그런 돈을 어떻게 내요?"

"걱정하지 마렴. 모금 활동을 하면 금방 돈이 모일 거야."

어머니는 애써 나를 안심시켰다.

"큰일이네요. 당장 노동교화소로 돌아가겠다고 이야기해야 할까

봐요."

그 말에 어머니는 화를 냈다.

"쓸데없는 소리! 그런 말은 하지 마라. 그곳에 가면 건강이 또 나빠질 거야."

머쓱해진 나는 슬쩍 주제를 바꾸었다.

"집사람은 어떻게 지내고 있어요?"

아내는 나와 떨어져 있는 시간이 무척 견디기 힘들었을 것이다. 그녀의 첫 남편은 40대 초반 젊은 나이에 뇌졸중으로 급작스레 세상을 떠났다. 그렇게 남편을 하루아침에 보냈는데 또다시 나와 이토록 오래 떨어져 있게 되었으니 얼마나 힘들겠는가. 내가 체포될 당시 우리는 결혼한 지 4년밖에 되지 않았으니 더더욱 상심이 컸을 것이다.

"처음 세 달 동안은 방에 틀어박혀 나올 생각을 하지 않았지. 하지만 이제는 많이 좋아졌어. 많은 사람이 잘 돌봐 주고 있어. 원래는 나와 함께 너를 보러 오려고 했는데 리디아는 미국 시민이 아니라서 국무부에서 반대했지. 무슨 일이 생기면 도와줄 수 없기 때문이라고 했어."

아내를 보고 싶은 마음이야 굴뚝같았지만 아내가 끝까지 고집을 부리지 않은 것은 다행이었다. 만약 아내가 나를 보러 왔다가 변고라도 당하면 나 자신을 용서할 수 없었을 것이다.

어머니를 담당한 감시인이 들어와 시간이 다 되었음을 알렸다.

"걱정하지 마시오. 내일 다시 만날 거요."

다음 날 어머니는 큼지막한 가방을 하나 들고 나타났다.

"먹을 것 좀 사 왔다."

마치 성탄절 아침을 맞은 기분이었다. 어머니는 마카다미아를 넣은 하와이안 초콜릿 킷캣(Kit Kat, 초콜릿 바), 육포, 견과류, 프로틴 바(단백질 바)까지 한 아름 꺼냈다. 내 두 눈을 믿을 수 없었다. 어머니는 내가 그토록 먹고 싶던 간식들을, 정확히 내가 먹고 싶던 순서대로 꺼내 놓았다. 편지에 이런 것을 먹고 싶다는 이야기를 쓴 적은 한 번도 없었다.

'하나님, 정말로 제 마음의 소원을 항상 듣고 계셨군요!'

어머니는 그것들을 모두 미국에서 사 왔다. 뿐만 아니라 평양에서 산 국수와 탄산음료 같은 간식거리도 내놓았다.

또한 어머니는 비타민 몇 병과 전당뇨병 약, 오메가3 외에 몇 가지 약들과 함께 책들도 챙겨 왔다. 그중 두 권은 한국의 유명한 작가인 한비야가 쓴 여행 책들이었다. 한 권은 중동과 아시아 일부 지역의 여행담이었고, 다른 한 권은 알래스카에서 남미까지의 여정을 기록한 책이었다. 두 책을 읽을 때면 잠시나마 마음만큼은 북한에서 벗어나 세계를 누볐다. 이야기 속의 한 등장인물이 되어 한비야와 함께 여행하는 기분이 들었다. 한 해 동안 이 책들을 최소한 일곱 번은 읽은 것 같다.

둘째 날도 어머니와 나는 두 시간 동안 쉴 새 없이 이야기를 나누었다. 할 말은 많은데 시간이 별로 없었다. 특히, 어머니가 머나면 미국에서 온 것을 생각하면 한 마디라도 더 나누고 헤어져야 했다.

그날 어머니는 편도 항공권으로 왔다고 말했다.

"왕복 항공권은 너무 비싸."

그 말이 얼마나 황당했던지.

"그럼 집에는 어떻게 가시려고요?"

"단동까지 기차로 가서 거기서 비행기를 타면 되지. 그러면 며느리도 볼 수 있으니 일석이조가 아니냐?"

어머니는 아무렇지도 않게 대답했다.

'만약 내가 그렇게 대책 없이 굴었다면 난리가 나셨겠지.'

그런 생각을 했지만 아무 말도 하지 않았다. 한편, 어머니에게 평양에 온 김에 구경 좀 하고 가라고 권했다. 사실, 구경보다는 어머니가 이곳 사람들을 직접 만나 보길 원했다.

"지금 내가 한가롭게 구경이나 하러 왔냐? 너를 보러 왔지."

하지만 시간이 많이 남아 결국 박물관들을 다녀왔다. 그날 밤 스웨덴 대사는 어머니를 모시고 스테이크 전문점에 가서 북한 정부의 감시인과 스웨덴 대사관의 통역관까지 함께 대접했다. 아마 두 사람은 그런 비싼 음식을 난생처음 먹어 봤을 것이다.

마지막 날 어머니는 옥류관이라는 유명한 식당에서 냉면을 사 왔다. 여느 어머니들처럼 두 그릇만이 아니라 병원 직원들과 간수들까지 다 먹을 수 있도록 넉넉히 사 왔다. 그 일은 그들에게 특별한 인상을 주었다. 내게 벌어진 일 때문에 분노하고 화를 내는 대신에 어머니는 그들을 친절하게 대해 주었다. 어머니가 한 행동들은 벽들을 무너뜨려 나중에 어머니가 떠난 뒤에 그들과 대화를 나눌 수 있는 디딤돌이 되었다.

그날 어머니는 내 귀에 대고, 내게 편지들과 함께 〈뉴욕 타임스〉

기사들을 보내 준 제인(Jane)이란 사람이 사실은 유나 리였다고 속삭였다. 북한에서의 경험으로 인해 내게 연민을 느낀 유나 리는 '케네스에게 편지를'(Letters for Kenneth)이라는 이메일 캠페인을 벌였다. 유나 리는 내가 북한의 감시와 통제를 받는 상황을 고려해서 내 지지자들의 편지를 모두 편집한 뒤에 어머니에게 주었고, 어머니는 다시 그 편지들을 미국 국무부에 보냈다. 그녀는 혹시 북한이 자신의 이름을 알면 편지들을 전해 주지 않을까 봐 가명을 사용했던 것이다.

그녀의 마음이 정말 아름답고 고마웠다. 그래서 '제인'에게, 고국에 돌아가면 언제 한 번 꼭 만나서 식사를 대접하고 싶다는 감사의 편지를 보냈다.

우리 모자에게 주어진 시간은 전날과 마찬가지로 두 시간뿐이었다. 두 시간이 다 되자 나는 정부 감시인에게 시간을 조금만 더 달라고 부탁했다. 다행히 감시인은 어머니의 간절한 눈빛을 보고 차마 안 된다는 말을 하지 못했다.

다시 한 시간이 지나자 감시인은 간호사를 데려와 눈치를 주기 시작했다. 간호사는 어떻게 말해야 될지 모르는 것 같았다. 그래서 내가 대신 어머니에게 말했다.

"어머니, 이젠 헤어질 때가 되었어요."

"안 된다, 얘야. 조금만 더 있자."

나는 간호사를 다시 쳐다보고 말했다.

"우리가 보낼 수 있는 시간은 여기까지예요. 지금 바로 물리치료를 해야 해요."

"그렇다면 단동행 기차를 타기 전에 한 번만 더 찾아와도 될지 물어볼게."

어머니는 눈물을 글썽이며 물었다.

"어머니, 요청은 할 수 있지만 아마 안 될 거예요. 저는 괜찮아요. 제가 북한에 있어야 한다면, 이곳이 아마도 최고로 좋은 곳이잖아요. 제 걱정은 하지 마세요. 가서 제 석방을 위해서 힘써 주시면 돼요."

그렇게 말해도 어머니는 계속 머뭇거렸다.

"어머니, 괜찮아요. 잘 이겨 낼 거예요. 그러고 나면 평생 세상 사람들에게 전할 특별한 이야기를 얻게 될 거잖아요."

어머니는 마지못해 일어나 아주 긴 작별의 포옹을 했다. 어머니가 나가다 말고 고개를 돌려 나를 바라볼 때의 표정은 평생 잊지 못하리라. 어머니의 두 눈에서 나를 다시는 못 볼지 모른다는 깊은 우려가 묻어 나왔다. 내가 체포되고 기소되어 유죄판결을 받았다는 소식을 이미 들어서 알고는 있었지만, 실제로 와서 보니 더 가슴이 아팠을 것이다. 어머니는 내게 다니엘의 세 친구와 같은 믿음을 품으라고 격려했지만, 이제 어머니에게 그런 믿음이 필요했다.

마침내 어머니가 떠났다. 하지만 낙심이나 외로움은 느껴지지 않았다. 대신 어머니를 보내 주신 하나님께 감사드렸다. 내가 잘 지내는 모습을 보고서 어머니의 걱정이 많이 가셨을 것이다.

우리는 더 많은 걱정들을 필요로 하지 않는다. 걱정해 봐야 상황이 바뀌는 것은 하나도 없다. 오직 하나님만이 상황을 바꾸실 수 있다.

19장
계속된 실망

주 안에서 항상 기뻐하라 내가 다시 말하노니 기뻐하라 너희 관용을 모든 사람에게 알게 하라 주께서 가까우시니라(빌립보서 4장 4-5절).

억류 1주년이 소리 없이 조용히 지나갔다. 그날 나는 자리에서 일어나 잠시 독서를 하고 나서 간수 한 명과 함께 복도를 걸었다. 유일한 친구인 개가 나를 반겨 주었다.

오후 3시, 텔레비전이 켜졌다. 유일하게 방송되는 채널에서 매일 보여 주는 선전을 또다시 보여 주었다. 무시하려고 애쓰며 잠시 성경책을 읽고 나서 어머니가 가져다준 여행 책들 중 한 권을 읽었다. 여전히 죄수로 평양에 억류되어 있었지만 그 책을 통해 잠시나마 남미로 탈출할 수 있었다.

여느 날과 똑같이 하루가 지나갔다. 그날 밤, 잠자리에 누워 하나님께 기도를 올렸다. 언제까지일지 모르지만 이곳에 있는 동안 선교사로서 하나님을 충실히 섬길 힘을 달라고.

며칠 뒤 30대 중반의 홀쭉한 남자가 나를 찾아왔다.

"이번에 당신의 사건을 새로 담당하게 된 검사다. 당신에게 필요한

286

것이 있는지 내가 매주 확인할 거고. 또한 당신의 사건이 어떻게 진행되는지 계속 점검할 것이야."

그가 말할 때마다 뱀파이어처럼 돌출된 송곳니가 보였다.

"만나서 반갑습니다."

그와의 첫 단추를 잘 끼고 싶었다. 지금까지 내 사건을 맡았던 관리들은 고약하기 짝이 없었다. 나선의 미스터 박에서부터 최고 검사와 민 검사까지 북한의 관리들은 내게 매정하게 굴었고, 심지어 노골적인 적대감까지 드러냈다. 딱 한 명, 리철 검사만 내게 마음을 써 주었다. 그런데 아무래도 그가 교체된 것 같았다.

"그래. 그간 어떻게 지냈나? 뭐, 필요한 것은 없나?"

"잘 지내고 있습니다."

"그래. 당신의 사건에 관해서 이야기하자면 특별히 새로운 것은 없소. 앞으로도 그럴 거야."

그는 눈앞에 있는 서류들을 내려다보았다.

"서류를 보니 나이가 마흔여섯이군. 앞으로 나와 많은 시간을 보내게 될 거야. 최소한 환갑까지는 이곳에 있어야 할 테니 말이야."

빈정대는 것은 아니었고 지극히 사무적인 투였다.

"그렇군요."

단지 내 반응을 보려는 것인지, 아니면 정말로 내가 형기를 다 채우리라 생각하는 것인지 확인하기 위해 그의 얼굴을 자세히 뜯어봤다. 심지어 최고 검사도 내가 15년을 다 채울 것처럼 말하지 않았다. 마지막으로 나를 찾아왔을 때 그는 북한 정부가 나를 모범수로 봐 주면서 7-8년 뒤면 풀어 줄지도 모른다고 말했다.

"나와 함께 이곳에서 당신의 환갑잔치를 하게 될 거야. 다음 주에 보자."

그는 자리에서 일어나면서 말했다.

다음 주에 돌아온 새 검사는 똑같은 말을 하고 돌아갔다. 다음 주도, 그다음 주도. 어떤 날은 "당신 가족들은 이미 당신을 잊었어. 당신네 정부도 당신을 잊었고. 이제 당신이 여기에 있는 것조차 기억하는 사람이 아무도 없어"라는 식으로 말했다.

얼마 있지 않아 나는 이 검사를 '미스터 실망'(Mr. Disappointment)이라고 부르기 시작했다. 물론 대놓고 그렇게 부르지는 않았지만 말이다. 내가 부여잡고 있는 석방의 꿈에 찬물을 끼얹는 것이 그의 유일한 임무처럼 보였다.

그래도 감사한 점은 미스터 실망이 자주 편지를 챙겨다 주었다는 것이다. 가족들의 편지만이 아니라 유나 리 등이 시작한 편지 쓰기 캠페인 덕분에 전혀 모르는 사람들의 편지도 날아오기 시작했다. 미스터 실망은 모두가 나를 잊었다고 했지만 다음과 같은 편지는 전혀 그렇지 않다고 말해 주고 있었다.

"케네스 배 선생님께. 매일 선생님을 위해 기도하고 있다는 사실을 알려 주고 싶었어요. 하나님께 기적적인 방법으로 선생님의 감정적, 영적, 육체적 필요를 채워 달라고 기도하고 있어요. 우리는 선생님을 잊지 않았습니다. 러스(Russ) 올림."

내가 억류되어 있는 동안 수많은 사람이 나를 잊지 않았다는 편지를 보내왔다. 이런 편지가 내게 얼마나 큰 힘이 되었는지 모른다. 믿음이 아무리 강해도, 하나님의 뜻대로 하겠다는 의지가 아무리 굳건해도 우리는 미스터 실망의 목소리에 언제라도 무너질 수 있다. 러스 같은 사람들의 격려가 없었다면 나는 그 고통의 시간을 견뎌 낼 수 없었을지도 모른다.

힘든 시간은 정기적으로 찾아왔다. 어느새 11월이 갔다. 12월이 오자 성탄절을 또다시 홀로 보내야 할 것을 직감했다. 하나님이 한동안 나를 사슬에 묶인 선교사로 부르셨다는 사실을 받아들이긴 했지만, 그렇다고 해서 성탄절을 가족 없이 홀로 보내기가 쉬워진 것은 아니었다.

2013년 12월 29일, 가족들에게 다시 전화를 걸 수 있었다. 이번에는 체포된 뒤 처음으로 아들 조나단과 통화하게 되었다. 이토록 오랫동안 녀석과 떨어져 있는 것이 너무도 미안했다.

"지금은 갈 수 없어서 미안하구나. 하지만 포기하지 마렴. 이 아버지를 위해 계속해서 싸워 주렴. 함께 애를 쓰자."

아들은 억지로 눈물을 삼켰다.

"알아요, 아빠. 포기하지 않을게요. 빨리 보고 싶어요."

"미국 정부에게 미국과 한국이 합동 군사 훈련을 실시하는 3월 전에 나를 석방시키는 것이 최선이라고 말하렴. 작년 3월에도 합동 군사 훈련으로 북한이 예민해지는 바람에 한동안 내 상황에 진척이 없었단다."

"최선을 다할게요."

"안다."

우리는 지금까지 아들이 내 석방을 위해 해 온 일에 관해 잠시 대화를 나누었다. 앞서 말했듯이 아들은 'Change.org'에 내 석방을 위한 탄원서를 올렸다. 또한 대통령과 국무장관을 비롯한 많은 정부 관리들에게 노력해 줄 것을 촉구하는 편지를 보냈다. 아들과 내 여동생을 비롯한 가족들의 부단한 노력으로 대중의 관심이 높아지기 시작했다. 하지만 아직 국가 차원의 관심을 끌어내기에는 역부족이었다.

그런 상황에서 데니스 로드맨이 등장했다.

내가 아들과 통화한 지 일주일이 채 못 되었을 때, 농구 명예의 전당에 오른 데니스 로드맨이 북한을 방문했다. 로드맨은 김정은을 '친구'라 부르는데, 그에 관해 조금이라도 아는 사람에게는 별로 놀랄 일도 아니다. 그는 시도 때도 없이 기행을 일삼는 인물이다.

내가 억류되어 있는 동안 그가 방북한 것은 이번이 처음이 아니었다. 2013년 9월 초에도 혼자 왔었다. 그는 미국에 돌아간 후, 김정은과 내 이야기를 했냐는 기자의 질문을 받고 벌컥 화를 냈다.

"케네스 배에 관한 건 내 일이 아니오. 그런 건 오바마 대통령에게나 가서 물으시오. 아니면 힐러리 클린턴에게 묻든지."[1]

이번 2014년 1월 초에 로드맨은 NBA에서 뛰었던 10명의 선수들을 데려왔고, 북한은 쌍수를 들고 환영했다. 그때 로드맨은 김정은에게 생일 축하 노래까지 불러 주었다. 나는 병실 텔레비전을 통해 그 장면을 시청했다. 보는 내내, 드라마 〈환상특급〉(The Twilight Zone)을 시청하는 것처럼 비현실적으로 느껴졌다.

로드맨 일행은 평양에 있는 동안 CNN의 크리스 쿠오모(Chris Cuomo)와 생방송 인터뷰를 했다. 하지만 그의 인터뷰는 볼 수 없었다. 대신 그 주에 그의 농구 경기를 네 번이나 시청했다. 나로서는 선택의 여지가 없었다. 그것이 텔레비전에서 방영된 유일한 프로그램이었으니까. 북한 언론은 로드맨의 '농구 외교'에 열광하며 그가 김정은에게 얼마나 깊은 경의를 표했는지 자세히 보도했다. 하지만 그의 인터뷰는 북한에서 방송되지 않았다.

로드맨과의 인터뷰에서 쿠오모는 김정은에게 내 이야기를 할 계획인지 물었다. 그러자 로드맨은 갑자기 흥분해서 말했다.

"이 사람이 이 나라에 와서 무슨 짓을 했는지 이해하고 말하는 거요? 아니야. 아니야. 당신이 한번 말해 보라고."[2]

나중에 그는 인터뷰를 할 때 만취해 있었다며 사과했다.[3] 하지만 인터뷰를 보면 그는 분명 내가 감옥에 갈 만한 짓을 저질러서 갇혀 있다는 식으로 말했다. '친구'에게 내 석방을 부탁할 생각은 전혀 없어 보였다.

로드맨이 CNN 인터뷰에서 망언을 한 뒤에 내 사건은 전국 뉴스의 핫이슈로 떠올랐다. 앤더슨 쿠퍼는 내 여동생을 다시 불러 인터뷰했다. 그때 여동생은 이렇게 말했다.

"(데니스 로드맨은) 오빠의 석방에 큰 도움을 줄 수 있는 위치에 있었습니다. 하지만 그는 도움을 주기는커녕 오빠에게 터무니없는 비난을 퍼부었습니다. 오빠와 오빠의 사건에 관해 아무것도 모르면서 어떻게 그럴 수 있는지. 우리 모두는 경악했습니다."[4]

로드맨을 향한 여동생의 분노는 언론의 엄청난 관심을 불러일으켰다. 이전까지와는 다른 관심이었다. 내 사건이 드라마로 재구성되고, 많은 사람들이 나를 위해 목소리를 높였다. 빌 리처드슨은 인터뷰를 통해 다시 나의 석방을 촉구했고, 조 바이든(Joe Biden) 부통령도 가세했다. 2014년 2월 6일 국가 조찬 기도회에서 오바마 대통령도 내가 풀려나야 마땅한 선한 사람이라고 말하며 전에 없이 강한 발언을 했다.[5]

제시 잭슨 목사는 내 상황에 대해 누구보다도 발 벗고 나섰다. 그는 나를 위해 북한 정부에 11통의 편지를 보냈고, 유엔에서 북한 대표를 만났으며, 나를 데려오기 위해 평양에 직접 가겠다고 자원하기까지 했다.

데니스 로드맨이 큰 파장을 일으킨 뒤 내 아들과 어머니, 여동생은 언론 인터뷰를 위해 뉴욕에 갔다. 또한 비행기를 타고 워싱턴 DC로 날아가 상원과 하원의원들, 심지어 존 케리 국무장관까지 만나 도움을 요청했다. 뉴욕의 찰스 랭글(Charles Rangel) 의원과 워싱턴의 릭 라슨(Rick Larsen) 의원은 여동생과 어머니를 오바마 대통령의 국정 연설 자리에 초대했다.

만취한 데니스 로드맨의 추태와 여동생의 단호한 대응 덕분에 내 사건에 대한 국민의 관심과 분노가 걷잡을 수 없이 퍼져 갔다.

어느 날 오후 미스터 실망이 코에서 김을 뿜으며 내 방으로 들이닥치기 전까지만 해도 나는 이런 일이 벌어지고 있는지 전혀 몰랐다.

"워싱턴의 언론이 당신에 관해 뭐라고 말하고 있는 줄 아는가?"

그는 나를 향해 종이들을 세차게 흔들며 소리를 쳤다.

"자, 보시오! 이걸 보라고!"

받아서 읽어 보니 데니스 로드맨의 발언과 이에 대한 전 국민적 반발에 관한 기사들이었다. 모든 기사의 요지는 똑같았다. 북한이 무고한 사람을 붙잡고 있다는 것이었다.

"이 사태를 어떻게 할 거야?"

미스터 실망은 애꿎은 나를 몰아붙였다.

"무슨 뜻입니까? 저더러 뭘 어떻게 하란 말입니까?"

"저들에게 당신이 무고하지 않다고 말하란 말이야! 당신은 죄인이야. 스스로도 인정했지 않나? 아무래도 가족들에게 다시 전화를 걸어 오해를 바로잡으라고 하는 게 좋겠어. 아니면 스웨덴 대사를 만나 이의를 제기하든지."

미스터 실망이 그렇게 길길이 날뛰는 이유는 뻔했다. 그를 비롯해서 북한에서 만난 모든 사람에게 나는 중죄를 저지른 죄인이었다. 무엇보다도, 그들에게 있어서 예수 그리스도의 복음은 김일성과 김정일에 대한 국민의 믿음을 붕괴시킬 수 있는 위험천만한 메시지였다.

북한에서는 모든 집과 공공장소에 이들 부자의 사진이 걸려 있다. 나를 담당했던 간호사 중 한 명은 공공장소에 세워진 이들 부자의 모자이크 초상화가 훼손되지 않도록 밤새 밖에서 지킨 적도 있다고 했다. 군관들과 충성 당원들은 이들 부자의 사진을 항상 왼쪽 가슴에 달고 다닌다. 따라서 내가 김일성이 아닌 예수님이 '구주'라고 말하는 것은 그들 눈에 전혀 무고한 행위가 아니었다.

"제가 기자회견을 열어 보는 것이 어떻겠습니까? 기자회견을 열어 제가 지은 죄를 인정하고 공화국 정부에 다시 사죄하는 겁니다."

"한번 생각해 보겠다."

"서로 좋지 않겠습니까? 제가 한 행동을 온 세상 앞에서 인정하면 공화국 정부도 좋고, 저를 굳이 이곳에 가둬 놓을 이유가 사라지니 저도 좋지 않겠습니까?"

나는 미스터 실망이 이 제안을 받아들이리라 확신했다. 최근 들어, 북한 정부에서 나를 이제 거추장스러운 짐처럼 여긴다는 말을 그가 여러 번 했기 때문이다.

이튿날 미스터 실망이 돌아왔다.

"좋아. 당신이 말한 대로 하기로 했다. 사흘 뒤에 기자회견을 열 테니 당신의 죄를 인정하라고. 당신이 아무 이유 없이 붙잡혀 있다고 주장하는 자들에게 그만하라고 말하고. 미국 부통령과 당신의 여동생이 그런 이야기를 하고 다녀. 그들에게 멈추라고 말해."

그러고 나서 그는 작은 목소리로 덧붙였다.

"단, 데니스 로드맨에 대해서는 일체 언급하지 마."

그는 내가 말실수를 하지 않도록 종이 한 장을 건넸다.

"여기에 당신이 할 말을 적어. 기자들의 예상 질문과 답도 쓰고. 그러고 나서 이 대본대로 연습하되 자연스럽게 하라우. 책을 읽는 것처럼 해서는 안 되니까."

나선으로 돌아간 기분이었다.

"걱정하지 마십시오. 이래 봬도 제가 말로 먹고사는 사람입니다."

대본을 써서 그날부터 연습하기 시작했는데 미스터 실망은 계속해서 마음에 들어하지 않았다.

"이봐. 대본을 읽는 게 티가 나지 않나."

그날 하루 종일 연습하고, 다음 날도 계속했다. 미스터 실망은 기자들이 던질 법한 예상 질문들을 적어 와 내게 던졌고, 나는 거기에 답하는 연습을 했다. 그렇게 연습을 하면서, 기자회견에서 이대로만 한다면 북한이 나를 놔줄 것이라고 확신했다. 나는 내가 북한과 암묵적인 계약을 맺은 것이라고 생각했다.

기자회견은 월요일 오후 3시로 잡혔다. 오전에 저들은 내게 이발을 하고 나서 죄수복을 입으라고 했다. 하지만 교화소에 두고 와서 그것을 가지러 사람이 갔다.

내 겉모습이 그런대로 말끔해지자 나를 병실 위층에 있는 회의실로 데려갔다. 가 보니 전 세계에서 온 20-30명의 기자들이 기다리고 있었다. 중국과 러시아 기자들뿐 아니라 AP(Associated Press) 같은 유수한 언론사의 기자들도 눈에 들어왔다.

나는 내 죄를 인정하는 진술을 한 뒤에 이렇게 덧붙였다.

"미국 정부와 공화국 정부의 긴밀한 협력과 합의를 통해 제 문제가 해결될 수 있다고 믿습니다."

내가 까닭 없이 갇혀 있다는 조 바이든 부통령 등의 말은 상황을 악화시킬 뿐이라는 말도 했다.

이렇게 되면 나 자신을 전적으로 북한 정부의 처분에 맡기는 셈이었다. 또한 이 기자회견을 보는 사람들은 하나같이 나를 손가락질할 게 분명했다.

"역시나 죄를 지었구나. 죄를 지었으면 벌을 받아야지."

이는 결국 데니스 로드맨이 한 말을 인정하는 꼴이었다. 하지만 이렇게 하면 북한 정부를 달랠 수 있다고 판단했다. 이제 북한 관리들이 나를 보내 주면 스스로 주장하는 것처럼 인도주의자들이 되는 것이니 분명 나를 석방하리라 믿었다.

기자회견이 끝나고 미스터 실망이 나를 다시 병실로 데려왔다.

"짐을 챙기라. 곧바로 로동교화소로 돌아갈 거야."

"뭐라고요?"

나는 충격을 받았다. 분명 우리가 계약을 맺었다고 생각했건만.

"선생님이 원하는 대로 정확히 말하지 않았습니까? 그런데 왜 이러십니까? 당연히 집에 보내 주실 줄 알았는데요."

"이렇게 하는 것이 더 나아. 풀려나려면 먼저 교화소로 돌아가야 돼."

하도 어이가 없어서 뭐라 할 말이 없었다. 내 평생에 가장 어리석은 실수를 저지른 기분이었다. 전 세계인이 보는 앞에서 내가 마땅한 벌을 받고 있다고 굴욕적으로 인정했건만, 그 결과는 다시 교화소로 돌아가는 것이었다. 필시 이제 저들은 나를 보내 주는 대신 온 세상에 이렇게 선포할 것이었다.

"봐라. 우리가 유죄라고 말하지 않았나. 우리는 정당한 벌을 내리는 것이다. 그러니 이제 더 이상 왈가왈부하지 마라."

'왜 미국 정부가 나서서 내 석방을 협상할 사람을 보내겠는가. 이제 집에 가기는 틀렸구나.'

나는 한숨을 푹푹 쉬며 짐을 꾸렸다. 나는 단지 이 나라를 위해 기도하고, 또 함께 기도할 사람들을 데려온 것뿐이었는데, 체제를 위협하는 반정부 활동을 벌였다고 어쩔 수 없이 인정했다. 북한 사람들에게 내 행동은 폭력적이었지만 나머지 세상이 보기에는 인도주의적인 행동이었을 뿐이다.

'멍청한 짓을 했어.'

나는 계속해서 후회했다.

짐을 싸서 병원을 나오는 길에 내 유일한 친구인 개에게 손을 흔들어 작별을 고했다.

미스터 실망이 주차장에서 기다리는 미니밴으로 나를 데려갔다. 또다시 나는 뒷좌석의 가운데에 앉아 머리를 무릎 사이에 넣고 어딘가로 끌려갔다. 저들이 나를 어디로 데려가는지 확실히 알 수 없었다.

20분쯤 달렸을 때 차가 멈췄다. 나가 보니 3개월을 복역했던 그 노동교화소였다.

간수들은 나를 보고 놀란 표정을 지었다.

"103번, 다시 오지 않을 줄 알았는데?"

나는 그들에게 멋쩍은 웃음을 지어 보이며 대답했다.

"저도 그럴 줄 알았어요."

처음 그곳에 갔을 때와 달리 오리엔테이션은 받지 않고 곧바로 익숙한 3번 방으로 들어갔다.

이윽고 소장이 나를 보러 왔다.

"잘 왔소. 이제부터 병원비를 갚기 위해 일하게 될 거요."

그곳에서 내 한 달 임금은 약 0.25달러였다. 그에 반해 병원비는 하루에 600유로씩 5개월 치가 계산되었다. 입원비를 포함하여 총병원비는 10만 1천 유로(약 12만 달러)가 넘게 나왔다. 따라서 병원비를 다 내려면 이곳에서 4천 년을 일해야 했다.

나는 아무 말도 하지 않고 그저 미소만 지었다.

"익숙한 곳에 오니 좋군요."

마침내 미스터 실망과 소장, 간수들이 다 나가고 방 안에 혼자 남았다. 나는 방 안을 둘러보며 땅이 꺼져라 깊은 한숨을 내쉬었다. 4개월 전에 나는 하나님께 집에 갈 권리를 포기한다고 기도했다. 하나님의 뜻을 받아들여 그분이 원하시는 만큼 이곳에 머물겠다고 약속했다. 하지만 노동교화소로 돌아와 기약 없이 형기를 채우는 것이 그분의 뜻일 줄은 꿈에도 생각지 못했다.

침대 위에 앉아 한참 동안 이 상황을 곱씹었다. 그러다 마침내 항복의 기도를 올렸다.

"주님, 이 상황이 너무도 힘들지만 여전히 제 뜻이 아닌 당신의 뜻이 이루어지길 원합니다. 이곳에서 저를 사용해 주십시오."

20장
사슬에 묶인 선교사

만일 그리스도인으로 고난을 받으면 부끄러워하지 말고 도리어 그 이름으로 하나님께 영광을 돌리라(베드로전서 4장 16절).

내가 미니밴에서 내려 정문으로 걸어 들어올 때만 해도 소장은 소스라치게 놀란 모습이었다.

"곧바로 올 줄은 정말 몰랐소."

그는 내가 입을 동복과 내가 할 일을 찾느라 부산을 떨었다.

하지만 다음 날 아침 그는 예전의 모습으로 돌아와 있었다. 정각 오전 8시에 그는 간수를 보내 나를 밖으로 불러냈다. 문밖으로 나오는 순간, 영하 10도에 육박하는 기온에 온몸이 순식간에 경직되었다. 간수가 나를 어디로 데려가는지, 소장이 무슨 일을 시키려는지 전혀 예상할 수 없었다. 사실, 너무 추워서 아무 생각도 나지 않았다.

지난번에 이곳을 떠나기 직전에는 뜨거운 햇빛 아래서 땀을 뻘뻘 흘리며 콩밭의 잡초를 뽑았다. 그런데 지금은 밖에 오래 있다가는 얼어 죽을 것처럼 추웠다.

간수를 따라 모퉁이를 돌아가 보니 재가 수북이 쌓여 있었다.

"103번, 이것이 당신의 새로운 작업 과제다. 이것은 석탄을 때고 남은 재야."

나는 고개를 끄덕였다.

"그렇군요. 이걸 어떻게 해야 하나요? 갖다 버릴까요?"

"아니야. 주체 체제에서는 모든 것을 활용해. 이 재는 밭의 비료로 쓸 거요. 하지만 보다시피 지금은 이렇게 덩어리져 있지 않소?"

그는 땅바닥에 널브러져 있는 곡괭이를 가리켰다.

"저 곡괭이로 빻아 가루로 만들어 놓으시오."

"혹시 마스크가 있나요? 재 가루가 많이 날릴 것 같아서요."

간수는 고개를 저었다.

"그런 건 없소. 필요하지도 않고. 간단한 작업이야. 103번 당신도 쉽게 할 수 있는 일이야."

"알겠습니다. 선교사도 이 정도는 어떻게 사용하는 것인지 알죠."

나는 빙긋 웃으며 곡괭이를 집었다.

곡괭이를 머리 위까지 쳐들었다가 잿더미 위로 내리치니 쉽게 가루로 부서졌다. 다만 재 가루가 사방으로 날렸다. 이번에는 곡괭이의 평평한 쪽으로 재를 곱게 빻았다.

순식간에 나는 먼지를 뒤집어썼다. 먼지가 얼마나 많은지 안경에 수북이 쌓여 앞을 볼 수 없을 지경이었다. 코도 간지러웠다. 계속해서 재채기가 나와 수시로 일을 멈춰야 했다. 그렇게 고생고생을 한 끝에 결국 재 덩어리들을 고운 비료로 다 빻을 수 있었다.

두 명의 간수는 최대한 먼지가 날아오지 않는 곳까지 떨어져 땅바닥에 앉아 있었고, 세 번째 간수는 따뜻한 건물 안에 있었다. 세 사람 모두 긴장이 완전히 풀린 모습이었다. 심지어 한 명은 졸기까지 했다. 그때쯤 나는 대부분의 간수들과 꽤 친해 있었다. 특히 몇몇 간수는 병원에서도 같이 지낸 터라 내게 경계심을 푼 지 오래였다. 지난 4개월 동안 나는 그들과 가족 이야기부터 평양의 생활비, 어디서 담뱃값을 구하는지에 관한 이야기까지 주제를 가리지 않고 대화를 나누었다.

내가 재 덩어리를 부수고 있는데 한 간수가 물었다.

"특수 훈련을 받았겠지?"

"어떤 훈련 말인가요?"

"이를테면 살인 훈련 같은 것 말이야. 살인이 CIA 요원들의 특기이지 않나?"

그토록 오랜 시간을 함께 지냈으면서도 아직도 내심 나를 CIA 요원으로 의심하고 있었다.

"맞습니다."

내가 농담조로 말하자 다른 간수가 물었다.

"그러면 당신이 그 살인 기계들 중 하나란 말이야?"

"맞습니다. 단번에 선생님을 쓰러뜨릴 수 있지요. 단지 이 재를 부수는 일이 재미있어서 그러지 않는 겁니다."

그 말에 모두가 한바탕 웃었다.

"생각해 보세요. 제가 CIA 요원이라면 지금 위성이 저를 지켜보고 있을 거예요. 우리 국장이 언제 저를 구하러 특공대를 보낼지 몰라요."

나는 그렇게 말하면서 씩 웃었다.

두 명의 간수는 서로 쳐다보다가 고개를 들어 하늘을 봤다.

"이봐, 103, 진짜야?"

"농담이에요. 저는 그냥 선교사일 뿐이에요. 사람들에게 하나님을 전하는 사람이죠. CIA는 영화에서 본 게 전부예요. 다 엉터리죠."

간수 중 한 명이 자리에서 일어나 다시 하늘을 쳐다보는 다른 간수에게 말했다.

"나는 몸 좀 녹이고 와야겠어."

"그래. 다녀오게."

이제 나는 간수 한 명과 단 둘이 있게 되었다. 그는 잠시 기다렸다가 말을 걸어왔다.

"자꾸 '하나님, 하나님' 하는데, 도대체 왜 하나님을 믿는지 이해할 수가 없어. 사람은 태어날 때부터 뭔가를 의지하며 살게 되어 있어. 그런데 하나님을 의지하는 것은 말이 되질 않아. 하나님은 보이지도 않아. 하지만 우리의 최고 사령관 동지께서는 눈에 확실히 보이는 분이지. 그래서 나는 그분을 믿는 거야."

"최고 지도자 동지께서 당신에게 뭘 해 주었나요?"

"다 해 주셨지. 먹을 것도 주시고 집도 주셨어. 여기서는 병원 치료도 무료로 받아. 교육도 무상이고. 그리고 일자리도. 때로는 일도 무료로 하고."

간수는 마지막 대목에서 큰 소리로 웃었다. 내가 나선에서 평양으로 갈 때 봤던 것처럼 간수들도 고속도로의 눈 치우기 등의 추가 근무를 해야 했다. 그런 일에는 임금이 나오지 않는다. 공익을 위해 함께 일하는 것은 북한 사람들에게 의무가 아니라 특권이다. 그들에게는 자긍심만으로 충분한 보상이다.

"여기서는 집을 구하기가 힘들다고 들었어요."

"그건 그래. 정부에서 더 이상 예전처럼 집을 다 주지는 않아. 이곳 평양의 새 아파트는 장만하려면 돈이 많이 들어. 대부분의 사람들은 그런 곳에 살 수 없어. 그것은 '선군' 정책 때문이지. 미국 놈들을 막기 위한 국방에 너무 많은 돈이 들어가서 남는 돈이 별로 없단 말야. 하지만 나는 군관이기 때문에 정부에서 주택을 공급받아 살고 있지."

이런 얘기까지 터놓고 하는 것은 그만큼 내가 편해졌다는 뜻이었다.

"비싼 집값을 내는 어려움에 대해 저도 잘 압니다."

그러면서 나는 하나님이 대련과 단동에서 우리 YWAM 팀의 거처를 마련해 주신 과정을 이야기했다.

"한번은 하나님이 약 7만 5천 달러를 보내 주셨어요. 북한 돈으로 따지면 거의 6억 1,500만 원에 해당하죠."

그 말에 간수의 입이 떡 벌어지고 두 눈이 똥그래졌다.

"당신의 하나님이 그렇게 해 줬다고?"

"예. 하나님은 그분을 위한 일을 시키실 때 그 일에 필요한 모든 것을 공급해 주시지요. 돈, 인력, 물질까지 하나님은 뭐든 주실 수 있어요."

"하나님이 그런 게 아니야. 우연일 뿐이야."

"어떻게 우연일 수가 있겠어요? 우리 팀에 필요한 돈이 정확히 들어왔어요. 그것도 한 번도 본 적이 없는 사람을 통해서요. 우리는 사람들에게 돈을 달라고 하지 않았어요. 오직 하나님께만 요청했지요. 만약 이것이 단순한 행운이라면 제 인생은 엄청난 행운의 연속이네요. 하나님은 항상 제게 필요한 것을 공급해 주셨어요. 하나님은 사랑 많은 아버지가 자식을 돌보듯 저를 돌보고 보호하시거든요."

"하나님이 당신을 그토록 사랑한다면 왜 당신은 아직까지 집에 가지 못하고 여기에서 이 고생을 하고 있는 거야?"

표정을 보아하니 결정타를 날렸다고 생각하는 것 같았다.

"하나님은 선생님을 비롯한 모든 조선 사람들을 사랑하기 때문에 저를 여기 두신 거예요. 선생님이 하나님과 그분의 깊은 사랑을 알기를 원하셔서요."

내 말에 동요하는 기색이 역력했다.

"이제 가서 일하라우."

노동교화소에 있는 내내 이런 대화를 나누었다. 개중에는 병원에서 나와 함께 지내지 않은 간수들도 있었다. 그들과는 친밀한 관계가 형성되어 있지 않았지만 상관없었다. 그들에게는 "조선이 통일되면 가장 먼저 어디를 가 보고 싶은가요?"나 "음악 좋아해요?", "가장 좋아하는 조선 음식은 뭔가요?"와 같은 가벼운 질문으로 대화의 물꼬를 텄다.

한사코 말을 섞지 않으려는 간수들도 있었지만 대부분은 내게 마음을 열기 시작했다. 아울러 대화를 나누면서 일을 하니 나나 그들이나 시간이 빨리 가서 좋았다.

첫날, 일을 마치고 머리부터 발끝까지 재를 뒤집어쓴 채 방으로 돌아왔다. 어디 한 군데 쑤시지 않는 곳이 없었다. 그래도 따뜻한 물이 나와서 감사했다. 들통에 김이 모락모락 나는 물을 담아 머리에 끼얹으니 좀 살 것 같았다.

샤워를 마치고 쓰러지듯 의자에 앉아 어서 밤 10시가 되어 침대에 누울 수 있기만을 기다렸다. 등이 욱신거렸다. 처음 노동교화소에서 고생하는 내내 저리던 손이 다시 저리기 시작했다. 엎친 데 덮친 격으로 재채기와 기침까지 멈추지 않았다. 재채기를 하거나 코를 풀 때마다 시꺼먼 덩어리가 나왔다.

하지만 이튿날 아침에도 억지로 몸을 끌고 나가 재 덩어리를 부수며 간수들과 대화를 나누고 농담을 주고받았다.

한번은 한 간수가 고개를 갸웃거리며 물었다.

"뭐가 그리 즐거운 거야? 뭐가 좋아서 항상 노동을 하면서 노래를 부르는 거야? 아무리 봐도 이게 즐거운 일은 아닌데 말이지."

"방도 공짜요 밥도 공짜인데 왜 안 좋겠어요? 원래 선교를 하려면 돈을 모금해야 하는데 여기서는 그럴 필요가 없어요. 그리고 저는 조선 선교사가 되고 싶었어요. 그런데 여기서 여러분과 함께 있게 되었으니 왜 좋지 않겠어요?"

간수들은 나를 정신 나간 사람처럼 쳐다봤다.

또 다른 날 한 간수가 물었다.

"보이지도 않는 하나님을 어떻게 믿을 수 있나?"

"전등을 켜면 눈에 보이지 않아도 전기가 있다는 걸 알지요. 하나님도 마찬가지예요. 바람은 또 어떤가요? 역시 눈에 보이지 않지만 바람이 있다는 건 알잖아요. 마찬가지로 하나님도 눈으로 볼 수는 없지만 분명히 계십니다."

"둘은 전혀 다른 문제야."

"다르지 않아요. 하나님은 분명히 계실 뿐 아니라 성경을 통해 제게 말씀하신답니다. 성령님을 통해서도 말씀하시고요."

"뭐라고? 도대체 제정신이야?"

"일없습니다. 제가 고등학교를 졸업한 직후 하나님은 저더러 중국 선교사가 되라고 말씀하셨어요. 그래서 단동에 오게 된 거예요. 나중에는 조선을 세상에 연결하는 다리가 되라고 말씀하셨죠. 그래서 조선을 출입하기 시작한 거고요. 다른 나라 사람들이 이 땅을 직접 보고, 여러분을 직접 만나 보기를 원했어요. 저는 그들이 여러분을 위해 기도하게 되기를 원했어요. 그래서 그들을 이곳으로 데리고 온 거예요. 여기에 갇혀 있는 동안에 하나님은 제게 말씀하셨어요. 저를 털끝 하나 다치지 않게 지켜 줄 거라고 약속하셨죠. 그리고 지금까지 그 약속을 지켜 주셨고요."

내 말을 유심히 듣고 곰곰이 생각하는 눈치였다. 나중에 간수 몇 명은 하나님이 최근에 내게 말씀하셨냐고 몇 번이나 물었다. 그것으로 보아 내 말에 관해 자기들끼리 토론한 것이 분명했다. 나를 놀리는 것이 아니라 하나님이 내게 최근에 말씀하셨는지 정말로 알고 싶어서 묻는 것이 분명했다.

간수들의 가족에 관해서도 많은 대화를 나누었다. 정말이지 부부 갈등은 어디에나 있다. 언제부터인가 간수들은 내게 부부 문제를 상담하러 찾아오기 시작했다. 상관들 앞에서는 나를 여전히 '103번'으로 불렀지만, 단 둘이 있을 때는 "목사님, 문제가 좀 있는데 들어 보시라요"라고 말했다.

간수들은 내 아내에 관해 많은 것을 물었다.

"당신이 출감해서 돌아갈 때 당신 아내가 있어 줄지 어떻게 아나?"

그것은 간수들에게 신뢰와 사랑, 하나님 중심의 부부 관계 같은 가정의 가장 중요한 문제들에 관해 이야기할 수 있는 기회가 되었다. 재 덩어리를 부수는 시간만큼 가정 상담을 하는 경우도 종종 있었다.

나와 깊은 대화를 나눈 사람은 간수들만이 아니었다. 소장도 일주일에 한 번 정도 들렀고, 부소장도 가끔씩 찾아왔다. 둘 다 내가 가족들을 통해 특별한 소식을 들었는지, 언제 풀려날 것으로 예상되는지 따위를 물었다. 그런 질문들은 정치와 북미 관계에 관한 긴 대화로 이어지곤 했다.

노동교화소로 돌아온 지 3주가 지났을 때, 새로운 스웨덴 부대사 세실리아 안데르버그(Cecilia Anderberg)가 찾아와 로버트 킹 특사가 내 석방을 위해 북한으로 오는 중이라는 사실을 알렸다.

"원래 제시 잭슨 목사님이 오시려고 했지만 오바마 정부에서 로버트 킹 특사님을 대신 보냈습니다. 월요일이면 도착하실 겁니다."

안데르버그가 내게 이 소식을 전한 것은 금요일이었다.

그 순간, 얼마나 기뻤는지 말로 다 표현할 수 없다. 생각 같아서는 당장 방방 뛰며 온몸으로 기쁨을 표현하고 싶었다. 하지만 애써 감정을 억누르며 차분하게 감사를 표시했다.

"정말 기쁜 소식이군요. 오늘 당장 오셨으면 좋겠지만 며칠 정도야 얼마든지 참아야죠."

하지만 솔직히 내가 그 주말 이후에 며칠 동안이나 더 버텨 낼 수 있을지 자신이 없었다. 기자회견을 연 지 겨우 3주밖에 지나지 않았는데, 마치 3년이나 지난 것처럼 힘들었다.

일단, 음식량이 처음 왔을 때보다 훨씬 줄어들었다. 전에는 가끔 빵과 야채, 심지어 고기와 달걀도 나왔지만 이제는 아니었다. 처음에는 음식량을 줄인 것이 일종의 벌인 줄 알았다. 그런데 두 주 정도 지나면서 보니까 나만이 아니라 간수들을 비롯한 모두가 먹을 것이 부족한 것처럼 보였다. 덕분에 하루가 다르게 몸무게가 줄어 갔다. 허리의 통증과 손의 저림 같은 이전의 증상들도 재발했다. 그래서 나를 위해 누군가가 온다는 소식이 더더욱 반가웠다.

월요일 아침, 잔뜩 부푼 가슴으로 눈을 떴다. 그런데 간수를 비롯한 관리들의 분위기는 여느 날과 똑같았다. 나도 평소처럼 잿더미로 일하러 가기는 했다. 하지만 간수들에게는 곧 나갈지 모른다는 말을 해 둔 상태였다. 심지어 그들에게 "이제는 우리가 헤어져야 할 시간"

이란 작별의 노래도 불러 주었다.

그러자 한 간수가 이렇게 말했다.

"그런 슬픈 노래는 부르지 마라. 나도 슬퍼지게 하네. 말동무 되고 좋은데 벌써 갈려고 하네."

계속해서 그들을 섬기고 싶었지만 이제는 그만 집에 갈 준비가 되어 있었다. 나는 하루 종일 소장이 찾아와 "그만 곡괭이를 내려놓고 짐을 싸라"고 말하기만 기다렸다.

하지만 소장은 끝내 오지 않았다. 로버트 킹 특사가 들어오나 수시로 정문 쪽을 힐끗거렸지만 감감무소식이었다. 그날은 여느 날과 똑같이 지나갔다. 아무도 오지 않았다.

다음 날도 아무도 오지 않았다. 다음 날도, 그다음 날도. 매일같이 오늘이 교화소에서의 마지막 날이기를 기대하며 눈을 떴다가, 매일같이 말할 수 없는 실망감 속에서 잠자리에 들었다.

마침내 토요일, 미스터 실망이 방문했다. 그는 내 방에 들어오자마자 내 희망을 무참히 짓밟아 버렸다.

"당신이 기다리던 특사의 방문은 취소되었다. 우리가 입국 허가를 취소했어. 아무도 오지 않으니 헛된 꿈은 꾸지 마라. 아무도 당신을 생각하지 않아. 심지어 당신이 여기에 있다는 사실을 기억하는 사람조차 없어. 이곳에서 나가겠다는 생각은 빨리 버리는 게 좋을 거야. 다시 말하지만 나와 함께 이곳에서 환갑잔치를 하게 될 거야."

아무렇지도 않은 척하려고 했지만 쉽지 않았다. 솔직히, 그의 말에 크게 놀라지는 않았다. 로버트 킹 특사가 오기로 한 날짜에서 한 주가 지나갔기 때문에 마음 깊은 곳에서는 이미 포기하고 있었다. 미스터 실망은 단지 내 짐작을 확인시켜 주었을 뿐이다. 내 석방을 협상하기 위한 로버트 킹 특사의 방북이 두 번이나 마지막 순간에 무위로 돌아갔다. 이제는 나를 집으로 데려갈 사람이 온다는 말을 들어도, 그를 내 두 눈으로 보고 실제로 그가 나를 데리고 나가기 전까지는 믿지 않기로 다짐했다.

다음 주 월요일, 나는 새 작업 과제를 받았다. 간수들을 따라 마당 한복판에 가 보니 한쪽에 파이프들이 놓여 있었다.

"하수관을 새로 놓아야 하오. 이제부터 도랑을 파라."

마침내 나는 승진을 한 셈이었다. 이제는 도랑 파는 사람이 된 것이었다.

하지만 막상 해 보니 꽁꽁 얼어붙은 땅에 도랑을 파는 건 훨씬 더 힘든 일이었다. 곡괭이가 땅바닥에 상처도 내지 못하고 튕겨 나갔다. 8시간 동안 곡괭이 끝으로 땅을 찍은 뒤 평평한 부분으로 흙을 긁어 내려고 애를 썼다. 살을 에는 추위 속에서도 땀이 비 오듯 흘렀다. 손은 심하게 저려 왔고 허리는 부러질 듯 아팠다. 하지만 계속해서 파고 또 팠다. 달리 선택의 여지가 없었다.

이튿날 아침 눈을 떠 보니 눈이 내리고 있었다. 나는 눈 오는 날의 소년처럼 즐거워했다. 눈밭에서 도랑을 팔 수는 없었기 때문이다. 그렇다고 해서 하루를 쉰 것은 아니었다. 간수들은 내게 삽으로 눈을 치우라고 지시했다. 하지만 혼자서 치울 수 없을 만큼 많은 눈이 쌓였기 때문에 간수들까지 모두 나와 삽질을 했다. 덕분에 간수들과 좋은 대화를 실컷 나눌 수 있었다.

다음에 또 눈이 왔을 때는 다시 재 덩어리를 부수는 일을 했다. 재를 뒤집어쓰는 것이 괴로웠지만 언 땅을 파는 일에 비하면 천국이었다.

내 건강은 급속도로 악화되었다. 기침이 끊이지 않았고, 자고 일어나면 살이 쑥쑥 빠져 있었다. 설상가상으로 치통이 심해졌다. 병원에 있을 때 처음 아프기 시작했는데, 그 곳에 있는 치과의는 잇몸 수술을 할 것을 제안했다. 하지만 북한에서 치과 수술을 하는 것은 아무래도 마음에 걸려 일단 참기로 했다. 그러자 의사는 항생제를 주었고, 덕분에 한동안 통증을 느끼지 않았다.

그런데 노동교화소로 돌아온 지 얼마 되지 않아 치통이 훨씬 더 심하게 재발했다. 나는 중노동이 만병통치약이라고 말했던 교화소 군의를 찾아갔다. 내가 그를 찾아갔을 정도면 치통이 얼마나 심했는지 짐작이 갈 것이다. 내 평생에 그렇게 아프기는 처음이었다.

"전에 병원에서 항생제를 처방해 줘서 통증이 말끔히 사라졌었습니다."

그러자 군의는 즉시 손사래를 쳤다.

"항생제는 안 돼. 항생제를 너무 많이 복용하면 안 좋아."

"저도 압니다. 하지만 일은커녕 아무것도 먹을 수 없고 잠도 잘 수 없어요. 도저히 참을 수 없을 만큼 아파요."

"진통제를 좀 주겠어. 이거면 될 거야. 아스피린을 아픈 잇몸 아래에 두면 통증이 훨씬 줄어들 거야."

내가 의사는 아니지만 이건 말도 안 되는 처방이었다.

"그러지 말고 아스피린과 함께 항생제도 주세요."

그 말에 그가 발끈했다.

"의사는 당신이 아니라 나야! 나는 의대를 나왔어! 당신도 의대를 나왔어? 아무것도 모르면서 나서지 마라."

열흘 동안 이런 옥신각신이 반복되었다. 그리고 마침내 그를 항복 시켰다.

"정말 질기군. 이렇게 하면 어떻겠나? 침을 놓아 주겠어."

내가 이를 허락했다는 것은 그만큼 고통이 심했다는 뜻이다. 그는 커다란 침을 꺼내 뺨에 이어 잇몸을 뚫었다. 그러자 거짓말처럼 통증 이 이틀 동안 멈추었다. 하지만 그것은 단지 잇몸이 아픈 쪽의 얼굴 이 마비된 것일 뿐이었다. 통증이 돌아오자 입씨름이 다시 시작되었 다.

나중에 한 간수가 아픈 잇몸 아래에 비타민 C를 놓아 보라고 권했 다. 자신도 치통이 심할 때 해 봤는데 효과가 좋았다고 했다. 지푸라 기라도 잡는 심정으로 시도해 봤는데 정말로 효과가 있었다.

다음번에 군의를 찾아가니 이렇게 말했다.

"거 봐. 내가 뭐랬나? 아스피린이 최고라니까."

결국 그 군의를 그만 찾아가게 되었다. 고통을 호소해 봐야 그의 답은 뻔했기 때문이다.

"물론 허리가 아프겠지, 이곳은 로동교화소니까. 열심히 일하면 손 저림도 좋아질 거야. 살이 빠졌다고? 살이 빠지니까 훨씬 보기 좋지 않나."

미스터 실망이 다시 나를 찾아왔고, 나는 "아무도 당신을 기억하지 않아. 아무도 당신을 신경 쓰지 않아"라는 그의 후렴구를 계속되는 기침으로 방해했다.

참다못한 그가 물었다.

"의사에게 기침에 관해 이야기해 봤나?"

그 말에 나도 모르게 웃음이 나왔다.

"아니요. 그 군의 처방은 항상 똑같습니다. 일을 더 하면 모든 병이 낫는답니다."

"내가 확인해 보지."

일주일 뒤 나는 병원으로 이송되었다. 엑스레이 촬영 결과, 폐에서 반점이 발견되었다. 노동교화소로 돌아간 지 두 달 반 만에 살도 15킬로그램이나 빠졌다. 나는 병원에 다시 입원해 익숙한 복도 끝 방으로 돌아갔다. 이제 석방에 대한 환상은 사라졌다. 그저 이곳에 오래 머물기만 바랄 뿐이었다. 더 이상 아무것도 바라지 않았다.

21장
결국 이렇게 되는 것인가

여호와를 바라는 너희들아 강하고 담대하라(시편 31편 24절).

2014년 3월 27일, 병원으로 돌아오긴 했는데 대우가 눈에 띄게 달라졌다. 특히, 식사가 완전히 딴판이었다. 전에는 과일도 곁들여 나오는 경우가 많았다. 또한 커피와 차 같은 것들도 방 안에 두고 마음대로 마실 수 있었다. 쿠키와 심지어 아이스크림도 요청하면 먹을 수 있었다. 필시 그 이유 중 하나는 내 석방이 임박했다는 판단에 따라 몸무게를 원래대로 되돌리기 위함이었을 것이다. 세계의 언론이 보는 가운데 내가 비쩍 마른 채로 비행기에서 내리기를 바라지는 않았을 것이다.

그런데 이제 과일 같은 것은 일체 나오지 않았다. 커피와 아이스크림 같은 간식도 구경할 수 없었다. 식사는 초라한 데다 양도 적었고, 겨우 몇 가지 메뉴가 반복적으로 나왔다. 무엇보다도 내게 음식을 가져다주는 것을 다들 싫어하는 눈치였다. 나는 잠긴 방에 갇힌 죄수이기 때문에 직접 음식을 가져올 수 없었다. 처음 병원에 왔을 때는 당번인 간호사가 내게 밥을 가져다주었다. 그런데 지금은 그녀가 문밖에서 간수에게 음식을 가져가라며 실랑이를 벌이고 있었다. 한참 만에 결국 간수가 잔뜩 찡그린 얼굴로 내 음식을 갖고 들어왔다.

"내가 왜 이런 것까지 해야 하는지, 원."

툴툴거리며 접시를 문 안에 던지듯 내려놓고는 내게 짜증을 냈다.

"와서 가져가라. 당신은 교화인이야. 내가 코앞에까지 가져다주기를 바라는가?"

며칠 뒤에는 간수에게 무슨 일인지 물었다.

"왜 이번에는 전과 달라요?"

"당신이 이전의 병원비를 내지 않아서 그래. 당신은 병원비로 많은 빚을 졌어. 밀린 병원비를 내기 전까지는 이렇게밖에 해 줄 수 없어."

미스터 실망에게 들은 바로는 밀린 병원비는 10만 1천 유로였다. 그는 내가 다시 입원하기 전에, 밀린 병원비 지불을 스웨덴 대사를 통해 미국 정부에 요청하라고 했었다. 나는 석방되자마자 나선의 호텔비를 포함한 모든 비용과 의료비까지 미국 정부에 갚겠다는 차용증에 이미 서명했다. 북한 정부는 내가 그런 차용증을 쓰면 미국 정부가 그냥 비용을 지불해 주리라 예상했을 것이다. 하지만 뜻대로 되지 않자 내가 어떻게든 돈을 마련하기를 원했다. 당시 환율로 볼 때 총비용은 이미 13만 달러에 이르렀다.

"제겐 그만한 돈이 없습니다."

나는 미스터 실망에게 그렇게 말했다.

"어떻게든 마련하는 게 좋을 거야. 공화국 공민들은 무상으로 치료를 받지만 당신은 공민이 아니지 않아."

내가 밀린 병원비를 지불하지 않아 대우가 그만큼 열악해진 것이었다.

병원에 돌아와서 유일하게 좋은 점은 북한에서의 유일한 친구를 다시 보게 된 것이었다. 복도를 다시 걷게 된 첫날, 마당이 보이는 창문을 두드리자마자 개가 뛰어올랐다. 나를 본 녀석은 창문을 향해 뛰면서 짖고, 뒷다리가 공중에 뜰 정도로 세차게 꼬리를 흔들었다. 비록 개의 얼굴이고, 그나마 창문을 통해서만 볼 수 있었지만 나를 반기는 얼굴을 보니 기분이 좋았다.

나를 반겨 준 것은 오직 개뿐이었다. 미스터 실망은 계속해서 한 주에 한 번씩 찾아왔고, 내게 전보다 더 많은 실망을 안겨 주었다.

"자국민의 석방을 위해 아무런 노력도 하지 않는 정부는 처음 봤어. 아무래도 당신을 완전히 잊은 것 같아. 아무래도 당신은 아무 데도 못 갈 것 같아."

항상 그렇게 말하던 그가 어느 날 새로운 폭탄을 투하했다.

"혹시 들었는지 모르겠지만, 병원에서 보내는 시간은 15년 형기에 계산되지 않아. 로동교화소에서 보낸 시간만 형기에 포함되는 거지."

머릿속으로 재빨리 계산을 해 봤다. 나는 2013년 4월 30일에 15년 형을 선고받았다. 그때부터 노동교화소에서 5개월 반을 보냈고, 병원에서도 5개월 반을 보냈다. 그리고 지금도 병원에 있다. 이대로라면 내 형기는 15년이 아니라 30년이 될지도 몰랐다. 그 이야기를 들으니 정말로 우울해졌다.

병원에 다시 입원한 지 얼마 되지 않아 스웨덴 부대사 세실리아 안데르버그가 다시 나를 찾아왔다. 부대사는 편지 몇 통과 함께 발간된 지 이미 몇 달이 지난 잡지와 신문들을 가져다주었다. 또한 초콜릿과 쿠키, 심지어 다이어트 콜라까지 간식들을 챙겨다 주었다. 잡지 덕분에 밖의 세상을 엿볼 수 있어 답답한 가슴이 조금이나마 뚫렸고, 편지 덕분에 새로운 힘이 솟았다.

안데르버그는 내게 힘내라고 말했다.

"배준호 씨의 석방을 위해 많은 사람이 애쓰고 있습니다."

부대사가 나가자마자 간수는 내가 맛도 보기 전에 모든 간식을 가져가 버렸다. 미스터 실망은 내 안전을 위해서라고 말했다.

"확인되지도 않은 외부 음식은 함부로 먹을 수 없다."

간식들은 끝내 돌려받지 못했다. 누군가가 내 대신 맛있게 먹었을 것이다.

어느덧 봄이 가고 여름이 왔다. 2014년 북한의 여름은 찜통 그 자체였다. 7월 첫 주의 기온은 거의 매일 영상 37도를 오르내렸다. 내 방은 에어컨이 나와서 그나마 견딜 만했지만 산책을 하러 복도에 나가면 땀이 줄줄 흘렀다.

두꺼운 갈색 털옷을 입은 내 유일한 친구가 이 살인적인 무더위에 얼마나 고통스러울지, 보기만 해도 안쓰러웠다. 그런데도 녀석은 내

가 창문 앞을 지나갈 때마다 좋아서 어쩔 줄 몰라 했다. 나처럼 녀석
도 수감자로 이곳에 갇혀 있었다. 그리고 나처럼 녀석도 사람들에게
잊힌 것 같았다. 녀석이 있는 곳을 지나갈 때마다 마음속으로 말했다.

'내 심정은 오직 너만 알아줄 것 같구나. 여기서 우리는 똑같은 수
감자니까.'

아무도 녀석의 이름을 몰랐다. 간수들, 심지어 두어 명의 간호사에게
물어봤지만 아무도 몰랐고 신경도 쓰지 않았다. 그래서 녀석에게 더 동
병상련을 느꼈다. 거기서는 나도 이름 없이 번호로만 불렸으니까.

7월의 어느 날 아침, 복도를 지나가며 창문을 두드렸는데 녀석이
뛰어오르지 않았다. 궁금해서 창문 밖을 내다봤다.

'하루도 빠짐없이 나를 반겨 주던 녀석이 웬일일까?'

마당은 달라져 있었다. 원래 마당은 녀석이 온통 어지럽혀 난장판
이었다. 구석에 놓여 있는 낡은 탁구대는 녀석의 강력한 턱 힘에 한
쪽이 큼지막하게 떨어져 나가 있었다. 그런데 탁구대는 온데간데없
고, 마당은 깨끗이 치워져 있었다. 마치 원래부터 그곳에 개가 없었
던 것처럼.

'녀석을 어디로 데려갔을까?'

그때 문득 한 가지 생각이 들었다.

그날은 한국에서 연중 가장 무더운 기간으로 여기는 '삼복'의 첫 번
째 절기인 초복이었다. 예로부터 한국인들은 이날에 몸보신을 했다.
서울에서 살 때 우리 가족은 닭을 삶아 먹었다. 하지만 북한의 가난한
가정에서는 닭을 구할 수 없어 다른 음식으로 단백질을 보충한다.

나는 무너지는 가슴을 안고 방으로 돌아왔다. 북한에서 내 유일한 친구였던 개에 관한 생각으로 머릿속이 복잡했다.

방에 돌아온 지 한 시간쯤 지나서 방문이 열렸다. 간호장이 내 점심 식사를 가져온 것이었다. 그런데 평소에 먹던 서양식이 아니라 커다란 뚝배기에 국이 담겨 있었다. 얼핏 보니 안에 고기가 가득했다.

물을 필요도 없었지만 물었다.

"혹시… 혹시… 마당에 있던 개인가요?"

간호사가 웃으며 고개를 끄덕였다.

"맞습네다. 오늘이 초복이잖습니까. 맛있게 드시라요."

그 말에 하마터면 토를 할 뻔했다.

"저는 됐습니다. 그냥 가져가십시오."

간호사는 황당하다는 듯이 나를 바라보았다. 귀한 음식을 어떻게 마다할 수 있는지 모르겠다는 표정이었다.

"정말입니까?"

그녀는 나를 생각해서 다시 물었다.

"예, 제발 가져가세요. 그것 말고 다른 걸로 주세요."

"알았습니다. 싫다면 어쩔 수 없지요."

그녀는 고개를 갸웃거리며 국을 들고 나갔다.

잠시 후 간호사가 닭 튀김과 수프를 들고 돌아왔다. 급하게 튀겼는지 튀김을 자르니 뼈 근처에 피가 흥건했다. 나는 튀김을 내려놓고 점심은 건너뛰기로 했다. 어차피 입맛이 달아난 지 오래였다.

나는 침대 위에 쓰러졌다. 머릿속에는 오직 내 친구 생각만 가득했다. 비록 서로를 실제로 만진 적은 없었지만 녀석이 몹시 그리웠다. 우리는 같은 처지였다. 사람들에게 잊힌 수감자.

'나도 결국 이렇게 되는 건가? 저들이 그저 나를 갖고 놀다가 정말로 죽이는 건 아닐까? 문자 그대로는 아니라도 비유적으로 말이다. 나도 그 개처럼 수감 중에 끔찍한 최후를 맞게 될까?'

1년도 더 지난 지금까지 내 마음은 여전히 무겁다. 녀석이 무던히도 그립다.

몇 주는 몇 달로 바뀌었다. 미스터 실망은 마치 이곳에 갇힌 것이 내 잘못인 것처럼 나를 점점 더 못살게 굴었다.

한편, 내가 모르고 있는 사이에 많은 사람이 내 석방을 협상하기 위해 북한에 오겠다고 나섰다. 제시 잭슨과 프랭클린 그레이엄(Franklin Graham), 뉴욕의 찰스 랭글 같은 사람들이었다. 하지만 북한 정부는 그들 정도로 만족하지 않았다. 2009년 로라 링과 유나 리가 북한에 억류되어 있을 때는 빌 클린턴 전 대통령이 찾아왔다. 북한은 이번에도 그를 원했다. 로버트 킹 특사를 두 번이나 거절하고, 전 뉴멕시코 주지사이자 유엔 대사인 빌 리처드슨이 방북했을 때 그와의 대화를 거절한 것도 바로 이런 이유에서였다.

나는 미스터 실망에게 로버트 킹 특사와 빌 리처드슨 얘기를 여러 번 꺼냈지만 그는 매번 "왜 더 높은 사람을 보내지 않는 거지?"라고 대답했다. '더 높은 사람'이란 전 대통령을 의미했다.

하루는 하도 답답해서 그에게 이렇게 말했다.

"지금 살아 있는 전 대통령은 네 명뿐입니다. 지미 카터 대통령은 아흔이 가까운 나이에다 건강이 좋지 않아 오실 수 없습니다. 빌 클린턴 전 대통령의 아내가 2016년 대선에 출마합니다. 따라서 그는 아내의 행보에 혹시라도 걸림돌이 될 만한 일은 일체 하지 않을 겁니다. 그러면 이제 조지 H. W. 부시(George H. W. Bush)와 조지 W. 부시(George W. Bush) 전 대통령이 남지요. 공화국 정부에서는 둘 다 원하지 않을 것으로 보입니다만."

북한 사람들은 2001년 9·11사태 이후 북한을 '악의 축'(axis of evil)으로 부른 조지 W. 부시를 극도로 혐오하고 있다.

"도대체 누굴 원하십니까?"

"2009년에는 답이 간단했는데 말이야."

이런 말을 몇 번 듣고 나서 결국 나는 두 손을 들고 말았다.

"결국 빌 클린턴 전 대통령을 원하시는 거군요. 좋습니다. 빌 클린턴 전 대통령에게 다시 와 달라는 편지를 쓰긴 하겠지만, 분명히 말하건대 소용이 없을 겁니다."

나는 여동생에게 보내는 편지에 빌 클린턴 전 대통령에게 방북을 요청해 달라고 부탁했다. 그것만이 미스터 실망을 비롯해서 내 편지를 사전에 검사하는 모든 사람들을 달랠 수 있는 길이었다.

하지만 2014년 8월, 스웨덴 부대사가 나를 찾아와 단도직입적으로 말했다.

"국무부에 따르면 빌 클린턴 전 대통령께서는 오실 수 없다고 합니다."

나는 이 소식을 미스터 실망에게 전했고, 필시 그는 윗선에 그것을 보고했을 것이다. 그는 이 소식에 매우 실망한 모습이었다. 그때부터 북한 지도부는 내게서 손을 떼야겠다는 생각을 하기 시작했을 것이다.

2014년 7월 말, 미스터 실망은 오바마 정부를 더욱 압박하기 위해 또다시 인터뷰를 하기로 결정했다. 내가 다시 모든 언론사를 초대하는 것이 어떻겠냐고 하자 그는 고개를 가로저었다.

"별로 좋은 생각 같지 않아."

"조신신보 대신 CNN이나 AP를 부르는 게 어떻겠습니까?"

그는 한참 고민하더니 내 의견에 동의했다.

하지만 막상 기자 인터뷰가 시작되었을 때는 조선신보만 와 있었다. 아무래도 자국 언론사만 믿을 수 있다고 판단했던 것이다.

인터뷰가 시작되기 직전 미스터 실망은 또다시 실망스러운 소식을 전했다.

"인터뷰가 끝나자마자 노동교화소로 돌아갈 거야. 이 사실을 꼭 이야기하라우."

나는 전혀 놀라지 않았다. 2년 가까이 억류되어 있다 보니 이것이 그들의 주된 전술 중 하나라는 사실을 알게 되었다. 그들은 위협을 하고 나서 나를 카메라 앞에 세워 미국의 행동을 촉구하게 했다. 그리고 자신들의 위협이 농담이 아님을 보여 주기 위해 나를 노동교화소로 보냈다. 그들이 그런 일련의 행동을 통해 전하려는 메시지는 분명했다.

"당신네 국민이 풀려나기를 바란다면 직접 찾아와서 최고 지도자 앞에 무릎을 꿇으라."

마지막 조선신보 인터뷰가 있던 날 아침, 나는 손톱과 머리카락을 깎았다. 전과 달리 대본을 미리 쓸 필요는 없었지만 미스터 실망은 해야 할 말을 정해 주었다.

"주제만 말하면 돼. 당신네 정부가 당신을 집에 데려가는 것에 대해서 말하면 돼. 그러니 그것을 요청하란 말이지."

인터뷰가 시작되자 나는 카메라에 대고 "미국 정부로부터 남겨진 것처럼 느껴집니다"라고 말했다. 의미를 분명히 전달하기 위해 이 말을 영어와 한국어로 반복했다. '버렸다'라는 표현은 너무 심한 것 같아 '남겨졌다'라는 표현을 사용했다. 그전까지는 미국 정부나 북한 정부에 관해 부정적인 말을 일체 하지 않았다. 항상 미국 정부의 노력에 감사한 후 계속적인 노력을 촉구했다. 하지만 이번에는 헤드라인에 실릴 만한 표현을 사용해야 할 필요성을 느꼈다.

나는 몇 가지 발언을 더 한 뒤에 "이 인터뷰가 끝나자마자 노동교화소로 돌아갈 것입니다"라는 말로 마무리했다.

그 말에 기자는 놀란 표정을 지었다.

"오늘 말입니까?"

"예. 인터뷰를 마치는 대로 저를 데리고 갈 겁니다."

인터뷰는 끝났고, 나는 짐을 싸라는 지시를 받았다. 몇 분 뒤 나는 창문이 가려진 미니밴 뒷좌석의 한가운데 앉아 세 번째로 노동교화소로 향했다.

2014년 7월 29일, 내가 노동교화소의 3번 방으로 돌아오자 간수들은 경악한 표정을 지었다.

"이곳으로 두 번이나 되돌아온 사람은 처음 본다."

나는 4개월 동안 노동교화소를 떠나 있었다. 떠날 당시는 봄이었는데 돌아오니 여름이었다. 그해 여름은 내 평생에 가장 뜨거운 여름 중 하나였다. 전해보다도 더 무더웠고 방 안은 찜통이었다. 하지만 비가 많이 내리지 않아 열린 창문으로 벌레가 많이 들어오지 않는 것은 그나마 다행이었다.

7월 30일 수요일, 일하러 나갔다. 밭에 씨앗을 뿌리는 작업은 이미 끝났기 때문에 소장은 다른 일거리를 찾아야 했다. 간수들은 교화소 구내 한쪽에 새 길을 만들고 있었는데, 나도 거기에 투입되었다. 내일은 교화소 마당 한쪽의 마른 개울 바닥에서 지름 15센티미터 안팎의 둥근 돌들을 파내 약 140미터 떨어져 있는 도로로 옮기는 것이었다.

나는 이 작업을 위해 사륜 짐수레를 사용했다. 돌들을 사륜 짐수레에 싣고 울퉁불퉁한 땅 위로 밀고 가 구내의 반대편 땅에 쏟아 놓았다. 그리고 그 돌들을 간수들이 놓으라는 곳에 놓았다.

정오에는 온도가 영상 38도에 육박했고 습도까지 엄청 높았다. 오후에는 최소한 영상 40도가 넘었다. 나는 견딜 수 없어 웃통을 벗어젖혔는데 그 바람에 등이 시뻘겋게 익고 말았다. 식사 시간이 돌아왔지만 별로 입맛이 없었다. 하루에 물을 7리터는 족히 마셨는데 종일 소변도 마렵지 않았다.

땡볕 아래서도 나는 종일 찬양을 불렀다. 아침에 일하러 나갈 준비를 하면서도 찬양했고, 일하면서도 찬양했고, 저녁에는 거의 매일 발생하는 정전을 틈타 찬양했다. 전기가 나가면 책을 읽거나 텔레비전을 볼 수 없으니 완전한 어둠 속에 홀로 앉아 찬양을 불렀다. 눈을 뜰 수 없을 만큼 몸이 피곤하고 삭신이 쑤시는 가운데서도 또 하루를 견디게 해 주신 하나님께 감사하는 찬양을 드렸다.

내가 하루 종일 찬양한 것은 어제오늘의 일이 아니었지만 이번에는 내 입에서 자꾸만 한 가지 찬송이 흘러나왔다. 그것은 제임스 블랙 (James Black)이 작곡한 찬송가 "내 영혼이 은총 입어"(새찬송가 438장)였다. 가사가 정말 은혜롭다.

"내 영혼이 은총 입어 중한 죄 짐 벗고 보니/ 슬픔 많은 이 세상도 천국으로 화하도다(1절)

주의 얼굴 뵙기 전에 멀리 뵈던 하늘나라/ 내 맘속에 이뤄지니 날로 날로 가깝도다(2절)

높은 산이 거친 들이 초막이나 궁궐이나/ 내 주 예수 모신 곳이 그

어디나 하늘나라(3절)

　할렐루야 찬양하세 내 모든 죄 사함 받고/ 주 예수와 동행하니 그 어디나 하늘나라(후렴)."[1]

　나는 마지막 절의 가사를 바꿔 "초막이나 궁궐이나"가 아니라 "병원이나 감옥이나"라고 불렀다.

　간수들은 분명 내 찬양을 듣고 있었다. 특히, 적막한 밤에는 소리가 더 멀리까지 가니 못 들을 수가 없었다. 교화소 전체가 미국인 크리스천 죄수의 찬양을 들었다. 그곳에 있는 모든 사람은 내가 하나님을 믿은 탓에 갇혔다는 것을 알고 있었다.

　유례없이 두 번이나 교화소로 돌아온 뒤에도 내 신앙이 꺾이지 않자 간수들은 이렇게 묻기 시작했다.

　"도대체 비결이 뭐야? 어떻게 이토록 절박하고 절망적인 상황 속에서도 즐겁게 노래를 부를 수 있는 거야? 그 소망은 어디서 오는 거야?"

　내가 교화소에 돌아온 지 얼마 되지 않아 한 간수가 은밀히 나를 찾아왔다.

　"목사님, 목사님처럼 하나님을 믿으면 생기는 것이 있습니까?"

　그는 내가 부른 찬양을 통해 답을 이미 알았던 게 분명하다.

　그는 또 이렇게 물었다.

　"목사님처럼 하나님을 믿으면 교회에다 갖다 바치는 것이 있습니까? 어떤 대가를 치러야 합니까?"

　나는 돈을 낼 필요는 없고, 예수님께 삶을 바치면 된다고 설명했다.

이어서 그를 가장 혼란스럽게 했을 마지막 질문이 나왔다.

"하나님이 정말로 있다면 왜 아직까지 여기 있는 겁니까? 오히려 다른 죄수들보다도 더 오래 있지 않습니까?"

나는 내가 이곳에 있는 것이 하나님의 계획이며, 그 계획에는 당신을 비롯한 간수들이 포함되어 있다고 솔직히 대답했다.

"생각해 보세요. 제가 오지 않았다면 당신이 하나님과 그 아들 예수님에 관해 들을 수 있었겠어요?"

간수는 잠시 생각하다가 이내 고개를 끄덕였다.

"그건 맞습네다. 전에는 전혀 들어 본 적이 없는 이야기입니다."

간수는 더 이상 질문하지 않고 깊은 생각에 잠긴 채 자신의 자리로 돌아갔다.

재미있지 않은가. 내가 바라는 것이 오로지 집에 가는 것이었다면 간수들과 이토록 깊은 대화를 나누지는 못했을 것이다. 하지만 내가 이 자리를 하나님의 뜻으로 받아들이고 나서 "하나님, 저를 구해 주십시오"가 아니라 "하나님, 저를 사용해 주십시오"라고 기도하자 문이 열렸다.

오해하지는 말기 바란다. 노동교화소에서의 세 번째 시간은 육체적으로나 감정적으로나 지독히 고통스러웠다. 낮에는 숨이 턱턱 막히는 더위와 허리가 끊어질 듯한 중노동이 내 육체를 마구 망가뜨렸고, 밤에는 손이 저리고 몸이 아파 한 시간마다 잠에서 깼다. 고통은 실질적이었고 또한 극심했다.

하지만 이 지독한 고통의 한복판에서도 하나님은 나와 함께 계셨다. 그분의 임재는 내가 고통 가운데서도 기뻐할 수 있었던 원동력이었고, 나의 그런 모습으로 주변 사람들에게 복음을 전할 기회가 열렸다.

내가 "내 주 예수 모신 곳이 그 어디나 하늘나라"라는 찬송가 가사를 진정으로 믿고 받아들이자 비로소 하나님이 나를 사용하셨다. 사람들의 삶을 어루만질 수 있는 문이 활짝 열렸다. 나는 내가 기도했던 바로 그런 선교사가 된 것이었다.

22장
혼자가 아니다

악을 악으로, 욕을 욕으로 갚지 말고 도리어 복을 빌라 이를 위하여 너희가
부르심을 받았으니 이는 복을 이어받게 하려 하심이라(베드로전서 3장 9절).

내가 노동교화소로 돌아온 지 두 주가 지났을 때 세실리아 안데르버
그 스웨덴 부대사가 나를 보러 왔다. 부대사는 여느 때처럼 신문과
새 잡지, 초콜릿을 가져왔다. (이번에도 초콜릿은 부대사가 방을 나가자마자
사라졌다.) 특히, 이번에는 초콜릿보다 훨씬 더 좋은 선물을 가져왔다.
그 선물은 새로운 두 명의 미국인이 북한에 억류되어 재판을 앞두고
있다는 소식이었다.

부대사에게 그들이 무슨 일로 억류되었는지, 혹시 나와 같은 선교사
들인지 묻고 싶었다. 만약 그들도 선교사들이라면 북한은 큰일 났다
고 생각했다. 그 두 사람과 합세해서 셋이 되면 교회가 탄생하는 셈이
었다!

하지만 우리의 대화를 듣고 있는 북한 관리들은 내가 그런 정보를
알기를 원치 않을 것이기 때문에 묻지 않았다. 두 사람이 무슨 일로
억류되었는지 몰라도 내겐 충분히 좋은 소식이었다. 세 사람이나 억

류된 만큼 북한과 미국 정부의 협상이 타결될 가능성이 훨씬 높아졌기 때문이다.

부대사는 나를 다시 병원에 입원시키기 위해 노력할 것이라고 약속했고, 나는 고개 숙여 감사했다.

두 주 뒤 미스터 실망이 찾아왔다.

"당신 소원대로 외신 인터뷰를 하게 되었군."

"어디서 오기로 했습니까?"

"나도 몰라. 아마도 AP나 CNN이 되겠지. 어디서 오든 잘해야 돼. 잘만 하면 좋은 일이 생길지 모르지."

2014년 9월 1일, 나는 여느 날처럼 일하러 나갔다. 그런데 첫 휴식 시간이 되기 전에 부소장이 나를 찾아왔다.

"인터뷰하기 전에 머리를 깎도록 해라."

내키지 않았지만 어쩔 수 없었다. 석방되기 전에 머리를 조금은 기르고 싶었는데. 부소장을 따라갔더니 원래 내 머리를 깎던 사람은 없고 새로운 이발사가 있었다. 안타깝게도 새로운 이발사는 이발사라고 하기도 민망했다. 제대로 된 이발 가위도 없었고, 머리 깎는 솜씨도 영 서툴렀다.

새 이발사가 내 머리를 반쯤 깎았을 때 갑자기 미스터 실망이 들어왔다.

"시간이 됐다."

그러자 부소장이 말했다.

"이만하면 됐어. 그만 깎고 가지."

거울을 보니 머리를 반쯤 깎은 모습이 마치 만화에 나오는 악한 과
학자처럼 보였다.

"마저 깎으면 안 될까요?"

"시간이 없어."

"최소한 머리라도 감고 빗질을 해야 하는 것 아닌가요?"

"시간이 없다니까. 보기 좋은데 그래."

부소장은 재촉했다.

간수 중 한 명이 갈아입을 옷들을 가져다주었다. 한눈에 어머니가
보내 준 옷이라는 것을 알 수 있었다. 잠시나마 진짜 옷을 입게 되어
행복했다. 하지만 막상 입어 보니 바지가 말 그대로 몸에서 미끄러졌
다. 하긴, 교화소로 돌아온 한 달 만에 다시 7킬로그램이 빠졌으니 그
럴 만도 했다.

"허리띠는 없습니까?"

북한에 들어올 때는 좋은 허리띠가 있었는데 지금은 어디로 갔는
지조차 알 수 없었다.

"내 걸 사용하라우."

부소장이 주는 허리띠를 끝까지 졸라맸는데도 여전히 바지가 흘
러내릴 것만 같았다.

옷을 갈아입고 교화소를 나와 식당이 딸린 한 호텔로 갔다. 미스터
실망과 간수들은 나를 식당 2층의 한 객실로 안내했다. 거기서 나는
간수들과 함께 꼬박 한 시간을 기다렸다.

"보세요. 제가 머리 깎을 시간이 있다고 했죠?"

내가 투덜거렸지만 아무도 귀를 기울이지 않았다.

어느 순간, CNN 팀이 우르르 들어왔다. 그전까지는 어느 언론사와 인터뷰를 하는지 전혀 몰랐다. 나중에야 다른 미국인 죄수들이 근처 방들에 있었다는 사실을 알게 되었다. CNN 팀은 우리를 한 번에 한 명씩 따로 인터뷰했다.

그중 한 명인 제프리 파울(Jeffrey Fowle)은 국제 해양 선원 클럽 화장실에 성경책 한 권을 두고 나왔다가 체포되었다. 그가 인터뷰 후 3주 만에 풀려났다는 말을 나중에 들었다. 또 다른 억류자인 매튜 밀러(Matthew Miller)는 관광 비자를 통해 합법적으로 북한에 들어왔는데 입국하자마자 비자를 찢어 버리고 망명을 요청했다. 이에 북한 정부는 그를 스파이로 보고 체포했다. 그는 재판을 거쳐 6년 노동교화형을 받았다. 당시 나는 이런 사실을 전혀 몰랐다.

CNN 기자 윌 리플리(Will Ripley)는 5분밖에 시간이 없다는 말로 인터뷰를 시작했다. 그는 매우 친절했고, 내가 가족과 미국 정부에 할 말을 충분히 할 수 있도록 최대한 많은 시간을 주려고 애썼다. 나는 특사가 직접 찾아와 협상하는 것이 내 상황을 해결할 수 있는 유일한 방법임을 분명히 밝혔다.

나는 북한 정부의 심기를 건드리지 않도록 단어 선택에 각별히 신경을 썼다. 내 상태와 처우를 묻는 질문에는 무조건 북한 정부가 인도주의적으로 배려해 주고 있다고 대답했다.

인터뷰를 마치고 교화소로 돌아오자 소장이 부리나케 찾아와 물었다.

"그들이 무엇을 물었나?"

"CNN 기자는 공화국 정부가 저를 인도적으로 대우하고 있는지, 아니면 비인도적으로 대우하고 있는지 물었습니다. 제가 인도주의적이라고 이야기하지 무슨 말을 하겠습니까?"

내가 농담조로 말하자 소장은 정색을 했다.

"무슨 말이야? 우리는 당신의 인권을 짓밟은 적이 한 번도 없는데."

"미국인들은 그렇게 생각하지 않을 겁니다. 미국인들에게는 제가 여기 붙잡혀 있는 것 자체가 비인도적인 조치입니다. 물론 제가 구타를 당한 적은 없지요. 하지만 미국인들에게 그런 것은 별로 중요하지 않습니다."

내 말에 소장은 미안함을 느꼈는지 다음 날부터 노동의 강도를 줄여 주었다.

"오늘부터 새로운 작업 과제를 주겠어. 이제부터 밖에서 돌을 나르지 말고 안에서 마른 옥수수 알갱이를 까는 일을 해."

그러면서 이렇게 덧붙였다.

"우리가 최대한 인도주의적으로 103번을 대해 주고 있다는 사실을 알아줬으면 해. 여기서 나가면 사람들에게 꼭 그렇게 말하라우."

마지막 말에서 무슨 일이 일어나고 있다는 느낌을 받았다. 소장은 내가 곧 석방될 것이라고 생각하고 있는 게 분명했다.

인터뷰를 하고 나서 두 주 동안 교화소가 시끌벅적했다. 간수들이 담요를 들고 한 방으로 달려가는 것이 보였다. 하루는 간수들이 내게 빗자루를 주며 7번 방을 쓸라고 했다. 그날은 토요일이었다. 다음날은 침실에 들어가 문 가까이 오지 말라고 지시했다. 밖에서 벌어지는 일을 보지 못하게 하려는 것이었다. 그러나 나는 무슨 일인지 알 것 같았다.

간수는 점심 식사를 가져왔지만 평소처럼 문을 열고 들어오지 않고 창문을 통해 주었다. 점심을 먹고 두 시간이 지나서야 마침내 침실 밖으로 나와도 좋다는 허락이 떨어졌다. 다만 7번 방 근처에는 가지 말라는 지시가 있었다.

다음 날인 9월 15일에는 CNN 인터뷰 이후 처음으로 밖에 일하러 나갔다. 분명 새로운 죄수가 왔을 것이라 확신했지만 아무도 보이지 않았다.

'누군가가 새로 왔다면, 내가 볼 수는 없어도 그가 내 말소리를 들을 수 있을 것이다. 내 방처럼 창문이 열려 있을 테니까 말이야.'

그런 생각으로 "좋으신 하나님"이란 찬양을 큰 소리로 불렀다. 그러다가 잠시 멈추고 혹시 따라 부르는 사람이 없나 귀를 쫑긋했다. 하지만 따라 부르는 소리는 들리지 않았다.

새로운 인물과 접촉하려고 이틀 동안 애를 쓰다가 간수 중 한 명에게 물었다.

"7번 방에는 누가 있습니까?"

"아무도 없어."

그는 딱 잡아뗐다.

"에이, 누군가 있는 것 같던데요. 기침하는 소리를 몇 번이나 들었습니다."

"아무도 기침하지 않았어."

"점심 시간에 쟁반을 두 개 들고 가는 것도 봤는데요. 제 식사 말고 다른 하나는 뭡니까? 그 방에 누군가 있는 게 확실해요."

"아니오. 아무도 없어. 당신이 이곳에서 유일한 교화인이야."

더 이상 파고들지는 않았다.

같은 날, 소장이 내 방에 와서 건강에 관해 묻기에 또다시 병명을 쫙 읊었다.

"다시 병원에 보내야 할지 생각해 봐야겠어."

그날은 화요일이었다. 금요일에도 소장은 똑같은 질문을 던지고 나서 비슷하게 마무리했다.

"아무래도 당신을 병원에 보낼 때가 된 것 같아. 너무 야위었단 말야."

교화소로 돌아오고 나서 처음 두 달 동안에 10킬로그램이 빠졌지만 CNN 인터뷰 이후로는 4킬로그램밖에 빠지지 않았다. 그래서 소장의 행동에 뭔가가 있다고 느꼈지만, 그날도 아무 일 없이 지나갔다.

다음 날인 9월 20일 토요일에는 밖에 나가서 하루 종일 일했다. 강바닥에서 돌들을 파내 건물 앞으로 운반하는 일이었다. 모든 것을 태워 버릴 듯 뜨거운 태양에 온몸이 땀으로 범벅이 되었다.

그런데 오후 3시쯤 간수들이 갑자기 나를 방으로 데려갔다.

가 보니 소장이 기다리고 있었다.

"병원으로 다시 가게 되었다. 지금 바로 짐을 싸라."

나는 소장에게, 밭에서 함께 일할 동무가 생겼나 기대했다면서 새로 온 죄수에 관해 물어보았다.

"누굴 말하는 거야? 여기에 교화인은 103번 당신 말고 아무도 없어."

소장도 시치미를 뗐다.

나중에 내가 교화소를 나간 뒤에 매튜 밀러가 밭에서 일하기 시작했다는 사실을 알게 되었다.

방에서 나가자 몇몇 간수가 복도에서 내게 작별 인사를 했다. 그중 몇 사람과는 헤어지는 것이 몹시 아쉬웠다.

"이렇게 만나지 않았다면 좋은 동무가 될 수도 있었을 거야."

한 간수는 내게 그렇게 말했다.

지금까지 두 번이나 교화소로 돌아온 사람은 없었기 때문에 세 번째로 돌아올 일은 없을 것이라 생각했다. 매번 떠날 때마다 마지막이라고 생각하긴 했지만 이번은 정말로 마지막이리라 확신했다. 하나님의 특별한 역사가 아니라면 이 사람들을 다시 볼 일은 절대 없으리라 생각했다. 나는 마음속으로 그들을 위해 조용히 기도했다. 아무쪼록 그들과 함께한 시간들이 열매 맺기를 간절히 소망했다.

병원으로 돌아가는 길에 다시금 희망이 나래를 폈다. 긴 악몽이 마침내 끝날 것만 같았다. 병원에 도착해서는 같은 방에 들어가 같은 진단을 받았다. 이번에도 영양실조였다. 허리는 여전히 좋지 않고, 손도 여전히 아팠다. 손이 저리고 바늘로 찌르는 듯이 아파 한 시간마다 잠이 깼다. 당뇨 외에는, 2013년 4월 30일 처음 교화소로 들어갔을 때 아팠던 곳들이 여전히 좋지 않았다.

의사는 계속 '휴식'만 처방했다. 교화소 군의가 내 모든 증상에 대해 '노동'을 처방했던 것이 생각나 실소가 나왔다. 어떤 이유에서인지 내 몸을 최상의 상태로 만들려는 것 같았다. 그 이유가 내 석방이기를 간절히 바랐다.

미스터 실망은 석방에 대한 내 희망을 꺾으려고 무던히도 애를 썼다. 그는 병원에 올 때마다 1년 내내 했던 말을 앵무새처럼 되풀이했다.

"당신의 석방을 위한 어떤 조치도 이루어지지 않고 있어. 당신네 정부는 당신을 잊었어. 사람들의 관심은 오래전에 다른 곳으로 옮겨 갔어. 당신은 오랫동안 여기 있게 될 거야. 당신의 환갑잔치에 내가 특별한 국수를 대접할 터이니."

이렇다 할 변화 없이 9월이 지나고, 10월도 정처 없이 흘러가자 점점 희망이 사라져 갔다. 가족들은 편지를 통해 마음을 강하게 먹으라고 끊임없이 격려했지만, 미스터 실망의 부정적인 말을 떨쳐 내기가 점점 힘들어졌다.

단, '포기'라는 단어를 떠올리기보다는 북한 정부가 내게 씌웠던 누명을 누명이 아닌 사실로 만들고 싶은 유혹에 시달렸다. 그러니까 "올해에도 이곳을 벗어나지 못한다면 정말로 반정부 투사가 될지도 몰라"라는 말을 몇 번이나 했는지 모른다.

전에는 북한과 세상을 이어 주는 다리가 되게 해 달라고 기도했지만 이제는 다리 따위에는 관심도 없었다. 이 나라의 모든 것이 꼴도 보기 싫었다. 매일같이 텔레비전 앞에 앉아 지겨운 선전을 끝없이 보노라니, 이제는 저들의 거짓말에 짜증 나는 정도가 아니라 분노가 활활 타올랐다.

'여기서 나간다면 저들이 걱정하는 것처럼 북한 인권 운동가가 되어 주겠어. 이 나라가 거짓된 체제에 얼마나 철저히 사로잡혀 있는지를 온 세상에 똑똑히 보여 주겠어.'

그렇게 다짐하고 또 다짐했다.

전에는 미스터 박이나 리철 검사, 민 검사, 심지어 미스터 실망에게까지 친절하고 겸손한 태도를 유지하려고 애를 썼다. 그들에게 예수님을 보여 주어 그들의 마음이 그분을 향해 열리도록 만들고 싶었다. 하지만 이제는 구약의 선지자처럼 되기로 마음을 먹었다.

'이제부터는 저들의 마음이 열리건 말건 무조건 복음을 큰 소리로 선포하겠어.'

10월은 내게 극심한 영적 정체기였다. 체포된 이후로 그렇게 기도를 안 해 보기는 처음이었다. 성경도 좀처럼 펴지 않았다. 북한에 있던 2년 동안 성경을 17번이나 통독했지만 그때는 잘 쳐다보지도 않왔다. 나는 깊은 낙심과 분노에 사로잡혀 있었다. 너무 지쳤다. 어서 집에 가고 싶은 마음뿐이었다.

그런 마당에 미스터 실망은 끊임없이 내 희망의 불씨에 찬물을 끼얹었다.

"아무도 당신을 신경 쓰지 않아. 아무도 당신을 기억하지 않아. 당신은 집에 돌아갈 수 없어."

거의 참을 수 없는 지경에까지 이르렀다. 어머니가 늘 내게 하셨던 잔소리를 그에게 퍼부어 주고 싶었다.

"좋은 말을 하지 않으려거든 입을 다물어!"

억류 2주년이 코앞에 다가왔다. 얼마나 더 참을 수 있을지 나는 알 수 없었다.

"오 주님, 도와주십시오. 더는 못 견디겠습니다."

그렇게 기도했다.

23장

내가 너를 집으로 데려갈 것이다

하나님이 이르시되 그가 나를 사랑한즉 내가 그를 건지리라 그가 내 이름
을 안즉 내가 그를 높이리라(시편 91편 14절).

2014년 11월 1일 토요일, 미스터 실망이 정기적인 방문을 해 여느 때
와 똑같은 말을 늘어놓았다.

"아무도 오지 않아. 아무도 당신을 기억하지 않아. 당신은 이곳에
서 나와 함께 환갑잔치를 하게 될 거야."

나는 아무런 대꾸도 하지 않았다. 묵묵히 들으며 그가 빨리 가기만
을 바랐다. 그의 독한 말은 내게 큰 상처를 입혔다. 병원에 다시 돌아
올 때만 해도 미국에서 특사가 오고 있는 중이라 생각하며 다시금 희
망을 불태웠다. 하지만 누군가 오리라는 일말의 조짐도 없이 6주가
훌쩍 지나갔다. 그런 마당에 미스터 실망이 또 한바탕 부정적인 말을
쏟아 내고 가는 바람에 하루 종일 우울한 채로 보냈다.

11월 2일 주일에 눈을 떴을 때, 내가 선택해야 한다는 것을 깨달았
다. 미스터 실망의 말에 귀를 기울일 것인가, 아니면 하나님의 음성
에 귀를 기울일 것인가. 억지로 마음을 다잡아 성경책을 향해 손을

뻗다가 나도 모르게 전 세계에서 날아온 300통 이상의 편지들을 집어 읽기 시작했다. 미스터 실망은 사람들이 나를 잊었다고 말했지만 북아일랜드의 한 가족이 보낸 편지를 읽어 보니 전혀 그렇지 않았다.

"케네스 씨, 우리는 당신을 잊지 않았어요. 당신의 억울함이 풀릴 때까지 당신과 당신의 가족 편에 서겠어요. 계속해서 편지를 보내겠습니다."

이번에는 한 번도 만난 적이 없는 티나(Tina)라는 여성의 편지를 펼쳤다.

"힘을 내시라고 기도하고 있어요. 굴복하지 말아요. 힘을 내세요."

시애틀에 사는 닉(Nick)이란 사람의 편지도 큰 위로가 되었다.

"누구도 당신의 영혼만큼은 어쩔 수 없다는 사실을 잊지 마세요. 곁에 계신 하나님을 항상 느낄 수 있게 해 달라고 기도할게요. 북한 주민들을 위한 당신의 용기와 사랑이 얼마나 감사한지 모릅니다."

이런 편지를 읽는데 눈물이 하염없이 흘렀다. 흐르는 눈물을 계속 훔치며 편지를 읽고 또 읽었다.

"당신이 이런 고난을 겪어야만 하는 이유를 제가 감히 알 수는 없겠지만, 당신의 이야기는 분명 이곳 미국에 있는 수많은 사람들에게 희망을 주고 그들의 믿음을 회복시키고 있답니다."

제니퍼(Jennifer)란 여성의 편지였다. 그 편지를 읽고 "하나님, 제니퍼를 축복해 주십시오"라고 나직이 기도했다.

"하나님은 선하세요. 지금 당신이 겪고 있는 이 지독한 고통 속에서도 하나님은 여전히 선하시답니다. 하나님이 여전히 만사를 다스리고 계세요. 이 편지가 당신에게 얼마나 도움이 될지는 모르겠네요. 아니, 당신이 읽을 수 있을지도 모르겠어요. 하지만 혹시 읽게 되면 당신이 하나님의 위대하심을 기억하는 데 도움이 될까 싶어 이렇게 보냅니다."

안나(Anna)란 여성의 이 편지도 말할 수 없는 힘이 되었다.

이번에는 켈리(Kelly)란 사람의 편지였다.

"당신이 마음속에 품은 '사명'에 오늘도 변함없이 헌신하실 줄 믿습니다. 그 긍휼의 사명을 응원합니다."

나는 이 편지를 읽고서 이렇게 기도를 드렸다.

"예, 주님, 제가 선교사입니다. 제가 이유가 있어 여기에 온 줄로 믿습니다."

나는 일면식도 없는 지지자들의 편지를 읽으면서 오전 시간의 대부분을 보냈다. 한 시간쯤 읽었을까, 잠시 편지들을 내려놓고 하나님 앞에 고개를 숙였다.

"주님, 당신의 평강이 필요합니다. 당신의 힘이 필요합니다. 저희가 약할 때 당신이 강하다고 하셨습니다. 지금 제가 한없이 약해져 있으니 오늘 당신의 힘을 제 안에 가득 채워 주십시오."

기도하고 편지를 읽을수록 미스터 실망의 목소리는 멀어지고, 하나님의 음성이 더 또렷이 들렸다. 이 시련을 얼마나 더 견뎌야 할지는 알 수 없었지만 하나님이 주시는 힘으로 이겨 낼 수 있다는 자신감이 회복되었다. 너무도 많은 사람이 나를 위해 기도하고 있었다. 그래서 이것은 결코 질 수 없는 싸움이었다.

다음 날인 11월 3일 월요일 아침, 나는 새벽 6시에 눈을 떴다. 병원에서는 이렇게 일찍 일어난 적이 없었는데 그날따라 정신이 말똥했다. 그때 나를 향해 말씀하시는 성령님의 음성이 들렸다.

"네 성경책을 펴서 스바냐 3장 20절을 보라."

스바냐 3장 20절은 내가 외우고 있지 않은 구절이었다. 처음 두 절을 읽는 순간, 거대한 소망이 나를 온통 휘감았다. NIV 영어 성경을 직역하면 이런 말씀이다.

"내가 그때에 너를 모으리라. 내가 그때에 너를 집으로 데리고 갈 것이다."

영혼 깊은 곳에서 하나님의 음성이 느껴졌다.

"자, 때가 되었다. 이제 내가 너를 집으로 데려갈 것이다."

나흘 뒤인 11월 7일 금요일 밤 9시경, 미스터 실망이 나를 찾아왔다. 그가 그렇게 늦은 시간에 찾아온 것은 처음이었다.

"내일 아침에 다시 인터뷰를 할 거야. 일찍 일어나서 오전 7시 30분까지 준비하고 있으라. 이번에는 미국에 도움을 호소하는 것이 아니라 공화국 정부가 잘 대해 준 것에 감사하고, 당신이 저지른 짓에 대해 다시 한 번 사죄하는 자리가 될 거야. 아마 이것이 당신이 집에 가기 전에 마지막으로 하는 일일 거야."

"미국 정부에서 사람이 왔다는 말입니까?"

나는 반색하며 물었다.

"아니. 아무도 오지 않았어. 그냥 인터뷰야."

"어디랑 하는 인터뷰예요? 이번에는 CNN인가요?"

"나도 몰라. 하지만 이번에 잘하면 좋은 일이 생길지도 모르지. 내일 잘할 수 있도록 오늘 밤 잘 준비하라우."

미스터 실망은 그렇게 말하고는 이내 몸을 돌려 가 버렸다.

그날 밤 잠을 이룰 수 없었다.

'그는 원래 이렇게 늦게 오지 않아. 그리고 나는 오전 7시 30분에 인터뷰를 한 적이 없어. 뭔가 일이 급박하게 돌아가고 있는 게 분명해. 뭔가가 있어.'

그러다 문득 북경에서 오는 항공기가 오후 6시에 평양에 도착한다는 사실이 기억났다. 어쩌면 그 항공편으로 누군가가 왔기 때문에 미스터 실망이 그 늦은 시간에 나를 찾아온 것인지도 몰랐다.

'혹시 내가 비행기를 타기 위해 일찍 인터뷰를 해야 하는 것은 아닐까?'

이런저런 생각에 밤새 잠을 설쳤다. 기껏해야 한두 시간 선잠을 잔 것 같다.

다음 날 미스터 실망이 약속한 시간에 정확히 찾아왔다. 그는 방 안을 한번 둘러보더니 물었다.

"왜 짐을 싸지 않았나?"

"그러라고 하신 적이 없잖아요?"

"됐어. 우리가 알아서 싸겠어."

그러면서 옷을 건넸다.

"자, 깨끗한 죄수복이야. 이걸로 갈아입으라우."

"예."

이는 곧 내가 집으로 돌아가거나 교화소로 돌아간다는 뜻이었다.

나를 태운 차는 보통강호텔 앞에 멈췄고, 미스터 실망과 간수들은 나를 한 스위트룸으로 데리고 갔다. 보통강호텔은 일전에 어머니가 나를 보러 왔을 때 묵었던 곳이다. 호텔로 가는 차 안에서 내 기대감은 한껏 치솟았다. 간수들이 예식 때 입는 군복을 차려입었다는 사실로 인해 더욱 기대가 되었다.

방에 들어가자 미스터 실망이 말했다.

"앉아 있으라."

그때가 오전 8시경이었다.

45분 뒤 세 명의 미국인이 들어왔다. 한 명은 한국계 미국인이었다. 50대로 보이는 다른 미국인이 내게 다가와 자신을 의사라고 소개했다.

"저희는 미국 정부에서 선생님의 건강을 점검하라고 보내서 왔습니다."

그가 내 몸 상태에 관한 질문을 하는 동안 아무도 말을 하지 않았다. 나도 질문에 답하는 것 외에는 조용히 있었다. 간수와 미스터 실망은 자리에 편안히 앉아 우리를 지켜봤다.

20분 뒤 의사는 검사를 마쳤다고 말했다.

"행운을 빕니다."

그는 그렇게 말하고 나서 다른 두 사람과 함께 방을 나갔다.

나는 자리에 앉아 미스터 실망을 쳐다봤다. 매우 편안한 모습이었다. 이제 오전 9시가 넘었는데 그는 인터뷰를 하러 나가자는 말을 하지 않았다. 우리는 계속해서 기다렸고, 한 간수가 손목시계를 봤다.

"괜찮아요. 2년을 기다렸는데 조금 더 못 기다리겠어요?"

"너무 기대는 하지 마라. 실망할 수 있으니."

간수가 내게 조심스럽게 말했다.

정오가 되자 미스터 실망이 나가고, 방에는 나와 간수만 남게 되었다. 교화소에서 함께 지낸 간수였다.

오후 1시가 되기 좀 전에 방으로 식사가 배달되었다. 그 간수와 나는 처음으로 함께 식사를 하게 되었다.

"이것이 우리의 처음이자 마지막 식사가 되겠군요."

"그런 말 하지 마. 슬프잖아."

오후 3시가 되었을 때 마침내 미스터 실망이 돌아왔다.

"가자."

간수에게 잘 있으라는 말을 할 틈도 없이 우리는 신속하게 방을 나갔다. 호텔 내의 다른 방, 아니면 회의실로 갈 줄 알았는데 호텔 밖으로 나가 대기해 있는 차에 올라탔다. 병원으로 돌아가는 것인지, 아니면 교화소로 돌아가는 것인지, 그것도 아니면 다른 어딘가로 가는 것인지 알 수가 없었다. 차의 창문에는 커튼이 드리워져 있어 어디로 가는지 볼 수 없었다.

차가 마침내 멈추고 문이 열렸다. 도착한 곳은 바로 고려호텔이었다. 잘 아는 곳이었다. 자유인이자 북한의 환영받는 손님이었던 2012년에 세 번을 그곳에서 묵었다.

미스터 실망은 나를 2층의 회의실로 데리고 올라갔다. 그곳에 무엇이 기다리고 있을지 몹시 궁금했다. 스웨덴 대사와의 첫 만남도 호텔 회의실에서 이루어졌다. 내가 가족들에게 전화한 곳도 호텔 회의실이었다. 문이 열리는 순간, 혹시 스웨덴 대사가 있지 않을까 하는 생각을 했다.

하지만 내 앞에 나타난 사람은 군복을 완벽히 갖춰 입은 교화소 소장이었다. 소장은 군인이었지만 교화소 안에서는 좀처럼 군복을 입지 않았다. 몇몇 다른 관리들도 있는데 모두 군복 같은 공식 복장을 하고 있었다.

소장이 내게 다가와 한 말은 평생 잊지 못하리라.

"103번, 이 소식을 전하게 되어 기쁘기 그지없소. 경애하는 최고사령관 김정은 원수님의 배려로 인해 특별사면을 받게 되었어."

그 말을 듣는 순간, 날아갈 것만 같았다. 무려 2년을 기다려 온 말이었다. 눈물이 고여 왔지만 억지로 다시 집어넣었다.

"자리에 앉아서 원수님께 사죄문과 감사문을 쓰라."

소장은 계속해서 말했다.

"예."

나는 환하게 웃으며 서둘러 편지를 썼다. 내가 처음 본 또 다른 관리가 내 편지를 집어 읽더니 흡족한 표정을 지었다.

"따라오라."

한 간수가 말하면서 앞장섰고, 또 다른 간수가 내 옆에 붙어서 나를 바로 옆 회의실로 데려갔다. 시간은 이제 오후 3시 30분이었다. 회의실에 들어가 보니 매튜 밀러가 두 명의 간수와 함께 서 있었다. 그때는 그의 이름을 알지 못했고 교화소에서 온 다른 죄수라는 것만 알았다. 그도 나처럼 죄수복을 입고 있었는데 가슴에는 '107'이란 숫자가 붙어 있었다.

잠시 후 북한 대표단이 회의실로 들어와 커다란 책상 앞에 앉았다. 책임자로 보이는 남자는 미국 사절단이 들어올 때 자리에서 일어서지 말라고 지시했다.

몇 분 뒤 8명의 미국인이 들어왔다. 5명은 반대편 책상 앞에 앉았고, 나머지 2명과 앞서 나를 보러 왔던 의사는 그들 뒤에 섰다. 미국 사절단의 대표는 장관급에 해당하는 국가정보국 국장 제임스 클래퍼(James Clapper)였다.

8명의 미국인은 모두 단단히 화가 난 것처럼 굳은 표정을 짓고 있었다. 미국에 돌아간 뒤에야 북한 정부가 미국 사절단을 꼬박 하루 동안 기약 없이 기다리게 했다는 사실을 알게 되었다. 미국 사절단은 오후 3시까지도 내가 사면될 줄 전혀 모르고 있었다. 그들의 굳은 표정을 보니 내가 말썽을 피워 교장실에 불려 온 학생처럼 느껴졌다. 사절단은 나를 위해 사과하러 온 부모였다. 나로 인해 생긴 소동에 대해서 미안한 마음이 들었다.

미국 사절단이 모두 자리를 잡자 북한 인민군의 소장(별 하나)이 들어와 목청껏 외쳤다.

"모두 자리에서 일어나!"

이어서 대장이 회의실로 들어왔다. 나중에 그가 국가안전보위부 부장 김원홍이라는 것을 알게 되었다. 김원홍은 김정은의 고모부인 장성택의 사형을 주도한 실권자이다. 김원홍은 양피지처럼 보이는 문서를 펼쳐 엄숙한 음성으로 김정은의 최고 사령관 명령서를 읽었다.

"조선민주주의인민공화국 최고 사령관의 명령으로 미국인 범죄자 배준호를 특별사면한다. 2014년 11월 6일 최고 사령관 김정은."

이어서 통역관이 이 명령서를 다시 영어로 되풀이했다. 매튜 밀러에 대해서도 비슷한 명령서가 낭독되었다.

명령서를 듣고 한 가지 사실을 알게 되었다. 그날은 11월 8일이었고, 사절단은 전날인 11월 7일 북한에 도착했다. 그렇다면 사절단이 도착하기 전에 모든 것이 이미 결정되었다는 뜻이다.

명령서 낭독으로 의식은 끝났다. 간수들은 나를 다른 방으로 데려갔고, 거기서 나는 죄수복을 벗고 일반 옷으로 갈아입었다.

소장이 작별 인사를 하러 들어왔다. 그는 내 손을 꼭 잡고 악수를 했고, 눈에 눈물이 고인 얼굴로 이렇게 말했다.

"꼭 다시 봅시다."

"그래야죠. 꼭 다시 돌아와 뵙고 싶습니다."

왠지 가슴이 찡했다. 미우나 고우나 수많은 시간을 함께 보내며 수많은 주제로 대화를 나눈 사이가 아니던가. 소장은 많이 배운 사람이었다. 우리의 대화가 그에게도 의미가 있었으리라 생각한다.

미스터 실망도 작별 인사를 하러 찾아왔다. 마지막이니 허심탄회하게 물어보았다.

"왜 자꾸만 모두가 나를 잊었고 내가 집에 돌아가지 못할 거라고 했습니까?"

"당신을 위해서 그랬어. 잔뜩 기대했다가 실망하면 더 괴롭지 않겠나?"

나는 그저 웃으며 고개를 흔들었다.

"어쨌든 안녕히 계십시오."

옷을 갈아입고 나서 나는 공식적으로 미국 사절단에게 인도되었다. 그 즉시 나와 매튜 밀러, 의사는 호텔 밖으로 안내되었고 대기해 있는 버스에 서둘러 올라탔다. 나머지 사절단은 리무진들에 나눠 탔다. 나는 너무 흥분해서 공항까지 가는 동안 서로 대화를 나눴는지조차 기억나지 않는다. 최소한 우리가 공항으로 가는 것이기를 간절히 바랐다. 비행기가 공항에서 뜨기 전까지는 절대 안심할 수 없었다.

오후 4시가 조금 넘어서 버스는 공항에 도착했다. 버스는 멈추지 않고 계속해서 공항을 가로질러 활주로 중 하나를 탔다. 어디로 가는지 보려고 했지만 알 수가 없었다. 전과 달리 차창 밖을 바라볼 수 있는 것만 해도 기분이 좋았다.

약 10분 뒤 버스는 마침내 멈췄다. 활주로에서 비행기가 문을 열고 계단을 내린 채 우리를 기다리고 있었다. 측면을 보니 '미합중국'(United States of America)이란 글씨가 새겨져 있었다. 내 평생에 가장 가슴 벅찬 순간 중 하나였다.

이제야 비로소 믿을 수 있었다. 정말로 집에 가는 것이었다!

비행기가 이륙하자 한 여성이 내게 몸이 괜찮은지 물었다.

"백악관 국가안전보장회의 한반도 담당 보좌관 앨리슨 후커(Alison Hooker)입니다."

그녀는 크리스천으로서 내 상황을 주시해 왔다고 말했다.

"이 비행기에 타게 되어서 얼마나 감사한지 모릅니다. 이 순간을 정말 오랫동안 기다렸습니다. 거의 포기할 뻔했어요. 하지만 억류된 지 정확히 2년째인 11월 3일 월요일에 하나님이 스바냐 3장 20절을 통해 저를 집으로 데려갈 것이라고 말씀하셨답니다."

후커는 몹시 놀란 듯 입을 떡 벌린 채 나를 쳐다봤다.

"우리가 워싱턴 DC를 떠난 날이 월요일이었어요. 하지만 기계적인 문제가 발생해 하와이에 착륙해야 했지요. 비행기를 고치는 데 이틀이 걸렸습니다."

문득 병원비가 걱정되었다.

"참, 북한 정부에서 병원비를 요구하지 않았습니까? 얼마나 나왔습니까?"

내 계산대로라면 병원비는 거의 30만 달러에 육박했다.

"병원비 얘기는 없었습니다. 한 푼도 낼 필요가 없었어요."

그 말에 나는 환한 웃음을 지었다. 북한에서 지고 나온 마지막 짐이 내 어깨에서 떨어져 나갔다.

나는 비행기 좌석에 편안히 앉아 지난 한 주간의 상황을 돌아보았다. 월요일은 내 평생에 가장 우울한 날 가운데 하나였다. 하지만 하나님은 이미 내 구원을 이루고 계셨다. 내게 필요한 것은 단지 그분을 믿는 것뿐이었다.

이것이 내가 북한에서의 2년 동안 배운 교훈이었다. 두려워하거나 분노할 필요는 전혀 없었다. 그저 하나님을 신뢰하기만 하면 되는 것이었다. 내가 혼자인 것처럼 느껴지고, 잊혔다고 생각된 날도 있었지만 하나님은 한 번도 나를 잊으신 적이 없었다. 여전히 그분이 모든 것을 주관하고 계셨다. 그분은 분명한 계획을 세워 놓고 계셨고, 그 계획을 그분의 시간표대로 아름답게 이루어 내셨다.

우리가 알거니와 하나님을 사랑하는 자

곧 그의 뜻대로 부르심을 입은 자들에게는 모든 것이 합력하여

선을 이루느니라 (로마서 8장 28절).

(위에서부터)

• 북한으로 나를 방문 온 어머니(2013년 10월)

• 우리 모자의 상봉을 촬영하는 조선신보 카메라맨

• 김정은의 명령으로 특별사면을 받는 모습(2014년 11월 8일)

(위에서부터)

• 공항 활주로에서 어머니를 안는 모습· 집으로 오니 정말 좋았다

• 공항에서의 기자회견

• 공항에서 가족과 함께 기도하는 모습(왼쪽부터 바비 리, 어머니, 나, 유진 조,
엘라, 케이틀린)

하와이 코나의 열방대학(University of the Nations)에서 특별한 환영을 받는 모습(2015년)

'지금 케네스를 석방하라'(Free Ken Now) 운동에 참여한 자원자들과 시애틀에서 가진 축하 및 감사 파티(왼쪽부터 데렉 시바, 어머니, 여동생, 나, 바비 티, 존 토머스, 켈리 새들러, 유나 리)

닫는 글

2014년 11월 8일, 억류된 지 735일 만에 마침내 북한을 떠났다. 이로써 나는 한국전쟁 이후로 가장 오랫동안 북한에 억류된 미국인이 되었다.

집으로 돌아가는 비행기에서 처음 나온 기내식은 그릴 치즈 샌드위치와 양파 수프였다. 입에 무는 순간, 미국 냄새가 입 안에 확 퍼졌다.

비행기는 괌과 하와이에 들렀다가 평양에서 이륙한 지 거의 21시간 만에 워싱턴 주 시애틀 인근의 루이스-맥코드 합동 기지(Joint Base Lewis-McChord)에 착륙했다.

비행기에서 내리자 어머니가 나를 향해 걸어오는 것이 보였다. 나는 한걸음에 달려가 어머니를 꼭 껴안았다.

"어머니!"

뒤에서 여동생이 달려왔고, 그 뒤를 매제 앤디와 조카 엘라와 케이틀린이 따랐다. 나는 그들 모두를 한꺼번에 안으려고 애를 썼다. 눈물이 멈추질 않았다. 2년 내내 이 순간만을 꿈꿔 왔는데, 마침내 가족과 친구들의 품으로 돌아왔다. 그들을 보고 안으니 마침내 내가 자유인이라는 것이 실감 났다.

짧은 상봉을 마치자 여동생은 기자회견실에 구름 떼처럼 많은 기자들이 기다리고 있다고 말했다. 나는 아주 간단하게만 소감을 말하겠다고 했다. 탄원서에 서명을 하고, 매일 나를 위해 중보기도를 해준 사람들을 비롯해서 내 석방을 위해 물심양면으로 애쓴 모든 이에게 감사를 표시하고 싶었다.

기자회견에서 나는 억류 기간을 '놀라운 2년'이라고 표현했다. 하지만 이유는 설명하지 않았다. 그 표현을 통해 나는 하나님이 놀랄 만큼 신실하셨고, 그분의 은혜가 충분했으며, 잃은 양을 향한 그분의 사랑이 영원하다는 말을 하고 싶었다.

1년이 지난 지금 와서 돌아보면, 북한에서 나는 하나님의 신실하심을 경험하고, 그분의 은혜를 체험했으며, 그분의 사랑을 전에 없이 새롭게 확인했다. 나는 하나님을 믿고 그분의 약속을 의지하는 법을 배웠다. 참으로 내가 약할 때 그분이 강하셨다. 그분은 정말 약속을 지키셨다. 약속한 대로 그분은 나를 떠나지도 버리지도 않으셨다.

물론 나는 낙심하여 희망을 잃어버리기도 했다. 세상이 나를 버렸다는 생각, 세상이 나를 잊어버렸다는 생각에 시달리곤 했다. 하지만 그런 순간에도 하나님은 여전히 내 곁에 계셨다. 내가 하나님의 약속을 의심할 때조차 그분은 변함없이 신실하셨다. 하나님은 성경 구절과 초자연적인 만남을 통해, 심지어 냉면 한 그릇 같은 사소한 선물을 통해서도 말씀하셨다. 하나님은 참으로 어제나 오늘이나 영원히 동일하신 분이다.

북한에서 체포되기 전에 나는 내가 이런 것들을 안다고 생각했다. 그분을 친밀하게 안다고 생각했다. 하지만 하나님과 함께 이 고난을 견뎌 내는 동안 그분은 우리 관계를 전혀 새로운 차원으로 이끌어 가셨다. 그분의 약속을 굳게 부여잡으면 거기서 참된 소망을 얻고, 그 소망이 생명을 준다는 사실을 깨달았다. 주님의 약속이 우리의 목숨을 보존해 준다는 시편 119편 50절의 말씀은 참으로 사실이다. 그렇다. 예수님은 내 삶을 지탱하게 해 준 소망이시다.

억류되어 있는 동안 하나님을 진정으로 믿는다면 내 권리를 포기해야 한다는 사실도 배웠다. 내 삶은 내 뜻이 아니라 오직 주님의 뜻과 계획을 추구하는 삶이 되어야 한다. 주권적인 하나님의 계획은 언제나 내 계획보다 낫다. 시련과 고통의 나날에 그분의 발치에 서는 법을 배웠다. 예수님을 위해 살 만한 가치가 있음을 배웠다. 그분을 위해서라면 감옥에 들어가는 것조차 아깝지 않다. 이 고생을 하지 않았다면 이런 교훈을 얻지 못했을 것이다.

마침내 나는 고통 속에서 기뻐하는 것, 특히 그분의 이름으로 받는 고통 속에서 기뻐하는 것이 무슨 의미인지를 제대로 배웠다. 그분의 이름을 위한 능욕이라는 흔치 않은 명예를 얻었다. "사도들은 그 이름을 위하여 능욕 받는 일에 합당한 자로 여기심을 기뻐하면서 공회 앞을 떠나니라"라는 사도행전 5장 41절의 힘을 제대로 경험했다.

북한에서의 2년은 어둠 속에서 사는 사람들에 대한 참된 긍휼을 내게 가르쳐 주었다. 북한 사람들은 외부 세상의 정보를 접할 수 없고, 여행할 자유나 속마음을 드러낼 자유가 없다. 물론 종교를 선택할 자유도 없다. 그들은 내게 목숨을 부지하기 위해 자유를 포기해야 한다고 말했다. 그들은 자유에 따르는 위험보다 공산주의 사회라는 어둠 속이라도 안전한 편을 선택했다. 이것이 그들이 나처럼 그 사회의 구조에 의문을 제기하는 사람들을 위협적인 존재로 보는 이유다.

그들은 외부 세상으로부터 단절되었기 때문에 세상 사람들은 그들을 자주 잊어버린다. 하지만 하나님만큼은 억류 기간 동안 나를 잊지 않으셨던 것처럼 그들도 잊지 않고 계신다. 하나님은 내게 긍휼을 베풀어 주셨던 것처럼 북한을 향해서도 긍휼을 품고 계신다.

심문자와 검사, 간수, 심지어 미스터 실망과 대화를 나눌 때도 나는 하나님의 마음을 느꼈다. 하나님은 그들을 사랑하고 아끼신다. 하나님은 그들을 기억하시며, 그들의 눈물을 보고 그들의 울부짖음을 듣고 계신다. 북한에 억류되어 있는 2년 동안 이 백성을 다시 한 번 회복시키기를 원하시는 하나님의 마음을 느낄 수 있었다.

매일 나를 위해 기도해 준 수많은 사람들에게 아무리 감사해도 모자랄 것이다. 기자회견 중에 나는 "여러분 때문에 버틸 수 있었습니다"라는 말을 했다. 전 세계 기도의 용사들 덕분에 이 시련을 견뎌 내고 풀려날 희망의 끈을 끝까지 놓지 않을 수 있었다. 그들의 기도 덕분에 나는 집에 올 수 있었을 뿐 아니라 집에 오는 날까지 버텨 낼 수 있었다. 내 승리는 우리 모두의 승리였다. 나는 집에 그냥 온 것이 아니라 전보다 훨씬 더 강해져서 왔다. 2년간 하나님과 단 둘이 영적 수련회를 하고 왔다는 생각마저 든다.

하지만 이런 기도는 나의 석방과 함께 끝나지 않고 계속되어야 한다. 하나님은 북한 같은 어둠 속에 갇혀 있는 사람들을 잊지 말아야 한다는 점을 가르쳐 주셨다. 우리는 기도와 사랑의 행위를 통해 잊힌 사람들을 항상 기억해야 한다.

나는 수많은 크리스천들이 북한을 방문해 그 나라를 둘러싼 영적 성벽이 언젠가 무너지리라 믿고 기도하기를 바라는 마음에서 북한 여행을 추진했다. 나를 위해 기도해 준 수많은 사람들에게 이제는 북한을 위해서도 기도해 달라고 부탁하고 싶다. 그들의 기도 덕분에 내 인생에 가장 어두운 터널을 무사히 뚫고 나올 수 있었다. 이제 우리는 어둠 속에 사는 모든 이들의 해방을 위해 기도해야 한다.

지금 북한에는 2,400만이 넘는 사람들이 한 분이신 참된 하나님을 모른 채 살아가고 있다. 나선의 보초가 내게 던졌던 물음이 여전히 내 귓가에서 윙윙거리고 있다.

"이 예수라는 사람은 어디에 사나? 중국인가? 아니면 조선인가?"

어둠 속에서 헤매는 사람은 그만이 아니다. 아직 복음을 듣지 못한 사람이 전 세계에 10억 명이 넘는다. 자기 나라 언어로 된 성경 책조차 없는 사람들…. 우리는 그들을 기억하고, 그들을 위해 기도하며, 그들에게 하나님의 사랑과 긍휼을 전해 줄 수 있는 다리를 놓아야 한다.

나는 여전히 내가 북한을 외부 세상과 연결하는 다리가 될 수 있다고 믿고, 그렇게 되기를 기도하고 있다. 언젠가 북한이 한 선교사를 기꺼이 초대해 그 나라를 향한 하나님의 마음에 관해 자세히 듣게 해 달라고 기도하고 있다. 그리고 그 선교사가 바로 내가 되기를 꿈꾸며

이 책을 써 내려갔다.

병원과 노동교화소의 관계자들이 내게 보여 준 연민과 배려에 깊이 감사한다. 언젠가 그곳으로 돌아가 한 명 한 명 손을 잡고 고맙다고 말해 주고 싶다.

하지만 나 혼자만 다리가 되고 싶지는 않다. 전 세계의 크리스천들이 북한 사람들을 기억하고 포용하며, 오직 하나님께로부터 오는 복을 그들에게 전해 주는 기도의 다리가 되기를 소망하고 기도한다. 하나님이 그들의 하나님이 되시고, 그들이 그분의 백성이 되기를 간절히 소망한다.

"그러나 그날 후에 내가 이스라엘 집과 맺을 언약은 이러하니 곧 내가 나의 법을 그들의 속에 두며 그들의 마음에 기록하여 나는 그들의 하나님이 되고 그들은 내 백성이 될 것이라… 그들이 다시는 각기 이웃과 형제를 가리켜 이르기를 너는 여호와를 알라 하지 아니하리니 이는 작은 자로부터 큰 자까지 다 나를 알기 때문이라 내가 그들의 악행을 사하고 다시는 그 죄를 기억하지 아니하리라"(예레미야 31장 33-34절).

감사의 말

내 석방을 위해 밤낮으로 기도해 준 사람들을 포함해서 나를 위해 애써 준 수많은 사람들에 대한 감사는 말로 다 표현할 수 없을 정도다. 모든 사람의 이름을 일일이 언급할 수는 없지만 그들 한 사람 한 사람에게 얼마나 깊이 감사하고 있는지 모른다는 말을 꼭 하고 싶다. 그들의 기도 덕분에 그 고통을 이겨 내고 집으로 무사히 돌아올 수 있었다. 모두에게 진심으로 감사한다.

내 석방을 이끌어 내 준 오바마 대통령과 존 케리 국무장관에게 가슴 깊이 감사한다. 국가정보국 국장 제임스 클래퍼와 앨리슨 후커를 비롯해서 나를 집에 데려가기 위해 북한까지 먼 발걸음을 해 준 모든 분들에게 감사한다. 그들은 나처럼 보잘것없는 사람을 데려오기 위해 비행기 안에서 한 주를 온전히 보냈다. 그들이 평양 고려호텔의 회의실로 들어오던 순간을 평생 잊지 못할 것이다.

내 자유를 위해 보이지 않는 곳에서 부단히 애써 준 국무부의 다른 분들에게도 깊이 감사한다. 특히 웬디 셔먼 차관, 로버트 킹 특사, 글린 데이비스(Glyn Davies) 대사, 린다 맥퍼딘(Linda McFadyen),

케이트 레브홀츠(Kate Rebholz), 마이클 클라우센(Michael Clausen)에게 감사한다. 내가 억류되어 있는 동안 애써 주고 우리 가족을 돌봐 준 이들에게 감사한다. 내가 억류되어 있는 동안 중국에 있는 우리 가족을 돌봐 준 심양과 북경 주재 미국 영사관들의 모든 직원들에게도 감사한다.

나의 억류 기간 동안 나를 돌보고 지지해 준 평양 주재 스웨덴 대사관의 칼 올라프 안더슨 대사와 욘 스벤손, 세실리아 안데르버그에게 감사한다. 평생 감사해도 모자랄 것이다. 이들에게 하나님의 축복이 함께하기를 바란다.

내 석방을 위해 애써 준 워싱턴의 릭 라슨 하원의원, 패티 머레이(Patty Murray) 상원의원, 마리아 캔트웰(Maria Cantwell) 상원의원, 뉴욕의 찰스 랭글 하원의원, 전 뉴멕시코 주지사이자 유엔 대사인 빌 리처드슨에게도 감사를 표시하고 싶다.

나를 지지하고 북한 정부에 11통의 편지를 보냈을 뿐만 아니라 나를 집에 데려오기 위한 사절단으로 자원해 준 제시 잭슨 목사와 그의 동료 그레이스 지선 김에게 감사한다. 주님이 이들에게 복을 더해 주시고 계속해서 하나님 나라를 위한 도구로 사용하시길 원한다.

'FreeKenNow.com'과 나를 위한 페이스북 페이지를 만들고 운영해 준 바비 리, 존 토머스(John Thomas), 로라 최와 그녀의 남편 아이작 최, 켈리 새들러(Kelly Sadler)에게 이루 말할 수 없이 큰 빚을 졌다. 그들은 내 억류에 관한 새로운 정보를 찾고 알리기 위해 매일 많은 시간을 투자했다. 특히, 등에 '지금 케네스를 석방하라'(Free Ken Now)

라는 문구를 달고 마라톤을 달려 준 바비에게 감사한다. 그가 나를 위해 끝까지 마쳐 준 2년간의 마라톤은 평생 잊지 못하리라.

내 여동생의 언론 활동과 기자회견을 돕기 위해 수많은 시간을 투자하고 우리 가족에게 귀한 친구가 되어 준 데렉 시바(Derek Sciba)에게 깊이 감사한다. 내가 억류되어 있을 때뿐 아니라 계속해서 귀한 조언과 지원을 아끼지 않는 유진 조(Eugene Cho) 목사에게 감사한다.

한 번도 만난 적도 없는 나를 위해 그리스도 안에서의 한 형제로서 '케네스에게 편지를' 캠페인을 비롯해서 많은 도움을 준 유나 리에게 진심으로 감사한다. 그녀의 사랑과 그녀를 통해 받은 사랑의 편지들은 억류 기간 동안 나를 지탱해 준 원동력 가운데 하나였다. 리사 링의 관심과 도움에도 감사한다.

'케네스에게 편지를' 캠페인을 통해 편지를 보내 준 수많은 분들에게도 감사하고 싶다. 만난 적도 없는 전 세계의 사람들에게 총 450통이 넘는 편지를 받았다. 그들의 편지를 수없이 읽었고, 그때마다 내가 잊힌 존재가 아니요 혼자가 아니라는 사실을 기억할 수 있었다. 이들은 내 인생에서 가장 어두운 시간을 나와 동행해 주었다. 이들의 편지와 기도 덕분에 이 고난을 끝까지 이겨 낼 수 있었다. 이들에게 깊이 감사한다.

우리 가족을 돌봐 주고 'Bring Bae Back' 캠페인을 통해 내 석방을 촉구해 준 데이비드 슈거맨(David Sugarman)에게도 감사한다. 그는 한 번도 만난 적이 없는 나의 무사 귀환을 위해 온 마음과 힘을 다해 노력했다. 말로 다 표현할 수 없을 만큼 감사하다. 내 아들의

'Change.org' 탄원서에 서명해 준 17만 7천 552명에 대한 감사도 빼놓을 수 없다. 그 서명 하나하나가 내가 잊힌 존재가 아님을 확인시켜주었다.

이 책을 함께 탄생시켜 준 모든 이들에게도 감사한다. 내 이야기를 생생하게 다듬어 준 마크 탭의 능력은 실로 대단하다. 이 책의 집필을 통해 그와 그 가족을 알게 되어 얼마나 기쁜지 모른다.

내 이야기를 세상에 전할 수 있게 해 주었을 뿐 아니라 하나님의 이야기를 진심으로 믿는 출판인이요 편집자인 조엘 니들러(Joel Kneedler)와 메간 포터(Meaghan Porter)에게 감사한다. 주디 맥도너(Judy McDonough)를 비롯해서 이 책을 함께 만들어 준 W 퍼블리싱(W Publishing)과 토머스 넬슨(Thomas Nelson)의 모든 직원들에게 감사한다.

내 이야기를 꼭 세상에 전해야 한다고 말해 준 내 에이전트 브라이언 노먼(Bryan Norman)의 헌신과 노고에 감사한다. 얼라이브 리터러리 에이전시(Alive Literary Agency)의 모든 이들에게 감사한다.

마지막으로, 나를 집에 데려오기 위해 포기하지 않고 끝까지 온 힘을 다해 준 내 여동생 테리에게 감사하고 싶다. 여동생은 편지를 쓰고, 뉴스에 출연하고, 정부 관리들을 만나러 전국을 다니고, 북한 전문가 및 공동체 지도자들과 협력하기 위해 그야말로 수천 시간을 투자했다. 여동생은 내가 말할 수 없을 때 내 목소리가 되어 주었다. 여동생은 이 싸움을 포기하지 않았고, 사람들이 잊지 않도록 내 상황을 끊임없이 알렸다. 여동생이 아니었다면 나는 아직도 노동교화소에 있을지도 모른다. 아니, 더 끔찍한 일이 일어났을지도 모른다.

이 시련을 끝까지 이겨 낸 부모님께도 감사하고 싶다. 이 시련 속에서도 주님을 향한 믿음이 약해지기는커녕 더 깊어진 두 분의 신앙에 절로 고개가 숙여진다. 말로 다 할 수 없을 만큼 힘든 가운데서도 두 분은 내가 돌아오리라는 희망을 버리지 않고 끝까지 믿음으로 이겨 냈다.

상심이 컸을 텐데도 믿음을 잃지 않고 하나님의 힘을 구하면서 나를 기다려 준 아내에게 감사한다. 희망을 잃지 않고 내 석방을 위해 기도해 준 아이들 조나단과 소피아, 나탈리에게 사랑하고 고맙다는 말을 하고 싶다. 아이들의 사진을 보면서 내게 돌아갈 가족이 있다는 사실을 기억하곤 했다. 아이들은 내가 끝까지 견뎌 낸 이유였다.

무엇보다도 나를 집으로 데려다 주신 주님께 감사한다. 주님은 억류 기간 동안 그분을 더 깊이 알도록 도와주셨다.

"고통의 시간 속에서 나를 만나 주시고,

내 힘으로는 더 이상 버틸 수 없을 때 나를 붙잡아 주신 주님,

내 인생의 가장 어두운 시간 속에서도

나를 도구로 사용해 주신 주님, 감사하고 사랑합니다."

주(NOTES)

15장 | 온 세상이 알게 되다

1. Dana Ford, Jethro Mullen, and K. J. Kwon, "'He's Not a Spy,' Says Sister of U. S. Man Sentenced in North Korea," CNN, 2013년 5월 3일, http://www.cnn.com/2013/05/02/world/asia/north-korea-american-sentenced.

2. Jonathan Bae, "Amnesty for my Father Kenneth Bae, a U. S. Citizen Imprisoned in a North Korean Special Labor Camp," Change.org, 2015년 12월 4일 확인, https://www.change.org/p/amnesty-for-my-father-kenneth-bae-a-u-s-citizen-imprisoned-in-a-north-korean-special-labor-camp.

3. Dennis Rodman, 2013년 5월 7일 Dennis Rodman의 트위터, https://twitter.com/dennisrodman/status/331826019747127297.

17장 | 나는 선교사다

1. Rick Warren, *The Purpose Driven Life : What on Earth Am I Here For?* (Grand Rapids : Zondervan, 2002), 286. 릭 워렌,《목적이 이끄는 삶》(디모데 역간).

2. 같은 책, 194.

3. Kyle Idleman, *Not a Fan : Becoming a Completely Committed Follower of Jesus* (Grand Rapids : Zondervan, 2001), 151-152. 카일 아이들먼,《팬인가, 제자인가》(두란노 역간).

19장 | 계속된 실망

1. Michael Martina, "Rodman Back from North Korea, Without Jailed American," Reuters, 2013년 9월 7일, http://www.reuters.com/article/us-korea-north-rodman-idUSBRE98602B20130907#WziksV6hzh5Tqe ae.97.

2. Dennis Rodman, interview by Chris Cuomo, CNN New Day, 2014년 1월 7일, http://www.cnn.com/videos/world/2014/01/07/newday-cuomo-dennis-rodman-kenneth-bae-cutdown.cnn.

3. Stephen Rex Brown, "Dennis Rodman : 'Sorry, I Was Drunk,'" *New York Daily News*, 2014년 1월 9일, http://www.nydailynews.com/news/world/dennis-rodman-apologizes-kenneth-bae-family-article-1.1580687.

4. Terri Chung, Anderson Cooper와의 인터뷰, AC360°, 2014년 1월 7일, http://www.cnn.com/videos/world/2014/01/08/ac-terri-chung-kenneth-bae-north-korea-rodman.cnn.

5. Shin Se-min, "U. S. President Obama Calls for Detained American Kenneth Bae to Be Released," Arirang News, 2014년 2월 6일, https://www.youtube.com/watch?v=vTSyrnIPXe8.

21장 | 결국 이렇게 되는 것인가

1. "Where Jesus Is, 'Tis Heaven," lyrics by Charles J. Butler(1898), 제임스 밀턴 블랙(James Milton Black) 작곡.(1898), http://www.hymnary.org/media/fetch/127505.